Exploraciones imaginativas

The Scribner Spanish Series

GENERAL EDITOR, CARLOS A. SOLÉ
The University of Texas at Austin

Exploraciones imaginativas

Quince cuentos hispanoamericanos

Héctor Medina
Rhode Island College

Phoebe Ann Porter
University of New Hampshire

Macmillan Publishing Company
New York

Production Supervisor: *Lisa G. M. Chuck*
Production Manager: *Nick Sklitsis*
Text designer: *Nancy Sugihara*
Cover Designer: *Michael Jung*
Cover painting: Fernando de Szyszlo, *Mysterious Staircase*. By permission of the Organization of American States.

This book was set in Palatino by Santype International Limited, Salisbury, Wiltshire, England, printed and bound by Quinn Woodbine. The cover was printed by Phoenix Color.

Copyright © 1990 by Macmillan Publishing Company,
a division of Macmillan, Inc.

Printed in the United States of America

All rights reserved. No part of this book may be reproduced or transmitted in any form or by any means, electronic or mechanical, including photocopying, recording, or any information storage and retrieval system, without permission in writing from the Publisher.

Macmillan Publishing Company
866 Third Avenue, New York, New York 10022

Collier Macmillan Canada, Inc.

Library of Congress Cataloging-in-Publication Data
Exploraciones imaginativas: quince cuentos hispano-americanos
   Héctor Medina, Phoebe Ann Porter [compiladores].
      p.   cm.—(The Scribner Spanish series)
   Bibliography: p.
   ISBN 0-02-380130-1
   1. Spanish language—Readers.   2. Short stories, Spanish American.
3. Spanish American fiction—20th century.   I. Medina, Héctor.
II. Porter, Phoebe Ann.   III. Series.
PC4117.E9   1990
468.6'421—dc20

Printing: 1 2 3 4 5 6 7   Year: 0 1 2 3 4 5 6

The authors and the Publisher are indebted to the following persons and companies for permission to reprint the material in this volume.

Prentice-Hall, Inc. for "Father's Day" by Héctor Velarde from VEINTE CUENTOS HISPANO-AMERICANOS DEL SIGLO XX by Enrique Anderson-Imbert and Lawrence B. Kiddle, © 1956, renewed © 1984. Reprinted by permission of Prentice-Hall, Inc., Englewood Cliffs, NJ and the author.

Augusto Monterroso for his story "Mister Taylor" with permission from Editorial Seix Barral, S.A., Barcelona, Spain, and the author.

(continued on page 239)

Preface

Exploraciones imaginativas: Quince cuentos hispanoamericanos is an anthology of Spanish-American short stories designed for use in intermediate Spanish courses stressing reading, conversation, or literature at the college level. Its main purpose is to provide students with a selection of first-rate Spanish-American short stories that will stimulate their interest in modern Spanish-American literature and culture. It is also intended to expand students' vocabulary and to build reading, conversation, and writing skills.

The stories have been specifically selected for their high artistic qualities, intriguing themes, original perspectives, and the varied moods that they present. Selection of the readings was also determined by the brevity and clarity of the selections and their accessibility to students of Spanish. We have represented a variety of writers from ten different Spanish-American countries. Included are short stories by the acknowledged masters of the genre such as Horacio Quiroga, Jorge Luis Borges, Julio Cortázar, Gabriel García Márquez, and excellent stories by outstanding writers such as María Luisa Bombal, Silvina Bullrich, Rosario Ferré, Felisberto Hernández, Virgilio Piñera, and others.

Organization

Exploraciones imaginativas is divided into five thematic sections with three stories in each section. The text has been organized thematically to encourage class discussion; each of the readings is unified by theme in each section. **Perspectivas irónicas** presents readings on various themes narrated in an ironical, humorous, or satirical tone. The stories of **Del amor y más allá** are united by the universal theme of love. The romantic concept of eternal love is questioned and explored in a new light. The selections from **Búsquedas y confesiones** concern the human search for identity and all the stories share a "confessional" tone. In the section **De cara a la muerte**, the stories deal with the individual's confrontation with death, and each selection presents a different view of the "moment of truth." Finally, **Entre el misterio y lo maravilloso** contains stories of everyday life mixed with a mysterious or fantastic reality.

Levels and Choice of Readings

The selections within each section have been arranged by level of linguistic difficulty. Each successive piece becomes increasingly more challenging than the preceding one. Level of difficulty was determined by taking into account the length of the story, the complexity of the author's style, and the quantity of low-frequency vocabulary and expressions found in the reading. Instructors can use this book in one of two ways. They may either read the stories sequentially with the students, or they may assign the first story in each section first and gradually prepare students for the more challenging readings by saving the more difficult selections for later. The easier stories are: "Father's Day," "Sábado de Gloria," "La abnegación," "El que vino a salvarme," and "Casa tomada." More challenging stories include: "Mister Taylor," "Más allá," "El hombre de la rosa," "¡Diles que no me maten!," and "La muñeca menor." The most difficult stories in the text are: "El cocodrilo," "Muerte constante más allá del amor," "El árbol," "El Sur," and "La lluvia."

The Story

Each reading begins with an introduction in Spanish, containing a brief literary profile of the writer, his or her accomplishments, and brief comments on the literary piece that follows. Difficult idioms, unusual expressions, and false cognates from the readings are glossed in English at the bottom of the page. Geographical place names, historical figures or events, and cultural references, with which the intermediate student may not be familiar, are also explained at the bottom of the page.

Post-Reading Exercises

The post-reading exercises consist of five sections, which instructors may use at their own discretion depending on the proficiency level of their students. We recommend that the instructor assign all the post-reading exercises to students as homework assignments, and that he or she select from among these exercises for classroom review and discussion.

The **Práctica de vocabulario** section serves to reinforce the new vocabulary and idiomatic expressions found in the story. This section is divided into two parts. In Exercise A the student is asked to match the new words and expressions with their appropriate definition or synonym. In Exercise B the student will practice the new vocabulary by completing sentences with an appropriate word or expression.

The **Ejercicios de comprensión** and the **Preguntas sobre la lectura** sections test students' comprehension of the reading. The **Ejercicios de comprensión** may take one of three forms: true-false statements, multiple-choice items, or completion statements. We have included, whenever possible, the new idiomatic expressions presented in the stories to reinforce students' active Spanish vocabulary. The **Preguntas sobre la lectura** are designed to guide students and to help them in their understanding of the reading selection. Again, the instructor is free to choose from among these questions for classroom review and discussion.

Análisis del texto contains questions based on the writer's techniques, style, and presentation of themes, designed to help students develop an appreciation of the writer's literary art.

Temas de conversación y composición presents questions or topics directly arising from the story and directed to the students' personal experience or to cross-cultural comparison and contrast. They can be discussed in class and/or assigned for compositions.

A selected bibliography is provided at the end of each selection for instructors and students who wish to read more about a particular writer or story.

The book also concludes with a Spanish-English vocabulary containing all the words appearing in the text, except cognates, cultural, historical, and geographical terms explained in glosses or footnotes, and many basic Spanish words and expressions that the average intermediate Spanish student should already know.

In *Exploraciones imaginativas* we believe we have prepared a textbook that is both flexible and systematic for the instructor and interesting and enjoyable for the student.

Acknowledgments

We would like to express our gratitude to all those who have made important contributions to the preparation and production of this text: to Carlos A. Solé (University of Texas at Austin) for his many valuable suggestions and guidance; to María Brucato (Brown University), who helped us in the preparation of the vocabulary; to our friend, Professor José Amor y Vázquez (Brown University), for his constant and valuable advice; to Alberto Rodríguez (University of Tennessee at Knoxville); Alicia Rivero-Potter (University of North Carolina at Chapel Hill) and Stephanie Merrim (Brown University) for their special help and the sharing of their expertise; to the editorial and production team at Macmillan, for their many excellent recommendations.

We also wish to thank the following reviewers for their helpful suggestions and constructive criticism: Margarita O'B. Curtis, Harvard University; Margaret R. Hicks; Adrián García Montoro, State University of New York, Stony Brook; José Amor y Vásquez, Brown University; and Anthony J. Vetrano, Le Moyne College.

Special thanks are also due to our students and colleagues for the inspiration they provided us.

H.M.
P.A.P.

Contents

Preface v

I *Perspectivas irónicas*
Héctor Velarde   3
Father's Day   4

Augusto Monterroso   15
Mister Taylor   16

Felisberto Hernández   27
El cocodrilo   28

II *Del amor y más allá*
Mario Benedetti   47
Sábado de Gloria   48

Horacio Quiroga   59
Más allá   60

Gabriel García Márquez   73
Muerte constante más allá del amor   75

III *Búsquedas y confesiones*
Silvina Bullrich   89
La abnegación   90

Manuel Rojas   99
El hombre de la rosa   100

María Luisa Bombal 115
 El árbol 116

IV *De cara a la muerte*
Virgilio Piñera 133
 El que vino a salvarme 134

Juan Rulfo 143
 ¡Diles que no me maten! 144

Jorge Luis Borges 155
 El Sur 156

V *Entre el misterio y lo maravilloso*
Julio Cortázar 169
 Casa tomada 170

Rosario Ferré 181
 La muñeca menor 182

Arturo Uslar Pietri 193
 La lluvia 194

Vocabulary 213

I

Perspectivas irónicas

Héctor Velarde

(Perú, 1898)

Héctor Velarde, hijo de un distinguido diplomático peruano, nació en Lima, pero residió muchos años fuera de su patria por exigencias de las misiones y los viajes paternos. Inició los estudios en su ciudad natal. En el Brasil terminó la escuela primaria y en Suiza la secundaria. Estudió arquitectura en París, donde vivió por mucho tiempo y publicó su primera obra literaria, un libro de poemas en francés. Luego trabajó en Buenos Aires y, como el padre, sirvió como diplomático, en Washington. En 1928 se estableció en Lima y se dedicó primordialmente a la arquitectura. «Mi actividad —Velarde dijo hace algunos años— no son las letras, sino los ladrillos, pues gano mi vida como arquitecto y los libros los pongo a pesar mío cada tres años, más o menos, como pone sus huevos una lenta y metódica gallina».

La producción de Velarde incluye una veintena de libros: novela corta, centenares de cuentos y artículos humorísticos, un buen número de ensayos sobre arquitectura y arte general, y algunas obras de carácter técnico y científico. Poco conocido fuera de los confines de su país, Velarde es un escritor fundamentalmente humorístico, que aun en sus ensayos técnicos luce su buen sentido del humor. «Escribo —señaló en la introducción a uno de sus libros— para divertir a los que me lean. El día que no pueda divertir a nadie ya no escribiré más. Será un día triste para mí». Mas tras su finalidad de divertir y hacer reír al lector, se encubre un deseo de mejorar las costumbres haciéndole ver al hombre sus lacras sociales y morales y sus flaquezas individuales. La obra de Velarde revela además, con marcada persistencia, su aversión por el progreso y la realidad cultural y social del mundo contemporáneo, que para él representan una pérdida de la auténtica vida espiritual. En sus relatos y artículos predominan la caricatura, la observación sociológica y los arquetipos limeños e internacionales: turistas, eruditos frívolos, artistas incomprensibles, arqueólogos aficionados, señoras beatas y otros. Su prosa es simple,

---

fuera *outside*
exigencias *demands*
ladrillos *bricks*
a pesar mío *against my will*
una veintena *about twenty*
centenares *hundreds*
confines *boundaries*
luce *shows*

tras *behind, beyond*
finalidad *aim, purpose*
se encubre *is hidden*
lacras *flaws*
flaquezas *weaknesses*
limeños *natives from Lima, Perú*
eruditos *scholars*
beatas *very devout*

clara y locuaz. Su estilo es zumbón, irónico y algo escéptico. Entre sus obras más importantes se destacan las siguientes colecciones de cuentos, artículos y ensayos humorísticos: *Kikiff* (1924), *Yo quiero ser filósofo* (1932), *El circo de Pitágoras* (1940), *¡Oh, los gringos!* (1956) y *El mundo del supermarket* (1964).

En «Father's Day», Velarde satiriza al turista que, sin saber español e ignorante de los problemas sociales y económicos en los países hispanoamericanos, es incapaz de comprender las peculiaridades de la sociedad que trata de conocer en apenas unas horas. Al mismo tiempo critica a la clase media limeña, representada por el narrador, que acepta con naturalidad y trata de ocultar, con cierta vergüenza, la miseria de la clase pobre: mendigos deformados, parásitos sociales y míseros vendedores que llenan las calles de Lima.

Father's Day

—Ayer fui a recibir a Harry Potter, sobrino del viejo Potter, ese inglés tan rico que se murió en el Mercado Central de Lima de un ataque de náuseas. ¿Te acuerdas que hablaron los periódicos, que renunció el Municipio?

—No, no me acuerdo.

—Bueno, no importa, yo lo conocí mucho. Era un deber ir por su sobrino Harry al Callao y darle su paseo por Lima.

Harry no me conocía sino de nombre. Me encontré con un pastor protestante, seriote, simpático, de anteojos, que no hablaba sino inglés. Tú sabes que yo apenas hablo inglés. Todo fue a fuerza de un diccionario Liliput inglés-español, español-inglés que llevé en el bolsillo del chaleco.

Descubrí que Harry era muy metódico. Me dijo: —Tengo mucho interés en conocer su bella ciudad, mi barco sale mañana temprano para Valparaíso, son las dos de la tarde, aquí tiene Ud. mi lista.

Leí: «Primero, ir al banco. Segundo, comprar fruta. Tercero, entrar al Gran Hotel Bolívar donde se aloja una amiga mía, Miss Coolingham. Cuarto, cortarme el pelo. Quinto, visitar el cementerio de la capital donde está mi tío. Sexto, ver un poco la metrópoli. Séptimo, ingresar a un templo para agradecerle a Dios la buena travesía que he hecho desde Liverpool. Octavo, comer en algún restaurante modesto. Noveno, regresar a bordo».

---

zumbón *mocking*
vergüenza *embarrassment*
mendigos *beggars*
yo lo conocí mucho *I knew him very well*
Callao (El) *a city on the Pacific coast of South America that serves as the port for Lima*
seriote *very serious*

Todo fue a fuerza de un diccionario Liliput *We communicated by means of a small dictionary*
Valparaíso *a coastal city in Chile that serves as the port for Santiago, the capital*
se aloja *is staying*

—Muy bien —le dije a Potter, y lo introduje en mi Chevrolet. Como una bala me lo traje a Lima evitando que se fijara mucho en el camino.

—¿Y eso? —me preguntó al pasar.

—Son pequeños muros incaicos —le contesté. Se trataba de las tapias de los potreros.

De golpe lo puse frente al National City Bank. Potter no pudo terminar la palabra «*beautiful*» al contemplar el edificio porque un zambo suertero le metió un «huacho» por las narices.

—¡El 13, señor!

Potter tomó el «huacho», hizo con él una bolita y lo arrojó a la calle.

Mientras el suertero buscaba la bolita haciendo alusiones poco cultas sobre la familia de Potter, Potter no podía ingresar al banco porque no lo dejaba pasar una mujer desgrañada con un bebé narcotizado en los brazos.

—Señor, señorcito, este numerito...

Potter se quedó mirando algún rato el «huacho» que le ofrecía la mujer y luego entró al banco como un bólido.

Cuando Potter examinaba y firmaba concienzudamente un montón de giros y cheques, Potter principió a sentir unos jaloncitos en el saco, volteó la cara y se encontró con una cholita escuálida, casi desnuda, que le dijo con voz lastimosísima:

—Cómpreme, pues, señorcito, le vendo este «huachito», deme un centavito, mi mamacita...

Potter tuvo un gesto de impaciencia cuando vio que entre sus giros y cheques la cholita le había soltado una serie de «huachitos».

—¿*What's this?* —me preguntó alarmado.

Yo saqué el Liliput. Busqué la palabra suerte. «*Chance*», le dije.

—Ah —exclamó—, *good luck*. Le hizo un cariño a la cholita, le devolvió cuidadosamente sus «huachos» y le regaló una estampita que sacó de su Biblia.

Cuando Potter salió del banco el zambo suertero, la mujer desgreñada con el bebé narcotizado, la cholita y un hombre medio cojo se aventaron contra él gritándole:

Como una bala *Like a shot*
muros incaicos *Incan walls*
tapias de los potreros *stone walls around the pasture*
De golpe *All of a sudden*
un zambo suertero le metió un «huacho» por las narices *a mulatto lottery ticket vendor put a lottery ticket right in his face*
desgreñada *disheveled*
como un bólido *swift as a meteorite*

firmaba concienzudamente un montón de giros *was signing conscienciously a pile of money orders*
jaloncitos en el saco *little tugs on his jacket*
cholita escuálida *dirty mestiza girl*
Le hizo un cariño *He patted her cheek affectionately*
cojo *lame person*
se aventaron contra él *rushed up to him*

—¡Aquí está, señor! ¡Veinte mil soles! ¡So, gringo! ¡Para hoy! ¡No me desprecie patroncito! ¡Déme un realito!

Casi corriendo nos fuimos al auto. Potter me enseñó su lista. Le expliqué que mejor era ir de una vez al cementerio y tomamos por Maravillas.

Antes de llegar a la puerta del cementerio una turba de chicos andrajosos con trapos en la mano y cargando escaleras pretendió a toda carrera apoderarse del Chevrolet. Subidos en los estribos, colgados de las manijas, arriesgando sus vidas, exclamaban metiendo sus cabezas por las ventanillas:

—¿Se la limpio, señor? ¡Yo se la limpié ayer! ¡Yo se la limpio! ¡Yo soy el que Ud. conoce! ¡Oiga doctor! ¡Yo fui primero! ¡Le saco el tapón! ¡Deme las flores! ¡Yo, señor!...

Potter saludando con cierta superioridad benévola me miró sonriente y señalándome la puerta del cementerio me preguntó:

—¿*Circus*?

Potter se imaginaba que ahí se había organizado una función popular de circo y que a él lo habían tomado por el payaso...

Cuando salió del auto, una nube de polvo envolvió a Potter que se debatía entre escaleras, trapos, bancos y coronitas. Tuve que intervenir enérgicamente pero no pude evitar que los muchachos lo siguieran de lejos hasta el nicho de su tío. Mientras Potter rezaba los muchachos le llamaban la atención tímidamente con unos «psst» discretos mostrándole trapitos para la lápida y escalerita para que se trepara.

Al regresar vimos que otros muchachos frotaban frenéticamente el Chevrolet y pretendían, por todos los medios, abrir las puertas del auto para que nos instaláramos.

—¡Yo se lo limpié, señor! ¡Yo soy el del trapo verde! ¡A mí, señor, a mí!...

Uno de ellos, en un exceso de amabilidad le cerró la puerta a Potter chancándole un dedo.

Potter, después de verse detenidamente el dedo, me dijo:

—*The nail*.

Saqué el Liliput. Quería decir: «la uña».

---

soles (sol) *the former Peruvian monetary unit*
¡So, gringo! *You gringo, you!*
¡Para hoy! *For today's drawing!*
realito (real) *ten* **centavos**
una turba de chicos andrajosos *a crowd of ragged children*
trapos *rags*
escaleras *stepladders*
pretendió a toda carrera apoderarse del Chevrolet *tried at full speed to get hold of the Chevrolet*
Subidos en los estribos, colgados de las manijas, arriesgando sus vidas *Standing on the running boards, hanging from the door handles, risking their lives*
tapón *gas cap*
se debatía *was struggling*
bancos y coronitas *benches and wreaths of flowers*
se trepara *climb up*
chacándole un dedo *crushing his finger*

Para poder arrancar tiré una peseta a gran distancia. Se produjo un violento conglomerado de muchachos y de tierra y nos alejamos apresuradamente.

A la altura de Santa Ana me di cuenta que me habían robado el tapón.

Paramos en la Plaza de Armas.

Ahí se acercó un mudo con gorra, colorado y gordo. Lanzó tres silbidos, emitió una serie de sonidos guturales y le hizo a Potter gestos alusivos sobre la reciente construcción de los portales.

Potter le dijo seriamente:

—*Sorry, I am English* ...

Vimos la lista y le propuse a Potter que fuéramos a una peluquería que estaba cerca. Potter me explicó que el peluquero de a bordo se había quedado en Panamá con una bailarina malaya.

Mientras cruzábamos por el portal unos chicos sucios persiguieron a Potter gritándole:

—¡Cinco bolitas por un real! ¡Papel de armenia! ¡Un globo, señor! ¡Llévese este pericote de cuerda para su hijito!...

Potter murmuraba:

—*How interesting, how interesting* ...

No bien entramos a la peluquería un peluquero japonés anunció como en fonda:

—¡Afeitada, cortada, lavada, peinada y lustrada!

—Sólo pelo —le dije yo.

Sentaron a Potter envuelto en una sábana, le dieron una revista argentina, le frotó los zapatos un negrito descamisado que entre silbido y silbido le ofrecía un «huacho» y lo raparon como a un sacerdote budista.

Potter salió de la peluquería algo desconcertado.

—¿Y ahora? —le pregunté.

Potter sacó la lista: «*Church*», me dijo.

Lo acompañé a la iglesia de Santo Domingo.

Ahí había algo inusitado; una ceremonia seguramente. A Potter se le fue encima una cantidad de mendigos de todas las razas, edades y sexos, se tropezó con un hombre sin piernas que estaba en el suelo y dos niñas adornadas con

---

arrancar *to start up*
A la altura de Santa Ana *When we got to Santa Ana Street*
un mudo con gorra *a mute person wearing a cap*
Lanzó tres silbidos *He whistled three times*
¡Papel de armenia! *Incense paper!*
globo *balloon*
pericote de cuerda *windup toy mouse*

fonda *tavern, cheap restaurant*
¡Afeitada, cortada, lavada, peinada y lustrada! *Shave, haircut, shampoo, combing, and shoe shine!*
descamisado *without a shirt*
lo raparon *they shaved his head*
A Potter se le fue encima una cantidad de mendigos *A group of beggars scrambled all over Potter*

listones que se encontraban en la puerta le sacudieron unas latitas de conserva llenas de centavos, dos niñas más le pusieron en la solapa unas rosetitas amarillas...

—¿*And this*? —interrogó Potter.

—Es el día del padre, *Father's Day* —le dije por contestarle algo.

Cuando Potter estaba en plena oración, dos cholitas con los pies desnudos, una muy viva y la otra ciega, le dieron golpecitos en la espalda tendiéndole las manos. Potter se cambió de banca. Se sentó junto a una vieja arropada en forma inverosímil. La vieja olía. Potter se cambió a otra banca debajo de la cual salió un perrito que se había quedado dormido.

Cuando salimos Potter se rascaba entre todos los mendigos, alarmado, con la expresión de un hombre que ha creído contraer una enfermedad extraña.

Tomé mi Liliput, busqué «pulga», y le dije: «*Fleas, fleas, fleas*»...

—*Oh* —exclamó Potter—, *thank you very much*.

—¿Qué otra cosa? —le pregunté.

Sacó su lista «*Fruit*», me dijo, y lo llevé donde Giaccoletti.

Al carro tuvimos que dejarlo junto al Metro donde fue recibido con júbilo.

—¡Se lo limpio, señor! ¡Yo se lo limpié esta mañana! ¡Yo, ingeniero! ¡Yo soy el de anoche!...

Potter admiraba la insistencia y alegría de estos niños.

Frente a Giaccoletti se le acercó a Potter un hombre grandazo de pelo blanco y zapatillas blancas, le hizo un saludo ceremonioso y le ofreció un «huacho». Al mismo tiempo dos indiecitas le jalaban el pantalón pidiéndole un mediecito. Tomé a Potter del brazo y lo conduje al interior del establecimiento donde se atracaba de pie una cantidad de gente. Cuando escogíamos la fruta y Potter se saboreaba una empanadita de picadillo se le enredó entre las piernas un zambito en camiseta y con caracha que le pidió un pastelito.

Potter sacó el pañuelo y se sonó.

—Mejor vámonos —le dije— le falta a Ud., según su lista, visitar a Miss Coolingham en el Bolívar.

—*No* —me respondió Potter—. *Dinner*.

«Qué temprano comen estos gringos», pensé yo, y lo llevé donde Raimondi.

---

listones *ribbons*
solapa *lapel*
viva *lively, sharp*
arropada *dressed*
olía *smelled*
se rascaba *was scratching himself*
lo llevé donde Giaccoletti *I took him to Giaccoletti's fruit stand*
mediecito *five* **centavos**
se atracaba *were stuffing themselves*
empanadita de picadillo *meat turnover pie*
en camiseta y con caracha *in an undershirt and with a skin disease*
se sonó *he blew his nose*

Ahí, recostados en los quicios de la puerta y sentados en el sardinel de la calle se encontraban algunos pobres con sus hijitos que se abalanzaron sobre Potter. Unos con «huachitos», otros con cacerolitas abolladas, otros mostrando defectos de nacimiento...

Potter sintió que las pulgas de la iglesia emprendían una nueva ofensiva y entró, rascándose y pelado a la japonesa, al restaurante que estaba de bote en bote.

Nos acomodamos como pudimos y pedimos sopa. Mientras Potter tomaba su sopa una mulatita silenciosa le arrimó un «huachito» junto al plato. Potter permaneció inalterable. La mulatita le acercó más y más el «huachito» con la esperanza de que Potter se lo comiera.

«Qué correctos son estos ingleses, pensaba yo, el «huachito» se lo meten hasta en la sopa, y ellos, nada...»

Después de un *roast beef* con peras al jugo nos retiramos seguidos por la mulatita silenciosa y acosados por los pobres de afuera que se habían multiplicado en número y en actividad. Yo me sentía algo avergonzado pero Potter sonreía como si se tratara de una costumbre original en un día de fiesta popular.

En la lista de Potter no faltaba sino visitar a Miss Coolingham. Nos fuimos al Bolívar. Junto a la farmacia un hombre sin cuello y con tongo le pidió a Potter si le podía regalar un par de zapatos viejos. Potter subió y yo me quedé en el hall del Hotel hablándole en inglés a una señora de Piura.

Al poco rato bajó Potter y me dijo:

—Miss Coolingham tiene cinco «huachitos» y desea que le manden el periódico de la tarde...

Cumplimos con Miss Coolingham y salimos por la puerta del costado. Era de noche. Nos esperaban tres mujeres cubiertas con mantos negros, misteriosas, desagradables, con aires de tragedia aprendida, que se acercaron como sombras, sacaron sus manos ávidas e indefinidas por entre muchos trapos y le murmuraron a Potter al oído:

—Tengo catorce hijitos con hambre... Mi marido murió anoche en el hospital y no tengo como enterrarlo... Yo tengo una hijita, grandecita, muy agraciada...

---

recostados en los quicios de la puerta y sentados en el sardinel de la calle *leaning against the door frame and seated on the curb*
se abalanzaron sobre Potter *rushed towards Potter*
cacerolitas abolladas *dented tin cups (for begging)*
de bote en bote *full, packed*

Nos acomodamos como pudimos *We got seated as best we could*
acosados *beset, surrounded*
avergonzado *ashamed, embarrassed*
tongo *top hat*
Piura *city of northern Perú*
puerta del costado *side door*
agraciada *pretty, attractive*

Potter y yo apuramos el paso. Tomamos rápidamente el Chevrolet y salimos como buscapique rumbo al Callao.

Durante el trayecto Potter me dijo:

—Qué interesante día, este día del padre, qué bonita costumbre tienen ustedes, eso de abrir en esta fecha todos los asilos, hospitales, orfelinatos y escuelas correccionales del país para que los pobrecitos anden sueltos y hagan lo que les dé la gana; es una idea verdaderamente generosa...

—Sí, pues —murmuré yo.

Al llegar al Terminal Marítimo, una docena de palomillas vinieron corriendo a darnos un encuentro magnífico.

—¡Se lo limpio, señor! ¡Yo! ¡A mí!

Potter sacó del bolsillo un puñado de monedas y las arrojó por el aire con ademán triunfante y exclamando:

—¡Father's Day! ¡Father's Day! ¡Good-bye!

Antes de subir a su buque y de despedirse de mí, Potter me preguntó confidencialmente:

—¿What's «huachito»?

—Bonos de Dios —le contesté.

Entonces me abrazó y me dijo:

—Feliz la tierra de Ud. donde hay tantos accionistas del cielo...

Y Potter, rapado a la japonesa y con pulgas, se hundió en el vientre de su buque.

I. Práctica de vocabulario

A. Empareje las palabras o expresiones en la Columna A con la definición apropiada en la Columna B.

A	B
1. accionista	a. pobre, pordiosero
2. turba	b. encaramarse, subirse
3. hospedarse	c. multitud, muchedumbre
4. como un bólido	ch. completamente lleno
5. acosado	d. propietario de acciones
6. suertero	e. alojarse
7. mendigo	f. como una bala
8. recostado	g. vendedor de billetes de lotería
9. de bote en bote	h. abrigado con ropa

---

salimos como buscapique rumbo al Callao *we left like a shot headed for Callao*
palomillas *kids*
Bonos *Bonds*
accionistas *stockholders*

A	B
10. treparse	i. reclinado, apoyado
11. potrero	j. perseguido
12. arropado	k. sitio destinado a la cría y pasto
	de ganado caballar

B. Complete las oraciones siguientes con la forma apropiada de una palabra o expresión en la Columna A del ejercicio anterior.

1. El turista fue ____ por los vendedores que no lo dejaban en paz.
2. La señorita Coolingham ____ en el hotel Bolívar.
3. Al llegar a la iglesia de Santo Domingo se le fue encima a Potter una cantidad de ____ de todas las razas, edades y sexos.
4. Harry se sentó junto a una vieja ____ en forma inverosímil que olía mal.
5. Antes de llegar a la puerta del cementerio, una ____ de chicos andrajosos se apoderó del coche.
6. Los muchachos le mostraban escaleritas a Harry para que él ____ .
7. Cuando ellos vieron las tapias de unos ____, el narrador dijo que eran pequeños muros incaicos.
8. Él entró ____ al banco porque lo perseguía una mujer desgreñada con un bebé narcotizado.
9. Algunos pobres con sus hijos estaban ____ en los quicios de la puerta.
10. El restaurante estaba ____ . Nos acomodamos como pudimos.
11. Un zambo ____ le metió un «huacho» por las narices.
12. Harry piensa que la tierra del narrador es feliz porque hay muchos ____ del cielo.

II. Ejercicios de comprensión

Escoja la respuesta apropiada para completar las oraciones siguientes, según la lectura.

1. Harry Potter es...
   a. el tío de Miss Coolingham.
   b. el sobrino de un inglés muy rico que se murió de un ataque de náuseas en el Mercado Central.
   c. un vendedor de «huachos».

2. El narrador del cuento...
   a. siempre decía la verdad.
   b. fue a buscar a Harry Porter porque pensaba que era un deber.
   c. hablaba inglés perfectamente.

3. En camino a Lima, Harry Porter vio...
   a. pequeños muros incaicos.
   b. tapias de potreros.
   c. una bala.

4. Al llegar al National City Bank, Harry Potter...
   a. compró un «huacho».
   b. le regaló al narrador una estampita que sacó de su Biblia.
   c. contempló el edificio y se encontró con muchos vendedores de «huachos».

5. Inmediatamente después de salir del banco, el narrador y Harry Potter fueron...
   a. al mercado.
   b. al cementerio.
   c. a visitar a Miss Coolingham.

6. Mientras Harry Potter rezaba en la tumba del tío, los muchachos...
   a. lo dejaron en paz.
   b. le llamaban la atención tímidamente con unos «psst» discretos mostrándole trapitos para la lápida y escalerita para que se trepara.
   c. se saboreaban unas empanaditas de picadillo.

7. Después de salir del cementerio, fueron...
   a. a comprar camisetas.
   b. a la peluquería.
   c. al barco para ir a Panamá.

8. En el portal de la peluquería, unos chicos le querían vender a Potter...
   a. una gorra
   b. papel de armenia y globos
   c. unas armas

9. Según el narrador, Harry Potter...
   a. admiraba la insistencia y alegría de los niños.
   b. era amigo de un peluquero japonés.
   c. quería llegar a ser un sacerdote budista

10. Antes de ir a visitar a Miss Coolingham,...
    a. fueron a comer.
    b. Harry Potter le regaló un par de zapatos a un hombre.
    c. se sentaron en el sardinel de la calle.
11. Al salir del hotel donde se hospedaba Miss Coolingham a ellos les esperaban...
    a. catorce hijitos con hambre
    b. tres mendigas con mantos negros
    c. el marido de Miss Coolingham y una hijita grandecita
12. Finalmente se dirigen...
    a. a la casa del narrador porque Potter quería conocer a la familia de su nuevo amigo.
    b. a los asilos.
    c. al Callao porque Potter tenía que regresar al barco.

III. Preguntas sobre la lectura

1. ¿Dónde hizo Velarde sus estudios? ¿Con qué fin escribe?
2. Según el narrador, ¿cómo es Harry Potter?
3. ¿Qué quería hacer el inglés durante su visita a Lima? ¿Cuánto tiempo iba a estar allí?
4. ¿Cómo le explicó el narrador al inglés el significado de la palabra «huacho»? ¿Cómo la interpretó Harry?
5. ¿Qué pasó antes de que ellos llegaran a la puerta del cementerio? ¿Cómo lo interpretó Harry?
6. ¿Qué hacían otros chicos cuando regresaron al Chevrolet? ¿Qué le pasó a Harry? ¿Qué hizo el narrador para poder poner en marcha el coche?
7. ¿Cómo le cortaron el pelo al inglés?
8. ¿Qué le ocurrió a Harry en la iglesia? ¿Cómo explicó el narrador lo que sucedía?
9. ¿Por qué se rascaba Harry al salir?
10. ¿Para dónde fueron después? ¿Cómo estaba el lugar? ¿Qué sucedió allí?
11. ¿Por qué piensa el narrador que los ingleses son muy correctos?
12. ¿Qué deseaba Miss Coolingham que le mandaran? ¿Por qué?
13. ¿Cuál es la impresión que se lleva Harry de Lima?
14. ¿Por qué cree Ud. que Harry dice «¡Father's Day! ¡Father's Day! ¡Good-bye!»?
15. ¿Cómo explicó finalmente el narrador lo que eran los «huachitos»?
16. ¿Por qué dijo Harry que era feliz la tierra del narrador?

IV. Análisis del texto

1. ¿Cuáles son las ideas principales que presenta el cuento? ¿Cómo se presentan?
2. ¿Qué se puede deducir del carácter y de la personalidad de Harry Potter? ¿Concuerda Ud. con las observaciones y los juicios del narrador? Por ejemplo, el narrador opina que Harry era «seriote», «muy metódico» y «correcto». ¿Está Ud. de acuerdo con el narrador? ¿Que otros rasgos de su personalidad se revelan a través de sus acciones?
3. ¿Cómo se acerca Harry Potter al mundo peruano? ¿Cree Ud. que de verdad ha aprendido algo de la cultura y las costumbres del país durante su paseo por Lima? Contraste lo que Harry ve verdaderamente con lo que él cree ver.
4. ¿Cómo presenta el narrador su mundo al inglés? ¿Qué trata de ocultar? ¿Cree Ud. que hay una verdadera comunicación entre los dos? ¿En qué niveles se presenta la incomunicación y la falta de comprensión entre los dos personajes?
5. ¿Cómo trata Harry a la gente con que se encuentra? ¿Cuál es su actitud?
6. ¿Qué opinión parece tener el autor de Harry? ¿Está Ud. de acuerdo?
7. ¿En qué se basa el humor del relato? ¿Es un humor cómico, tragicómico o mórbido?
8. ¿Cree Ud. que el título del cuento es irónico? ¿Por qué sí o por qué no?

V. Temas de conversación y composición

1. ¿Qué visión presenta Velarde de la sociedad peruana en los años cuarenta? ¿Qué clases sociales están representadas? ¿Cómo son las relaciones entre ellas? En los Estados Unidos, ¿cómo son las relaciones entre las distintas clases sociales? ¿Y entre los distintos grupos raciales y étnicos?
2. ¿Cómo podría Harry llegar a conocer mejor la cultura peruana? ¿Qué le aconsejaría Ud.? ¿Cree Ud. que es posible que un turista pueda llegar a conocer de verdad otra cultura?
3. Si Ud. recibiera a un turista a su ciudad o pueblo, ¿qué le mostraría? ¿Qué no le mostraría? ¿Cómo explicaría Ud. su selección?

Bibliografía selecta

Miró Quesada, Aurelio. "Introducción a Héctor Velarde." (Foreword) *Obras completas* by Héctor Velarde. 5 vols. Lima: F. Moncloa, 1965: 1: 9–15.

Oviedo, José Miguel. "El humorismo de Héctor Velarde." *Obras completas* by Héctor Velarde. 5 vols. Lima: F. Moncloa, 1965: 1: 17–29.

---

rasgos *traits*

Augusto Monterroso

(Guatemala, 1921)

Augusto Monterroso, ensayista y narrador de considerable ingenio y originalidad, nació en Guatemala, pero gran parte de su vida ha transcurrido en México (de 1944 a 1953, de 1956 hasta hoy), donde ha escrito casi toda su obra. Es un refinado hombre de cultura, autodidacto, que para ganarse la vida trabajó en una carnicería desde los dieciséis hasta los veintidós años. Durante ese período pasaba casi todo el tiempo libre estudiando en la Biblioteca Nacional de Guatemala y, según ha revelado, leía hasta cuando estaba trabajando: «Todavía despierto con la pesadilla de que los patrones me sorprenden leyendo». Fue diplomático durante las presidencias de Juan José Arévalo (1945–1950) y Jacobo Arbenz (1951–1954) y posteriormente se dedicó a la enseñanza en México.

    Monterroso es un excelente humorista, con una aguda visión crítica de la historia, la cultura y la sociedad. Ha señalado que su interpretación de la humanidad contiene una nota «amarga, escéptica y triste», porque «el ser humano es por naturaleza desdichado» y que si en sus obras «aparece gente tonta es porque la gente es así y no hay nada que pueda hacerse». En los cuentos, Monterroso se revela diestro en la técnica de fabular y como excelente prosista, con un lenguaje que aspira a la síntesis y la claridad. «Mister Taylor» forma parte de su primera colección de cuentos, *Obras completas (y otros cuentos)* (1959), que incluye también uno de los relatos más famosos del autor y uno de los más breves de la literatura universal: «El dinosaurio.» Todo el cuento consiste en una frase: «Cuando despertó, el dinosaurio todavía estaba allí».

    La nota característica de Monterroso es la ironía, que en algunos de sus cuentos —como en «Mister Taylor», por ejemplo— desborda hacia la burla y la sátira mordaz. «Mister Taylor» es un relato político en el cual Monterroso critica con humor el colonialismo económico norteamericano en América Latina. A propósito del cuento, el autor ha precisado sus orígenes:

> «Mister Taylor» fue escrito en Bolivia, en 1954, y está dirigido particularmente contra el imperialismo norteamericano y la United Fruit Company, cuando estos derrocaron al gobierno

---

ingenio *wit*
patrones *bosses*
aguda *sharp, keen*
desdichado *unfortunate*
diestro *skillful*

fabular *story telling*
desborda hacia *borders on*
mordaz *biting*
derrocaron *overthrew*

revolucionario de Jacobo Arbenz, con el cual yo trabajaba como diplomático. «Mister Taylor» es mi respuesta a ese hecho y por cierto me creó una cantidad de problemas de orden estético. Yo necesitaba escribir algo contra esos señores, pero algo que no fuera reacción personal mía, no porque estuviera enojado con ellos porque habían tirado a mi gobierno, lo cual me hubiera parecido una vulgaridad. Claro que estaba enojado, pero el enojo no tenía por qué verse en un cuento. Precisamente en los días de los bombardeos a Guatemala, cuando lo escribí, tuve que plantearme un equilibrio bastante difícil entre la indignación y lo que entiendo por literatura. Sinceramente creo que lo logré.

El resto de la producción literaria de Monterroso incluye, entre otros, los siguientes títulos: *La oveja negra y demás fábulas* (1969), donde transforma o parodia el género clásico de la fábula; *Movimiento perpetuo* (1972), colección de ensayos y cuentos de diverso carácter y *Viaje al centro de la fábula* (1981), libro de entrevistas con críticos, periodistas y otros escritores.

Mister Taylor

—Menos rara, aunque sin duda más ejemplar —dijo entonces el otro—, es la historia de Mr. Percy Taylor, cazador de cabezas en la selva amazónica.

Se sabe que en 1937 salió de Boston, Massachusetts, en donde había pulido su espíritu hasta el extremo de no tener un centavo. En 1944 aparece por primera vez en América del Sur, en la región del Amazonas, conviviendo con los indígenas de una tribu cuyo nombre no hace falta recordar.

Por sus ojeras y su aspecto famélico pronto llegó a ser conocido allí como «el gringo pobre», y los niños de la escuela hasta lo señalaban con el dedo y le tiraban piedras cuando pasaba con su barba brillante bajo el dorado sol tropical. Pero esto no afligía la humilde condición de Mr. Taylor porque había leído en el primer tomo de las *Obras completas* de William G. Knight que si no se siente envidia de los ricos la probreza no deshonra.

En pocas semanas los naturales se acostumbraron a él y a su ropa extravagante. Además, como tenía los ojos azules y un vago acento extranjero, el Presi-

---

hecho *act*
habían tirado *had overthrown*
enojado *angry*
enojo *anger*
bombardeos *bombing*
tuve que plantearme un equilibrio *I had to find a balance*

cazador de cabezas *headhunter*
pulido *polished*
conviviendo *living together*
no hace falta *it is not necessary*
ojeras *rings under the eyes*
famélico *starving*
naturales *natives*

dente y el Ministro de Relaciones Exteriores lo trataban con singular respeto, temerosos de provocar incidentes internacionales.

Tan pobre y mísero estaba, que cierto día se internó en la selva en busca de hierbas para alimentarse. Había caminado cosa de varios metros sin atreverse a volver el rostro, cuando por pura casualidad vio a través de la maleza dos ojos indígenas que lo observaban decididamente. Un largo estremecimiento recorrió la sensitiva espalda de Mr. Taylor. Pero Mr. Taylor, intrépido, arrostró el peligro y siguió su camino silbando como si nada hubiera visto.

De un salto (que no hay para qué llamar felino) el nativo se le puso enfrente y exclamó:

—*Buy head? Money, money.*

A pesar de que el inglés no podía ser peor, Mr. Taylor, algo indispuesto, sacó en claro que el indígena le ofrecía en venta una cabeza de hombre, curiosamente reducida, que traía en la mano.

Es innecesario decir que Mr. Taylor no estaba en capacidad de comprarla; pero como aparentó no comprender, el indio se sintió terriblemente disminuido por no hablar bien el inglés, y se la regaló pidiéndole disculpas.

Grande fue el regocijo con que Mr. Taylor regresó a su choza. Esa noche, acostado boca arriba sobre la precaria estera de palma que le servía de lecho, interrumpido tan sólo por el zumbar de las moscas acaloradas que revoloteaban en torno haciéndose obscenamente el amor, Mr. Taylor contempló con deleite durante un buen rato su curiosa adquisición. El mayor goce estético lo extraía de contar, uno por uno, los pelos de la barba y el bigote, y de ver de frente el par de ojillos entre irónicos que parecían sonreírle agradecidos por aquella deferencia.

Hombre de vasta cultura, Mr. Taylor solía entregarse a la contemplación; pero esta vez en seguida se aburrió de sus reflexiones filosóficas y dispuso obsequiar la cabeza a un tío suyo, Mr. Rolston, residente en Nueva York, quien desde la

---

Ministro de Relaciones Exteriores *Minister of Foreign Affairs*
temerosos *fearful*
mísero *wretched*
se internó *he penetrated*
sin atreverse a volver el rostro *without daring to look back*
por pura casualidad *by mere chance*
maleza *underbrush*
estremecimiento *shudder*
recorrió *went down*
arrostró el peligro *defied the danger*
silbando *whistling*
De un salto *Leaping up*

sacó en claro *figured out*
no estaba en capacidad de *was not able to*
aparentó *he pretended*
disminuido *embarrassed*
regocijo *joy*
choza *hut*
boca arriba sobre la precaria estera *lying face up on the precarious matting*
lecho *bed*
el zumbar *the buzzing*
moscas acaloradas *hot flies*
revoloteaban *were fluttering*
goce *enjoyment*

más tierna infancia había revelado una fuerte inclinación por las manifestaciones culturales de los pueblos hispanoamericanos.

Pocos días después el tío de Mr. Taylor le pidió—previa indagación sobre el estado de su importante salud—que por favor lo complaciera con cinco más. Mr. Taylor accedió gustoso al capricho de Mr. Rolston y—no se sabe de qué modo—a vuelta de correo «tenía mucho agrado en satisfacer sus deseos». Muy reconocido, Mr. Rolston le solicitó otras diez. Mr. Taylor se sintió «halagadísimo de poder servirlo». Pero cuando pasado un mes aquél le rogó el envío de veinte, Mr. Taylor, hombre rudo y barbado pero de refinada sensibilidad artística, tuvo el presentimiento de que el hermano de su madre estaba haciendo negocio con ellas.

Bueno, si lo quieren saber, así era. Con toda franqueza, Mr. Rolston se lo dio a entender en una inspirada carta cuyos términos resueltamente comerciales hicieron vibrar como nunca las cuerdas del sensible espíritu de Mr. Taylor.

De inmediato concertaron una sociedad en la que Mr. Taylor se comprometía a obtener y remitir cabezas humanas reducidas en escala industrial, en tanto que Mr. Rolston las vendería lo mejor que pudiera en su país.

Los primeros días hubo algunas molestas dificultades con ciertos tipos del lugar. Pero Mr. Taylor, que en Boston había logrado las mejores notas con un ensayo sobre Joseph Henry Silliman, se reveló como político y obtuvo de las autoridades no sólo el permiso necesario para exportar, sino, además, una concesión exclusiva por noventa y nueve años. Escaso trabajo le costó convencer al guerrero Ejecutivo y a los brujos Legislativos de que aquel paso patriótico enriquecería en corto tiempo a la comunidad, y de que luego estarían todos los sedientos aborígenes en posibilidad de beber (cada vez que hicieran una pausa en la recolección de cabezas), un refresco bien frío, cuya fórmula mágica él mismo proporcionaría.

Cuando los miembros de la Cámara, después de un breve pero luminoso esfuerzo intelectual, se dieron cuenta de tales ventajas, sintieron hervir su amor a la patria y en tres días promulgaron un decreto exigiendo al pueblo que acelerara la producción de cabezas reducidas.

Contados meses más tarde, en el país de Mr. Taylor las cabezas alcanzaron

---

indagación *inquiry*
lo complaciera *if he could please him*
capricho *whim*
a vuelta de correo *by return mail*
Muy reconocido *Very grateful*
halagadísimo *very pleased*
rudo y barbado *rough and bearded*
resueltamente *resolutely*
concertaron *they formed*
remitir *to send*

molestas *troublesome*
guerrero *warrior*
brujos *witch doctors*
sedientos *thirsty*
Cámara *House of Representatives*
hervir *to boil*
promulgaron *they issued*
exigiendo *demanding*
alcanzaron *achieved*

aquella popularidad que todos recordamos. Al principio eran privilegio de las familias más pudientes; pero la democracia es la democracia y, nadie lo va a negar, en cuestión de semanas pudieron adquirirlas hasta los mismos maestros de escuela.

Un hogar sin su correspondiente cabeza teníase por un hogar fracasado. Pronto vinieron los coleccionistas y, con ellos, las contradicciones: poseer diecisiete cabezas llegó a ser considerado de mal gusto; pero era distinguido tener once. Se vulgarizaron tanto que los verdaderos elegantes fueron perdiendo interés y ya sólo por excepción adquirían alguna, si presentaba cualquier particularidad que la salvara de lo vulgar. Una, muy rara, con bigotes prusianos, que perteneciera en vida a un general bastante condecorado, fue obsequiada al Instituto Danfeller, el que a su vez donó, como de rayo, tres y medio millones de dólares para impulsar el desenvolvimiento de aquella manifestación cultural, tan excitante, de los pueblos hispanoamericanos.

Mientras tanto, la tribu había progresado en tal forma que ya contaba con una veredita alrededor del Palacio Legislativo. Por esa alegre veredita paseaban los domingos y el Día de la Independencia los miembros del Congreso, carraspeando, luciendo sus plumas, muy serios riéndose, en las bicicletas que les había obsequiado la Compañía.

Pero, ¿qué quieren? No todos los tiempos son buenos. Cuando menos lo esperaban se presentó la primera escasez de cabezas.

Entonces comenzó lo más alegre de la fiesta.

Las meras defunciones resultaron ya insuficientes. El Ministro de Salud Pública se sintió sincero, y una noche caliginosa, con la luz apagada, después de acariciarle un ratito el pecho como por no dejar, le confesó a su mujer que se consideraba incapaz de elevar la mortalidad a un nivel grato a los intereses de la Compañía, a lo que ella le contestó que no se preocupara, que ya vería cómo todo iba a salir bien, y que mejor se durmieran.

Para compensar esa deficiencia administrativa fue indispensable tomar medidas heroicas y se estableció la pena de muerte en forma rigurosa.

Los juristas se consultaron unos a otros y elevaron a la categoría de delito,

---

más pudientes *wealthiest*
en cuestión de *in a matter of*
hogar *home*
teníase por *was considered to be*
fracasado *unsuccessful*
fue obsequiada *was given*
como de rayo *soon after*
para impulsar el desenvolvimiento *in order to promote the development*
veredita *small path*

carraspeando *clearing their throats*
luciendo sus plumas *showing off their feathers*
escasez *shortage*
defunciones *deaths*
caliginosa *dark, gloomy*
un nivel grato *a desirable level*
se estableció la pena de muerte *the death penalty was established*
delito *crime*

penado con la horca o el fusilamiento, según su gravedad, hasta la falta más nimia.

Incluso las simples equivocaciones pasaron a ser hechos delictuosos. Ejemplo: si en una conversación banal, alguien, por puro descuido, decía «Hace mucho calor», y posteriormente podía comprobársele, termómetro en mano, que en realidad el calor no era para tanto, se le cobraba un pequeño impuesto y era ahí mismo pasado por las armas, correspondiendo la cabeza a la Compañía y, justo es decirlo, el tronco y las extremidades a los dolientes.

La legislación sobre las enfermedades ganó inmediata resonancia y fue muy comentada por el Cuerpo Diplomático y por las Cancillerías de potencias amigas.

De acuerdo con esa memorable legislación, a los enfermos graves se les concedían veinticuatro horas para poner en orden sus papeles y morirse; pero si en este tiempo tenían suerte y lograban contagiar a la familia, obtenían tantos plazos de un mes como parientes fueran contaminados. Las víctimas de enfermedades leves y los simplemente indispuestos merecían el desprecio de la patria y, en la calle, cualquiera podía escupirles el rostro. Por primera vez en la historia fue reconocida la importancia de los médicos (hubo varios candidatos al premio Nobel) que no curaban a nadie. Fallecer se convirtió en ejemplo del más exaltado patriotismo, no sólo en el orden nacional, sino en el más glorioso, en el continental.

Con el empuje que alcanzaron otras industrias subsidiarias (la de ataúdes, en primer término, que floreció con la asistencia técnica de la Compañía) el país entró, como se dice, en un período de gran auge económico. Este impulso fue particularmente comprobable en una nueva veredita florida, por la que paseaban, envueltas en la melancolía de las doradas tardes de otoño, las señoras de los diputados, cuyas lindas cabecitas decían que sí, que sí, que todo estaba bien, cuando algún periodista solícito, desde el otro lado, las saludaba sonriente sacándose el sombrero.

Al margen recordaré que uno de estos periodistas, quien en cierta ocasión emitió un lluvioso estornudo que no pudo justificar, fue acusado de extremista y llevado al paredón de fusilamiento. Sólo después de su abnegado fin los académicos de la lengua reconocieron que ese periodista era una de las más grandes

---

penado con la horca o el fusilamiento *punishable by hanging or by firing squad*
nimia *insignificant*
hechos delictuosos *criminal acts*
podía comprobársele *it could be proven to him*
no era para tanto *it was not so bad*
impuesto *tax*
pasado por las armas *executed*

dolientes *mourners*
contagiar *to infect*
plazos *extensions*
indispuestos *slightly ill*
Fallecer *To die*
ataúdes *coffins*
auge *prosperity*
florida *blossoming*
estornudo *sneeze*
paredón *place of execution*

cabezas de país; pero una vez reducida quedó tan bien que ni siquiera se notaba la diferencia.

¿Y Mr. Taylor? Para ese tiempo ya había sido designado consejero particular del Presidente Constitucional. Ahora, y como ejemplo de lo que puede el esfuerzo individual, contaba los miles por miles; mas esto no le quitaba el sueño porque había leído en el último tomo de las *Obras completas* de William G. Knight que ser millonario no deshonra si no se desprecia a los pobres.

Creo que con ésta será la segunda vez que diga que no todos los tiempos son buenos.

Dada la prosperidad del negocio llegó un momento en que del vecindario sólo iban quedando ya las autoridades y sus señoras y los periodistas y sus señoras. Sin mucho esfuerzo, el cerebro de Mr. Taylor discurrió que el único remedio posible era fomentar la guerra con las tribus vecinas. ¿Por qué no? El progreso.

Con la ayuda de unos cañoncitos, la primera tribu fue limpiamente descabezada en escasos tres meses. Mr. Taylor saboreó la gloria de extender sus dominios. Luego vino la segunda; después la tercera y la cuarta y la quinta. El progreso se extendió con tanta rapidez que llegó la hora en que, por más esfuerzos que realizaron los técnicos, no fue posible encontrar tribus vecinas a quienes hacer la guerra.

Fue el principio del fin.

Las veredítas empezaron a languidecer. Sólo de vez en cuando se veía transitar por ellas a alguna señora, a algún poeta laureado con su libro bajo el brazo. La maleza, de nuevo, se apoderó de las dos, haciendo difícil y espinoso el delicado paso de las damas. Con las cabezas, escasearon las bicicletas y casi desaparecieron del todo los alegres saludos optimistas.

El fabricante de ataúdes estaba más triste y fúnebre que nunca. Y todos sentían como si acabaran de despertar de un grato sueño, de ese sueño formidable en que tú te encuentras una bolsa repleta de monedas de oro y la pones debajo de la almohada y sigues durmiendo y al día siguiente muy temprano al despertar, la buscas y te hallas con el vacío.

Sin embargo, penosamente, el negocio seguía sosteniéndose. Pero ya se dormía con dificultad, por el temor a amanecer exportado.

En la patria de Mr. Taylor, por supuesto, la demanda era cada vez mayor. Diariamente aparecían nuevos inventos, pero en el fondo nadie creía en ellos y todos exigían las cabecitas hispanoamericanas.

---

consejero *adviser*
vecindario *neighborhood*
discurrió *reflected*
saboreó *tasted*
espinoso *thorny*

fúnebre *gloomy*
almohada *pillow*
con el vacío *with the empty space*
en el fondo *deep inside*
exigían *demanded*

Fue para la última crisis. Mr. Rolston, desesperado, pedía y pedía más cabezas. A pesar de que las acciones de la Compañía sufrieron un brusco descenso, Mr. Rolston estaba convencido de que su sobrino haría algo que los sacara de aquella situación.

Los embarques, antes diarios, disminuyeron a uno por mes, ya con cualquier cosa, con cabezas de niño, de señoras, de diputados.

De repente cesaron del todo.

Un viernes áspero y gris, de vuelta de la Bolsa, aturdido aún por la gritería y por el lamentable espectáculo de pánico que daban sus amigos, Mr. Rolston se decidió a saltar por la ventana (en vez de usar el revólver, cuyo ruido lo hubiera llenado de terror) cuando al abrir un paquete del correo se encontró con la cabecita de Mr. Taylor, que le sonreía desde lejos, desde el fiero Amazonas, con una sonrisa falsa de niño que parecía decir: «Perdón, perdón, no lo vuelvo a hacer».

I. Práctica de vocabulario

A. Empareje las palabras o expresiones en la Columna A con la definición apropiada en la Columna B.

A

1. júbilo
2. choza
3. internarse
4. pudiente
5. gritería
6. obsequiar
7. capricho
8. saborear
9. delito
10. fallecer
11. nimio
12. escasez
13. discurrir
14. patria
15. fomentar

B

a. regalar
b. morir
c. pequeño, insignificante
ch. violación de la ley
d. confusión de gritos
e. meterse
f. cabaña formada de estacas y cubierta de ramas o paja
g. alegría
h. poca cantidad de algo
i. pensar
j. percibir con deleite el sabor de una cosa
k. país, tierra natal
l. deseo, antojo
ll. promover
m. rico

áspero *bitter*
de vuelta de la Bolsa *back from the Stock Market*
aturdido *stunned*
gritería *shouting*
fiero *wild, savage*

B. Complete las oraciones siguientes con la forma apropiada de una palabra o expresión en la Columna A del ejercicio anterior.

1. Los niños siempre reciben los regalos con ____ .
2. Los juristas se consultaron unos a otros y elevaron a la categoría de ____ , penado con el fusilamiento, hasta la falta más ____ .
3. Mr. Taylor vivía en una ____ .
4. En la ____ de Mr. Taylor todos querían comprar cabezas reducidas.
5. Sin mucho esfuerzo, el cerebro de Mr. Taylor ____ que el único remedio posible para conseguir más cabezas era ____ la guerra con las tribus vecinas.
6. No me gusta ____ solo en la selva porque puede ser peligroso.
7. La ____ de gasolina puede crear grandes problemas en la economía del país.
8. Al principio las cabezas eran privilegio de las familias más ____ . Más tarde pudieron adquirirlas hasta los maestros de escuela.
9. Su abuelo ____ repentinamente de un ataque al corazón.
10. La ____ de la gente en la fiesta despertó a todos los vecinos.
11. Mr. Taylor accedió gustoso al ____ de su tío.
12. Él ____ lentamente el flan de coco que su abuela le había preparado.
13. Le voy a ____ flores a mi amiga porque es su cumpleaños.

II. Ejercicios de comprensión

Lea las frases siguientes y decida si son ciertas o falsas. Cuando sean falsas, cámbielas para hacer una frase verdadera, según la lectura.

1. Mr. Taylor es un cazador de cabezas.
2. Los niños de la escuela lo recibían con júbilo.
3. El Presidente y el Ministro de Relaciones Exteriores lo trataban con singular respeto.
4. Un día que Mr. Taylor se internó en la selva para buscar hierbas medicinales, se encontró con un indio que le vendió una cabeza reducida.
5. Mr. Taylor le obsequió la cabeza a un tío suyo, Mr. Rolston, residente en Boston.
6. Mr. Taylor y el tío concertaron una sociedad en la que el primero se comprometía a obtener y remitir cabezas reducidas y el segundo se encargaría de venderlas.
7. Las cabezas reducidas nunca alcanzaron una gran popularidad en el país de Mr. Taylor.

8. Un hogar sin una cabeza reducida se tenía por un hogar fracasado.
9. Cuando menos lo esperaban, se presentó la primera escasez de cabezas y se suspendió la pena de muerte.
10. Fallecer se convirtió en ejemplo de exaltado patriotismo.
11. En cierta ocasión un periodista emitió un lluvioso estornudo que no pudo justificar. Fue acusado de comunista y llevado al paredón de fusilamiento.
12. Para ese tiempo Mister Taylor había sido designado Presidente Constitucional.
13. En la patria de Mr. Taylor, la demanda era cada vez mayor y las acciones de la compañía sufrieron un brusco descenso.
14. Mr. Rolston recibió en un paquete de correo la cabeza de la esposa del Ministro de Salud Pública.

III. Preguntas sobre la lectura

1. ¿Dónde ha vivido Monterroso la mayor parte de su vida?
2. Según Monterroso, ¿contra quiénes está dirigido «Mister Taylor»?
3. ¿Quién era Mr. Taylor? ¿Qué se sabe de él?
4. ¿Por qué llegó a ser conocido como «el gringo pobre»?
5. ¿Qué había leído en el primer tomo de las *Obras completas* de William G. Knight?
6. ¿Por qué le regaló el indio la cabeza reducida a Mr. Taylor?
7. ¿Qué hizo Mr. Taylor esa misma noche en su choza? ¿Cómo reaccionó ante su adquisición?
8. ¿De qué se dio cuenta Mr. Taylor cuando el tío le seguía pidiendo cabezas?
9. ¿Qué obtuvo Mr. Taylor de las autoridades? ¿De qué les convenció Mr. Taylor al guerrero Ejecutivo y a los brujos legisladores?
10. ¿Qué promulgaron los miembros de la Cámara?
11. En el país de Mr. Taylor, ¿quiénes compraban las cabezas? ¿Qué llegó a significar poseer diecisiete cabezas? ¿Y poseer once?
12. ¿Qué se le obsequió al Instituto Danfeller? ¿Qué donó el Instituto a su vez? ¿Para qué?
13. ¿Progresaba la tribu? ¿Con qué contaba ya?
14. ¿Por qué se estableció la pena de muerte?
15. ¿Cómo es que las simples equivocaciones pasaron a ser hechos delictuosos?
16. Explique la legislación sobre las enfermedades. ¿Por qué fue reconocida la importancia de los médicos?
17. ¿Qué industrias subsidiarias florecieron con la asistencia técnica de la Compañía? ¿En qué fue particularmente comprobable este impulso?
18. ¿Cómo había cambiado la vida de Mr. Taylor para entonces? ¿Por qué no le quitaba el sueño tener tanto dinero?
19. Debido a la continua escasez de cabezas, ¿qué remedio fomentó Mr. Taylor?

20. ¿Qué le pasaba al fabricante de ataúdes?
21. ¿Qué pedía Mr. Rolston desesperado? ¿De qué estaba convencido?
22. ¿Qué sucedió cuando cesaron del todo los embarques de cabezas?
23. ¿Qué hizo finalmente Mr. Rolston? ¿Por qué lo hizo?

IV. Análisis del texto

1. ¿Qué tono utiliza el narrador al describir a Mr. Taylor y sus aventuras? ¿Hay un tono serio o sarcástico, grave o irónico? Dé ejemplos.
2. ¿Qué se puede deducir del carácter y de la personalidad de Mr. Taylor? ¿Qué representa?
3. ¿Cuáles son las ideas principales que presenta Monterroso en «Mister Taylor»?
4. ¿Cuál es la opinión que parece tener Monterroso de las compañías norteamericanas que tienen inversiones en Latinoamérica?
5. ¿Qué significaciones o connotaciones podrían tener el nombre del tío de Mr. Taylor, el nombre de la institución que dona tres millones y medio de dólares, la concesión por noventa y nueve años que obtiene el norteamericano y el refresco bien frío, cuya fórmula él mismo proporcionaría?
6. ¿Hay elementos absurdos y grotescos en el cuento? En su opinión, ¿qué propósitos sirven estos elementos en el texto?
7. Contraste y compare a los protagonistas extranjeros de «Father's Day» y «Mister Taylor».

V. Temas de conversación y composición

1. ¿Qué críticas se hacen en el cuento de las relaciones entre los Estados Unidos y los países hispanoamericanos? ¿Cree Ud. que Monterroso critica también a los hispanoamericanos? ¿Exagera el autor la influencia norteamericana en Latinoamérica? Explique su opinión.
2. Analice el encuentro de Mr. Taylor con el indígena. ¿Qué revela de la actitud del hispanoamericano hacia el norteamericano? ¿Qué otros ejemplos en el texto muestran la visión hispanoamericana del norteamericano? ¿Qué ideas estereotipadas cree Ud. que tienen los hispanoamericanos sobre los norteamericanos hoy en día?
3. Teniendo en cuenta la explicación de Monterroso sobre los orígenes del cuento y su propósito al escribirlo, ¿cree que ha podido lograr su objetivo? ¿Lo hace con éxito? ¿Cuál es en su opinión la función del arte y de la literatura en la sociedad? ¿Cree Ud. que deben ser vehículos de ideas políticas? Opine sobre el papel que debe desempeñar un intelectual en la sociedad moderna.

Bibliografía selecta

Masoliver, Juan Antonio. "Augusto Monterroso o la tradición subversiva." *Cuadernos Hispanoamericanos* 408 (1984): 146–154.

Ruffinelli, Jorge, "Augusto Monterroso por él mismo." (Interview) *Crítica en marcha*. México: Premia editora, 1982. 114–124.

Felisberto Hernández

(*Uruguay, 1902–1964*)

Felisberto Hernández nació en Montevideo. Como el protagonista de varios de sus cuentos, fue pianista de profesión. Empezó acompañando al piano películas de cine mudo. Hacia sus veinticinco años llegó a destacarse como concertista en su ciudad natal. Terminó su carrera de músico—al igual que el protagonista del relato aquí incluido—en giras de conciertos por ciudades de provincia. Más tarde, cuando ya se dedicaba sobre todo a la literatura, desempeñó modestos empleos administrativos.

Felisberto Hernández es uno de los escritores más singulares de la narrativa hispanoamericana. Como el autor italiano Italo Calvino señaló en una ocasión, «Felisberto es un escritor que no se parece a ninguno, a ninguno de los europeos y a ninguno de los latinoamericanos; es un irregular que escapa de toda clasificación y encasillamiento, pero a cada página se nos presenta inconfundible». Cuando publicó sus primeros cuentos, apenas tuvo lectores que apreciaran su originalidad y talento imaginativo. En los últimos treinta años su obra ha ido suscitando un creciente interés y ha sido revalorizada. Varios narradores destacados, entre ellos Borges, Cortázar y García Márquez, lo han reconocido como su ilustre antecesor.

Felisberto es un escritor intimista cuyo único tema es su imaginación y su sensibilidad. Por eso ha dicho de él su compatriota Mario Benedetti, no es «un escritor que reside en las nubes, sino alguien que viene, con su personal provisión de nubes, a residir en nuestro alrededor». Sus cuentos se caracterizan por el predominio de lo subjetivo sobre lo objetivo y del pensamiento sobre la acción. Su mundo narrativo está constituido por una compleja urdimbre integrada por hebras de vivencias o recuerdos personales, de ensoñaciones, de fantasías y de su modo peculiar de ver lo real. Sus relatos son alucinantes, poéticos, llenos de simbolismo—especialmente erótico—y de análisis psicológico. Casi siempre están contados en un estilo que va de lo irónico al humor negro. En sus cuentos no hay drama, en el sentido estricto, porque el conflicto de sus personajes es generalmente interior (locuras, aberraciones, deseos insatisfechos, complejos, obsesiones).

---

cine mudo *silent movie*
al igual que *like, just as*
giras *tours*
encasillamiento *pigeonholing*
inconfundible *unmistakably himself*
suscitando *arousing*

nubes *clouds*
urdimbre *weaving*
hebras *threads*
vivencias *experiences*
ensoñaciones *reveries*

Sus personajes son seres marginales, enajenados y abúlicos que mantienen curiosas y, a veces, absurdas relaciones con el mundo que les rodea.

Aunque escribió dos novelas—*Por los tiempos de Clemente Collins* (1942) y *Las tierras de la memoria* (1967), publicada después de su muerte—es en los cuentos donde su ingenio narrativo alcanza máxima plenitud. Además de los títulos ya indicados, la obra del escritor uruguayo incluye, entre otros: *Fulano de tal* (1925), *Libro sin tapas* (1929), *El caballo perdido* (1943), *Nadie encendía las lámparas* (1946) y *La casa inundada* (1960). Muchos de sus relatos se publicaron en diarios y revistas, y no se recogieron en libros hasta después de su muerte. Algunos de los más sobresalientes son: «Las Hortensias», relato largo que puede ser considerado también como una novela corta, «Mi primer concierto», «El acomodador», «El balcón» y «El cocodrilo».

Como en muchos de sus cuentos, en «El cocodrilo» el narrador es el protagonista del relato que recuerda sus experiencias. El raro personaje es un «corredor»—vendedor ambulante—de medias para mujer. En verdad era concertista de piano pero, como le resultaba muy difícil hallar patrocinadores para sus conciertos, decidió un día que sería más fácil ganarse la vida vendiendo medias. Desafortunadamente, las ventas tampoco se realizan. Y casi cuando está a punto de perder el trabajo, descubre la eficacia del llanto como táctica para vender medias. A primera vista, el cuento puede parecer muy sencillo. No obstante, «El cocodrilo» está preñado de símbolos, metáforas y claves freudianas que sugieren múltiples interpretaciones.

El cocodrilo

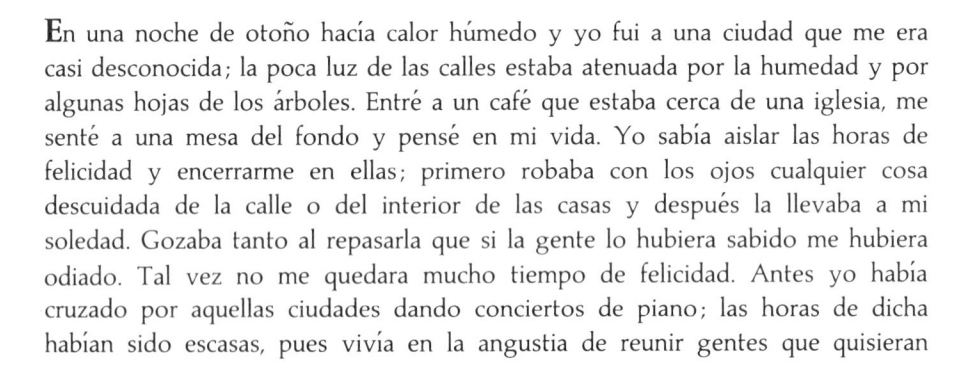

En una noche de otoño hacía calor húmedo y yo fui a una ciudad que me era casi desconocida; la poca luz de las calles estaba atenuada por la humedad y por algunas hojas de los árboles. Entré a un café que estaba cerca de una iglesia, me senté a una mesa del fondo y pensé en mi vida. Yo sabía aislar las horas de felicidad y encerrarme en ellas; primero robaba con los ojos cualquier cosa descuidada de la calle o del interior de las casas y después la llevaba a mi soledad. Gozaba tanto al repasarla que si la gente lo hubiera sabido me hubiera odiado. Tal vez no me quedara mucho tiempo de felicidad. Antes yo había cruzado por aquellas ciudades dando conciertos de piano; las horas de dicha habían sido escasas, pues vivía en la angustia de reunir gentes que quisieran

---

enajenados *alienated*
abúlicos *lacking in willpower*
Fulano de tal *Mr. So and So*
Libro sin tapas *Book Without Covers*
«El acomodador» *"The Usher"*
patrocinadores *sponsors*
preñado *full*

claves *keys*
hojas *leaves*
mesa del fondo *table in the back*
encerrarme *shut myself in*
descuidada *neglected, unwatched*
horas de dicha *moments of happiness*
escasas *few*

aprobar la realización de un concierto; tenía que coordinarlos, influirlos mutuamente y tratar de encontrar algún hombre que fuera activo. Casi siempre eso era como luchar con borrachos lentos y distraídos: cuando lograba traer uno el otro se me iba. Además yo tenía que estudiar y escribirme artículos en los diarios.

Desde hacía algún tiempo ya no tenía esa preocupación: alcancé a entrar en una gran casa de medias para mujer. Había pensado que las medias eran más necesarias que los conciertos y que sería más fácil colocarlas. Un amigo mío le dijo al gerente que yo tenía muchas relaciones femeninas, porque era concertista de piano y había recorrido muchas ciudades: entonces, podría aprovechar la influencia de los conciertos para colocar medias.

El gerente había torcido el gesto; pero aceptó, no sólo por la influencia de mi amigo, sino porque yo había sacado el segundo premio en las leyendas de propaganda para esas medias. Su marca era «*Ilusión*». Y mi frase había sido: «¿Quién no acaricia, hoy, una media *Ilusión*?». Pero vender medias también me resultaba muy difícil y esperaba que de un momento a otro me llamaran de la casa central y me suprimieran el viático. Al principio yo había hecho un gran esfuerzo. (La venta de medias no tenía nada que ver con mis conciertos: y yo tenía que entendérmelas nada más que con los comerciantes). Cuando encontraba antiguos conocidos les decía que la representación de una gran casa comercial me permitía viajar con independencia y no obligar a mis amigos a patrocinar mis conciertos. En esta misma ciudad me habían puesto pretextos poco comunes: el presidente del Club estaba de mal humor porque yo lo había hecho levantar de la mesa de juego y me dijo que habiendo muerto una persona que tenía muchos parientes, media ciudad estaba enlutada. Ahora yo les decía: estaré unos días para ver si surge naturalmente el deseo de un concierto; pero les producía mala impresión el hecho de que un concertista vendiera medias. Y en cuanto a colocar medias, todas las mañanas yo me animaba y todas las noches me desanimaba: era como vestirse y desnudarse. Me costaba renovar a cada instante cierta fuerza grosera necesaria para insistir ante comerciantes siempre apurados. Pero ahora me había resignado a esperar que me echaran y trataba de disfrutar mientras me duraba el viático.

De pronto me di cuenta que había entrado al café un ciego con un arpa; yo le había visto por la tarde. Decidí irme antes de perder la voluntad de disfrutar de la vida; pero al pasar cerca de él volví a verlo con un sombrero de alas mal dobladas y dando vuelta los ojos hacia el cielo mientras hacía el esfuerzo de

---

casa de medias *stocking company*
colocarlas *to sell them*
había torcido el gesto *had grimaced*
viático *daily expense allowance*
patrocinar *to sponsor*

enlutada *in mourning*
apurados *in a hurry*
sombrero de alas *wide-brimmed hat*
dando vuelta los ojos *rolling his eyes*

tocar; algunas cuerdas del arpa estaban añadidas y la madera clara del instrumento y todo el hombre estaban cubiertos de una mugre que yo nunca había visto. Pensé en mí y sentí depresión.

Cuando encendí la luz en la pieza de mi hotel, vi mi cama de aquellos días. Estaba abierta y sus varillas niqueladas me hacían pensar en una loca joven que se entregaba a cualquiera. Después de acostado apagué la luz pero no podía dormir. Volví a encenderla y la bombita se asomó debajo de la pantalla como el globo de un ojo bajo un párpado oscuro. La apagué enseguida y quise pensar en el negocio de las medias pero seguí viendo por un momento, en la oscuridad, la pantalla de luz. Se había convertido a un color claro; después, su forma como si fuera el alma en pena de la pantalla, empezó a irse hacia un lado y a fundirse en lo oscuro. Todo eso ocurrió en el tiempo que tardaría un secante en absorber la tinta derramada.

Al otro día de mañana, después de vestirme y animarme fui a ver si el ferrocarril de la noche me había traído malas noticias. No tuve carta ni telegrama. Decidí recorrer los negocios de una de las calles principales. En la punta de esa calle había una tienda. Al entrar me encontré en una habitación llena de trapos y chucherías hasta el techo. Sólo había un maniquí desnudo, de tela roja, que en vez de cabeza tenía una perilla negra. Golpeé las manos y enseguida todos los trapos se tragaron el ruido. Detrás del maniquí apareció una niña como de diez años que me dijo con mal modo:

—¿Qué quiere?

—¿Está el dueño?

—No hay dueño. La que manda es mi mamá.

—¿Ella no está?

—Fue a lo de doña Vicenta y viene enseguida.

Apareció un niño como de tres años. Se agarró de la pollera de la hermana y se quedaron un rato en fila, el maniquí, la niña y el niño. Yo dije:

—Voy a esperar.

La niña no contestó nada. Me senté en un cajón y empecé a jugar con el hermanito. Recordé que tenía un chocolatín de los que había comprado en el cine y lo saqué del bolsillo. Rápidamente se acercó el chiquilín y me lo quitó. En-

---

mugre *filth*
pieza *room*
varillas niqueladas *nickle-plated bed stays*
bombita *bulb*
párpado *eyelid*
pantalla *lampshade*
alma en pena *lost soul*
fundirse *to blend*
secante *blotting paper*

tinta *ink*
chucherías *knicknacks; trinkets*
perilla *knob*
Fue a lo de doña Vicenta *She went to doña Vicenta's place*
pollera *skirt*
cajón *crate*
chocolatín *bar of chocolate*
chiquilín *small boy*

tonces yo me puse las manos en la cara y fingí llorar con sollozos. Tenía tapados los ojos y en la oscuridad que había en el hueco de mis manos abrí pequeñas rendijas y empecé a mirar al niño. Él me observaba inmóvil y yo cada vez lloraba más fuerte. Por fin él se decidió a ponerme el chocolatín en la rodilla. Entonces yo me reí y se lo di. Pero al mismo tiempo me di cuenta que yo tenía la cara mojada.

Salí de allí antes que viniera la dueña. Al pasar por una joyería me miré en un espejo y tenía los ojos secos. Después de almorzar estuve en el café; pero vi al ciego del arpa revolear los ojos hacia arriba y salí enseguida. Entonces fui a una plaza solitaria de un lugar despoblado y me senté en un banco que tenía enfrente un muro de enredaderas. Allí pensé en las lágrimas de la mañana. Estaba intrigado por el hecho de que me hubieran salido; y quise estar solo como si me escondiera para hacer andar un juguete que sin querer había hecho funcionar, hacía pocas horas. Tenía un poco de vergüenza, ante mí mismo, de ponerme a llorar sin tener pretexto, aunque fuera en broma, como lo había tenido en la mañana. Arrugué la nariz y los ojos, con un poco de timidez para ver si me salían las lágrimas; pero después pensé que no debería buscar el llanto como quien escurre un trapo; tendría que entregarme al hecho con más sinceridad; entonces me puse las manos en la cara. Aquella actitud tuvo algo de serio; me conmoví inesperadamente; sentí como cierta lástima de mí mismo y las lágrimas empezaron a salir.

Hacía rato que yo estaba llorando cuando vi que de arriba del muro venían bajando dos piernas de mujer con medias «*Ilusión*» semi-brillantes. Y enseguida noté una pollera verde que se confundía con la enredadera. Yo no había oído colocar la escalera. La mujer estaba en el último escalón y yo me sequé rápidamente las lágrimas; pero volví a poner la cabeza baja y como si estuviese pensativo. La mujer se acercó lentamente y se sentó a mi lado. Ella había bajado dándome la espalda y yo no sabía cómo era su cara. Por fin me dijo:

—¿Qué le pasa? Yo soy una persona en la que usted puede confiar...

Trascurrieron unos instantes. Yo fruncí el entrecejo como para esconderme y seguir esperando. Nunca había hecho ese gesto y me temblaban las cejas. Después hice un movimiento con la mano como para empezar a hablar y todavía no

---

fingí *I pretended*
tapados *covered*
rendijas *cracks*
rodilla *knee*
mojada *wet*
secos *dry*
enredaderas *vines*
Tenía un poco de vergüenza *I was a little embarrassed*
arrugué *I wrinkled*
como quien escurre un trapo *like someone wringing out a rag*
me conmoví *I was moved*
sentí como cierta lástima de mí mismo *I felt a little sorry for myself*
escalón *step*
me sequé *I dried*
fruncí el entrecejo *I wrinkled my brow*

se me había ocurrido qué podría decirle. Ella tomó de nuevo la palabra:

—Hable, hable nomás. Yo he tenido hijos y sé lo que son penas.

Yo ya me había imaginado una cara para aquella mujer y aquella pollera verde. Pero cuando dijo lo de los hijos y las penas me imaginé otra. Y al mismo tiempo dije:

—Es necesario que piense un poco.

Ella contestó:

—En estos asuntos, cuanto más se piensa es peor.

De pronto sentí caer, cerca de mí, un trapo mojado. Pero resultó ser una gran hoja de plátano cargada de humedad. Al poco rato ella volvió a preguntar:

—Dígame la verdad, ¿cómo es ella?

Al principio a mí me hizo gracia. Después me vino a la memoria una novia que yo había tenido. Cuando yo no la quería acompañar a caminar por la orilla de un arroyo—donde ella se había paseado con el padre cuando él vivía—esa novia mía lloraba silenciosamente. Entonces, aunque yo estaba aburrido de ir siempre por el mismo lado, condescendía. Y pensando en esto se me ocurrió decir a la mujer que ahora tenía al lado:

—Ella era una mujer que lloraba a menudo.

Esta mujer puso sus manos grandes y un poco coloradas encima de la pollera verde y se rió mientras me decía:

—Ustedes siempre creen en las lágrimas de las mujeres.

Yo pensé en las mías; me sentí un poco desconcertado, me levanté del banco y le dije:

—Creo que usted está equivocada. Pero igual le agradezco el consuelo.

Y me fui sin mirarla.

Al otro día cuando ya estaba bastante adelantada la mañana, entré a una de las tiendas más importantes. El dueño extendió mis medias en el mostrador y las estuvo acariciando con sus dedos cuadrados un buen rato. Parecía que no oía mis palabras. Tenía las patillas canosas como si se hubiera dejado en ellas el jabón de afeitar. En esos instantes entraron varias mujeres; y él, antes de irse, me hizo señas de que no me compraría, con uno de aquellos dedos que habían acariciado las medias. Yo me quedé quieto y pensé en insistir; tal vez pudiera entrar en conversación con él, más tarde, cuando no hubiera gente; entonces le hablaría de un yuyo que disuelto en agua le teñiría las patillas. La gente no se iba y yo tenía una impaciencia desacostumbrada; hubiera querido salir de aquella tienda, de

---

nomás = nada más *please do, openly*
penas *sorrows, griefs*
plátano *banana*
a mí me hizo gracia *it struck me as funny*
por la orilla de un arroyo *on the banks of a river*
mostrador *counter*
patillas canosas *gray sideburns*
me hizo señas *he signaled to me*
yuyo *weed, herb*
teñiría *would dye*

aquella ciudad y de aquella vida. Pensé en mi país y en muchas cosas más. Y de pronto, cuando ya me estaba tranquilizando, tuve una idea: «¿Qué ocurriría si yo me pusiera a llorar aquí, delante de toda esta gente?». Aquello me pareció muy violento; pero yo tenía deseos, desde hacía algún tiempo, de tantear el mundo con algún hecho desacostumbrado; además yo debía demostrarme a mí mismo que era capaz de una gran violencia. Y antes de arrepentirme me senté en una sillita que estaba recostada al mostrador; y rodeado de gente, me puse las manos en la cara y empecé a hacer ruido de sollozos. Casi simultáneamente una mujer soltó un grito y dijo: «Un hombre está llorando». Y después oí el alboroto y pedazos de conversación: «Nena, no te acerques»... «Puede haber recibido alguna mala noticia»... «Recién llegó el tren y la correspondencia no ha tenido tiempo»... «Puede haber recibido la noticia por telegrama»... Por entre los dedos vi una gorda que decía: «Hay que ver cómo está el mundo. ¡Si a mí no me vieran mis hijos, yo también lloraría!». Al principio yo estaba desesperado porque no me salían lágrimas; y hasta pensé que lo tomarían como una burla y me llevarían preso. Pero la angustia y la tremenda fuerza que hice me congestionaron y fueron posibles las primeras lágrimas. Sentí posarse en mi hombro una mano pesada y al oír la voz del dueño reconocí los dedos que habían acariciado las medias. Él decía:

—Pero compañero, un hombre tiene que tener más ánimo...

Entonces yo me levanté como por un resorte; saqué las dos manos de la cara, la tercera que tenía en el hombro, y dije con la cara todavía mojada:

—¡Pero si me va bien! ¡Y tengo mucho ánimo! Lo que pasa es que a veces me viene esto; es como un recuerdo...

A pesar de la expectativa y del silencio que hicieron para mis palabras. oí que una mujer decía:

—¡Ay! Llora por un recuerdo...

Después el dueño anunció:

—Señoras, ya pasó todo.

Yo me sonreía y me limpiaba la cara. Enseguida se removió el montón de gente y apareció una mujer chiquita, con ojos de loca, que me dijo:

—Yo lo conozco a usted. Me parece que lo vi en otra parte y que usted estaba agitado.

Pensé que ella me habría visto en un concierto sacudiéndome en un final de programa; pero me callé la boca. Estalló la conversación de todas las mujeres y

---

tantear *to test*
sollozos *sobs*
alboroto *uproar*
Recién llegó el tren *The train has just arrived*
me llevarían preso *they would arrest me*

posarse *to place itself*
ánimo *courage*
resorte *spring*
recuerdo *memory, remembrance*
sacudiéndome *shaking myself*

algunas empezaron a irse. Se quedó conmigo la que me conocía. Y se me acercó otra que me dijo:

—Ya sé que usted vende medias. Casualmente yo y algunas amigas mías...

Intervino el dueño:

—No se preocupe, señora (y dirigiéndose a mí): Venga esta tarde.

—Me voy después del almuerzo, ¿Quiere dos docenas?

—No, con media docena...

—La casa no vende por menos de una...

Saqué la libreta de ventas y empecé a llenar la hoja del pedido escribiendo contra el vidrio de una puerta y sin acercarme al dueño. Me rodeaban mujeres conversando alto. Yo tenía miedo que el dueño se arrepintiera. Por fin firmó el pedido y yo salí entre las demás personas.

Pronto se supo que a mí me venía «aquello» que al principio era como un recuerdo. Yo lloré en otras tiendas y vendí más medias que de costumbre. Cuando ya había llorado en varias ciudades mis ventas eran como las de cualquier otro vendedor.

Una vez me llamaron de la casa central—yo ya había llorado por todo el norte de aquel país—esperaba turno para hablar con el gerente y oí desde la habitación próxima lo que decía otro corredor:

—Yo hago todo lo que puedo; ¡pero no me voy a poner a llorar para que me compren!

Y la voz enferma del gerente le respondió:

—Hay que hacer cualquier cosa; y también llorarles...

El corredor interrumpió:

—¡Pero a mí no me salen lágrimas!

Y después de un silencio, el gerente:

—¿Cómo, y quién le ha dicho?

—¡Sí! Hay uno que llora a chorros...

La voz enferma empezó a reírse con esfuerzo y haciendo intervalos de tos. Después oí chistidos y pasos que se alejaron.

Al rato me llamaron y me hicieron llorar ante el gerente, los jefes de sección y otros empleados. Al principio, cuando el gerente me hizo pasar y las cosas se aclararon, él se reía dolorosamente y le salían lágrimas. Me pidió, con muy buenas maneras, una demostración; y apenas accedí entraron unos cuantos empleados que estaban detrás de la puerta. Se hizo mucho alboroto y me pidieron que no llorara todavía. Detrás de una mampara, oí decir:

—Apúrate, que uno de los corredores va a llorar.

---

pedido *order*
vidrio *glass*
corredor *agent, salesman*
llora a chorros *cries his eyes out*

tos *coughing*
chistidos *hissing noises*
mampara *screen, partition*
Apúrate *Hurry up*

—¿Y por qué?

—¡Yo qué sé!

Yo estaba sentado al lado del gerente, en su gran escritorio; habían llamado a uno de los dueños, pero él no podía venir. Los muchachos no se callaban y uno había gritado: «Que piense en la mamita, así llora más pronto». Entonces yo le dije al gerente:

—Cuando ellos hagan silencio, lloraré yo.

Él, con su voz enferma, los amenazó y después de algunos instantes de relativo silencio yo miré por una ventana la copa de un árbol—estábamos en un primer piso—, me puse las manos en la cara y traté de llorar. Tenía cierto disgusto. Siempre que yo había llorado los demás ignoraban mis sentimientos; pero aquellas personas sabían que yo lloraría y eso me inhibía. Cuando por fin me salieron las lágrimas, saqué una mano de la cara para tomar el pañuelo y para que me vieran la cara mojada. Unos se reían y otros se quedaban serios; entonces yo sacudí la cara violentamente y se rieron todos. Pero enseguida hicieron silencio y empezaron a reírse. Yo me secaba las lágrimas mientras la voz enferma repetía «Muy bien, muy bien». Tal vez todos estuvieran desilusionados. Y yo me sentía como una botella vacía y chorreada; quería reaccionar, tenía mal humor y ganas de ser malo. Entonces alcancé al gerente y le dije:

—No quisiera que ninguno de ellos utilizara el mismo procedimiento para la venta de medias, y desearía que la casa reconociera mi... iniciativa y que me diera exclusividad por algún tiempo.

—Venga mañana y hablaremos de eso.

Al otro día el secretario ya había preparado el documento y leía: «La casa se compromete a no utilizar y a hacer respetar el sistema de propaganda consistente en llorar...» Aquí los dos se rieron y el gerente dijo que aquello estaba mal. Mientras redactaban el documento, yo fui paseándome hasta el mostrador. Detrás de él había una muchacha que me habló mirándome y los ojos parecían pintados por dentro.

—¿Así que usted llora por gusto?

—Es verdad.

—Entonces yo sé más que usted. Usted mismo no sabe que tiene una pena.

Al principio yo me quedé pensativo; y después le dije:

—Mire: no es que yo sea de los más felices; pero sé arreglarme con mi desgracia y soy casi dichoso.

Mientras me iba—el gerente me llamaba—alcancé a ver la mirada de ella: la había puesto encima de mí como si me hubiera dejado una mano en el hombro.

---

copa *top, crown*
disgusto *annoyance, anger*
vacía y chorreada *empty and dripping*
propaganda *advertising*

por gusto *for the sake of it*
sé arreglarme con mi desgracia *I know how to deal with my problems*

Cuando reanudé las ventas, yo estaba en una pequeña ciudad. Era un día triste y yo no tenía ganas de llorar. Hubiera querido estar solo, en mi pieza, oyendo la lluvia y pensando que el agua me separaba de todo el mundo. Yo viajaba escondido detrás de una careta con lágrimas; pero yo tenía la cara cansada.

De pronto sentí que alguien se había acercado preguntándome:

—¿Qué le pasa?

Entonces yo, como un empleado sorprendido sin trabajar, quise reanudar mi tarea y poniéndome las manos en la cara empecé a hacer sollozos.

Ese año yo lloré hasta diciembre, dejé de llorar en enero y parte de febrero, empecé a llorar de nuevo después de carnaval. Aquel descanso me hizo bien y volví a llorar con ganas. Mientras tanto yo había extrañado el éxito de mis lágrimas y me había nacido como cierto orgullo de llorar. Eran muchos más los vendedores; pero un actor que representara algo sin previo aviso y convenciera al público con llantos...

Aquel nuevo año yo empecé a llorar por el oeste y llegué a una ciudad donde mis conciertos habían tenido éxito; la segunda vez que estuve allí, el público me había recibido con una ovación cariñosa y prolongada; yo agradecía parado junto al piano y no me dejaban sentar para iniciar el concierto. Seguramente que ahora daría, por lo menos, una audición. Yo lloré allí, por primera vez, en el hotel más lujoso; fue a la hora del almuerzo y en un día radiante. Yo había comido y tomado café, cuando de codos en la mesa, me cubrí la cara con las manos. A los pocos instantes se acercaron algunos amigos que yo había saludado; los dejé parados algún tiempo y mientras tanto, una pobre vieja que no sé de dónde había salido—se sentó en mi mesa y yo la miraba por entre los dedos ya mojados. Ella bajaba la cabeza y no decía nada; pero tenía una cara tan triste que daban ganas de ponerse a llorar...

El día en que yo di mi primer concierto tenía cierta nerviosidad que me venía del cansancio; estaba en la última obra de la primera parte del programa y tomé uno de los movimientos con demasiada velocidad; ya había intentado detenerme; pero me volví torpe y no tenía bastante equilibrio ni fuerza; no me quedó otro recurso que seguir; pero las manos se me cansaban, perdía nitidez, y me di cuenta de que no llegaría al final. Entonces, antes de pensarlo, ya había sacado las manos del teclado y las tenía en la cara; era la primera vez que lloraba en escena.

Al principio hubo murmullos de sorpresa y no sé por qué alguien intentó

---

reanudé   *I resumed*
careta   *mask*
con ganas   *willingly*
de codos en la mesa   *resting my elbows on the table*

torpe   *awkwardly, clumsily*
recurso   *recourse*
nitidez   *clarity*
teclado   *keyboard*
murmullos   *murmuring*

aplaudir; pero otros chistaron y yo me levanté. Con una mano me tapaba los ojos y con la otra tanteaba el piano y trataba de salir del escenario. Algunas mujeres gritaron porque creyeron que me caería en la platea; y ya iba a franquear una puerta del decorado, cuando alguien, desde el paraíso, me gritó:

—¡Cocodriiilooooo!!

Oí risas; pero fui al camarín, me lavé la cara y aparecí enseguida y con las manos frescas terminé la primera parte. Al final vinieron a saludarme muchas personas y se comentó lo de «cocodrilo». Yo les decía:

—A mí me parece que el que me gritó eso tiene razón: en realidad yo no sé por qué lloro; me viene el llanto y no lo puedo remediar; a lo mejor me es tan natural como lo es para el cocodrilo. En fin, yo no sé tampoco por qué llora el cocodrilo.

Una de las personas que me habían presentado tenía la cabeza alargada; y como se peinaba dejándose el pelo parado, la cabeza hacía pensar en un cepillo. Otro de la rueda lo señaló y me dijo:

—Aquí, el amigo es médico. ¿Qué dice usted, doctor?

Yo me quedé pálido. Él me miró con ojos de investigador policial y me preguntó:

—Dígame una cosa: ¿cuándo llora más usted, de día o de noche?

Yo recordé que nunca lloraba en la noche porque a esa hora no vendía, y le respondí:

—Lloro únicamente de día.

No recuerdo las otras preguntas. Pero al final me aconsejó:

—No coma carne. Usted tiene una vieja intoxicación.

A los pocos días me dieron una fiesta en el club principal. Alquilé un frac con chaleco blanco impecable y en el momento de mirarme al espejo pensaba: «No dirán que este cocodrilo no tiene la barriga blanca. ¡Caramba! Creo que ese animal tiene papada como la mía. Y es voraz...»

Al llegar al Club encontré poca gente. Entonces me di cuenta que había llegado demasiado temprano. Vi a un señor de la comisión y le dije que deseaba trabajar un poco en el piano. De esa manera disimularía el madrugón. Cruzamos una cortina verde y me encontré en una gran sala vacía y preparada para el baile. Frente a la cortina y al otro extremo de la sala estaba el piano. Me acompañaron

---

chistaron *whistled, hissed*
platea *orchestra pit*
franquear una puerta del decorado *to go through a door on the set*
paraíso *gallery*
camerín *dressing room*
alargada *elongated*
cepillo *brush*

Otro de la rueda *Another person from the circle*
Alquilé *I rented*
frac con chaleco blanco *tails with a white vest*
papada *double chin*
disimularía el madrugón *I would disguise my early arrival*

hasta allí el señor de la comisión y el conserje; mientras abrían el piano el señor—tenía cejas negras y pelo blanco—me decía que la fiesta tendría mucho éxito, que el director del liceo—amigo mío—diría un discurso muy lindo y que él ya lo había oído; trató de recordar algunas frases, pero después decidió que sería mejor no decirme nada. Yo puse las manos en el piano y ellos se fueron. Mientras tocaba pensé: «Esta noche no lloraré... quedaría muy feo... el director del liceo es capaz de desear que yo llore para demostrar el éxito de su discurso. Pero yo no lloraré por nada del mundo».

Hacía rato que veía mover la cortina verde; y de pronto salió de entre sus pliegues una muchacha alta y de cabellera suelta; cerró los ojos como para ver lejos; me miraba y se dirigía a mí trayendo algo en una mano; detrás de ella apareció una sirvienta que la alcanzó y le empezó a hablar de cerca. Yo aproveché para mirarle las piernas y me di cuenta que tenía puesta una sola media; a cada instante hacía movimientos que indicaban el fin de la conversación; pero la sirvienta seguía hablándole y las dos volvían al asunto como a una golosina. Yo seguí tocando el piano y mientras ellas conversaban tuve tiempo de pensar: «¿Qué querrá con las medias?... ¿Le habrá salido mala y sabiendo que yo soy corredor...? ¡Y tan luego en esta fiesta!»

Por fin vino y me dijo:

—Perdone, señor, quisiera que me firmara una media.

Al principio me reí; y enseguida traté de hablarle como si ya me hubieran hecho ese pedido otras veces. Empecé a explicarle cómo era que la media no resistía la pluma; yo ya había solucionado eso firmando una etiqueta y después la interesada la pegaba en la media. Pero mientras daba estas explicaciones mostraba la experiencia de un antiguo comerciante que después se hubiera hecho pianista. Ya me empezaba a invadir la angustia, cuando ella se sentó en la silla del piano, y al ponerse la media me decía:

—Es una pena que usted me haya resultado tan mentiroso... debía haberme agradecido la idea.

Yo había puesto los ojos en sus piernas; después los saqué y se me trabaron las ideas. Se hizo un silencio de disgusto. Ella, con la cabeza inclinada, dejaba caer el pelo; y debajo de aquella cortina rubia, las manos se movían como si huyeran. Yo seguía callado y ella no terminaba nunca. Al fin la pierna hizo un movimiento de danza, y el pie, en punta, calzó el zapato en el momento de levantarse, las manos le recogieron el pelo y ella me hizo un saludo silencioso y se fue.

---

pliegues *folds*
de cabellera suelta *with her hair down*
las dos volvían al asunto como a una golosina *the two kept coming back to the subject as if it were a tasty tidbit*

tan luego *moreover*
etiqueta *label*

Cuando empezó a entrar gente fui al bar. Se me ocurrió pedir whisky. El mozo me nombró muchas marcas y como yo no conocía ninguna le dije:

—Deme de esa última.

Trepé a un banco del mostrador y traté de no arrugarme la cola del frac. En vez de cocodrilo debía parecer un loro negro. Estaba callado, pensaba en la muchacha de la media y me trastornaba el recuerdo de sus manos apuradas.

Me sentí llevado al salón por el director del liceo. Se suspendió un momento el baile y él dijo su discurso. Pronunció varias veces las palabras «avatares» y «menester». Cuando aplaudieron yo levanté los brazos como un director de orquesta antes de «atacar» y apenas hicieron silencio dije:

—Ahora que debía llorar no puedo. Tampoco puedo hablar y no quiero dejar por más tiempo separados los que han de juntarse para bailar. Y terminé haciendo una cortesía.

Después me di vuelta, abracé al director del liceo y por encima de su hombro vi la muchacha de la media. Ella me sonrió y levantó su pollera del lado izquierdo y me mostró el lugar de la media donde había pegado un pequeño retrato mío recortado de un programa. Yo me sonreí lleno de alegría pero dije una idiotez que todo el mundo repitió:

—Muy bien, muy bien, la pierna del corazón.

Sin embargo yo me sentí dichoso y fui al bar. Subí de nuevo a un banco y el mozo me preguntó:

—¿Whisky Caballo Blanco?

Y yo, con el ademán de un mosquetero sacando una espada:

—Caballo Blanco o Loro Negro.

Al poco rato vino un muchacho con una mano escondida en la espalda:

—El Pocho me dijo que a usted no le hace mala impresión que le digan «Cocodrilo».

—Es verdad, me gusta.

Entonces él sacó la mano de la espalda y me mostró una caricatura. Era un gran cocodrilo muy parecido a mí; tenía una pequeña mano en la boca, donde los dientes eran un teclado; y de la otra mano le colgaba una media; con ella se enjugaba las lágrimas.

Cuando los amigos me llevaron a mi hotel yo pensaba en todo lo que había llorado en aquel país y sentía un placer maligno en haberlos engañado; me consideraba como un burgués de la angustia. Pero cuando estuve solo en mi pieza, me ocurrió algo inesperado: primero me miré en el espejo; tenía la caricatura en la mano y alternativamente miraba al cocodrilo y a mi cara. De pronto y

---

Trepé *I climbed*
loro *parrot*
me trastornaba el recuerdo de sus manos apuradas *the thought of her anxious hands was driving me mad*

avatares *changes, transformations*
menester *duty, necessity, job*
idiotez *idiotic thing*

sin haberme propuesto imitar al cocodrilo, mi cara, por su cuenta, se echó a llorar. Yo la miraba como una hermana de quien ignoraba su desgracia. Tenía arrugas nuevas y por entre ellas corrían las lágrimas. Apagué la luz y me acosté. Mi cara seguía llorando; las lágrimas resbalaban por la nariz y caían por la almohada. Y así me dormí. Cuando me desperté sentí el escozor de las lágrimas que se habían secado. Quise levantarme y lavarme los ojos; pero tuve miedo que la cara se pusiera a llorar de nuevo. Me quedé quieto y hacía girar los ojos en la oscuridad, como aquel ciego que tocaba el arpa.

I. Práctica de vocabulario

A. Empareje las palabras o expresiones de la Columna A con la definición apropiada en la Columna B.

A	B
1. a chorros	a. falda
2. corredor	b. rumor, vocerío
3. careta	c. que tiene canas
4. tantear	ch. continuar
5. pollera	d. simular, aparentar
6. reanudar	e. probar
7. alquilar	f. máscara
8. ponerse a llorar	g. vendedor
9. arruga	h. copiosamente
10. fingir	i. pliegue que se hace en la piel, ordinariamente por efecto de la edad
11. canoso	j. arrendar
12. alboroto	k. echarse a llorar

B. Complete las oraciones siguientes con la forma apropiada de una palabra o expresión en la Columna A del ejercicio anterior.

1. Los ladrones se pusieron una ___ para que nadie los reconociera.
2. El personaje principal del cuento es un ___ de medias que lloraba ___ .
3. El niño se agarró de la ___ de la hermana y se quedó mirando al vendedor que preguntaba por su mamá.

---

por su cuenta *by itself* **escozor** *sting, burning pain*
arrugas *wrinkles*

4. Voy a ____ un coche cuando vaya a España.
5. Cuando mi hermano era pequeño, él ____ cuando mis padres no lo llevaban al cine.
6. Yo tenía muchos deseos de ____ el mundo con algún hecho desacostumbrado.
7. Cuando el personaje se miró en el espejo, notó que tenía nuevas ____ en la cara.
8. Ellos ____ las ventas después de unas vacaciones en Río de Janeiro.
9. Una mujer gritó: «Un hombre está llorando». Y después oímos un gran ____ y pedazos de conversación.
10. Cuando mi sobrino me quitó el chocolatín, yo me puse las manos en la cara y ____ llorar.
11. El dueño de la tienda tenía las patillas ____ .

II. Ejercicios de comprensión

Complete cada oración con una palabra o expresión apropiada, según la lectura.

1. El narrador recuerda su llegada a...
2. Antes él había visitado aquellas ciudades dando...
3. Después de ganarse la vida como concertista, él comenzó...
4. Cuando ve entrar al café a un ciego con arpa, el protagonista...
5. Después de irse del café, va para...
6. Dos días después, él entró a una de las tiendas más importantes y allí...
7. Después de haber llorado en varias ciudades, sus ventas...
8. Cuando llora durante un concierto, alguien le gritó desde el paraíso...
9. Para ir a una fiesta en su honor, el personaje alquiló... Allí una joven le pidió...
10. Al final del cuento, cuando el personaje se miró en el espejo...

III. Preguntas sobre la lectura

1. ¿Qué tipo de escritor es Felisberto Hernández?
2. ¿Qué predomina en sus cuentos? ¿Cómo son sus personajes?
3. ¿Quién es el narrador/protagonista en «El cocodrilo»? ¿Qué se sabe de él?

4. ¿Cómo era su vida cuando se dedicaba a dar conciertos? ¿Cómo era cuando trabajaba vendiendo medias?
5. ¿Le resultaba a él difícil vender medias? ¿Qué temía?
6. ¿Por qué decidió irse del café donde estaba?
7. ¿Qué hizo en la habitación del hotel?
8. ¿Qué hizo al otro día, mientras esperaba a la dueña de la tienda con los niños?
9. ¿Adónde fue después? ¿En qué pensó?
10. ¿Quién lo vio llorar en el banco de una plaza? ¿Qué le dijo ella? ¿Cómo interpretó ella sus lágrimas? ¿Y él?
11. ¿Por qué lloró en una de las tiendas principales de la ciudad? ¿Era un llanto fingido?
12. ¿Cómo reaccionó la gente en la tienda? ¿Cómo interpretaron los clientes el llanto?
13. ¿Continuó el personaje teniendo éxito con su sistema de ventas en otras ciudades?
14. ¿Para qué lo llamaron a la casa central? ¿Cómo reaccionaron los otros vendedores con su demostración? ¿Cómo se sintió el protagonista?
15. ¿Por qué le pareció a él distinto llorar esa vez?
16. ¿Qué decía el documento que redactaron en la casa central?
17. ¿Por qué dice el narrador que el tipo que le gritó «cocodrilo» tenía razón?
18. ¿Cómo explicó el médico su llanto?
19. ¿Qué sucedió en el club antes de que empezara la fiesta en su honor?
20. ¿Cómo es el discurso que dio el protagonista?
21. ¿Cómo es la caricatura que le dio el mozo del bar?
22. ¿Qué le ocurrió al personaje cuando estaba solo en su pieza al final del cuento?

IV. Análisis del texto

1. ¿Cómo interpreta Ud. la conclusión del cuento? ¿Qué cree Ud. que le ha pasado al personaje? ¿Qué valor simbólico puede tener el hecho de que su rostro llore independientemente de su voluntad?
2. Analice la personalidad y el carácter del narrador/protagonista. ¿Cuáles son sus frustraciones, miedos, obsesiones, complejos, deseos insatisfechos, etc.? ¿Es un ser enajenado, marginal o abúlico?
3. ¿Qué importancia puede tener el personaje del ciego del arpa en el relato? ¿Por qué parece que el protagonista siente cierta aversión hacia él? ¿Cree Ud. que hay alguna relación entre los dos? Recuerde que la primera vez que el narrador lo menciona se hallaba en el café. (Relea su comentario al verlo.) Luego, al terminar el cuento, el narrador dice: «Quise levantarme y lavarme los ojos; pero tuve miedo que la cara se pusiera a llorar de nuevo. Me quedé

quieto y hacía girar los ojos en la oscuridad, como aquel ciego que tocaba el arpa».
4. ¿Qué tipo de relación tiene el protagonista con las mujeres? Tenga en cuenta la mujer vestida con una falda verde y medias «*Ilusión*» que trata de consolarlo, la muchacha que trabaja en la casa central, y la joven que le pide que le firme una media durante la fiesta en su honor (que surge de unas cortinas verdes). ¿Qué significado puede tener el color verde?
5. ¿Hay alguna relación entre la venta de medias y los conciertos?
6. ¿Qué visión de la sociedad ha presentado Felisberto Hernández en el cuento? ¿Qué aspectos de la sociedad critica?
7. ¿Qué simboliza la imagen del cocodrilo con que se identifica el protagonista?
8. ¿Cuál es el tono prevalente del cuento? ¿Es irónico o grave, serio o sarcástico?
9. Caracterice el estilo que emplea el autor en este cuento. ¿Es difícil, directo, sencillo, etc.? Busque ejemplos de imágenes (símiles y metáforas) originales que se encuentran en el texto. ¿Qué efecto crean?

V. Temas de conversación y composición

1. El llanto del protagonista se presenta de distintas maneras. ¿Cómo surge el llanto al principio con el niño? ¿Surge consciente o inconscientemente? ¿Por qué llora en la plaza? ¿Por qué llora después en una de las tiendas más importantes del lugar? ¿Surge el llanto consciente o inconscientemente? De aquí en adelante, ¿con qué fin usa el personaje el llanto? ¿Es el llanto conscientemente controlado por el protagonista? ¿Cómo es el llanto al final del cuento? En su opinión, ¿por qué llora verdaderamente el personaje?
2. En el cuento, el protagonista utiliza el llanto como un novedoso sistema de ventas. Es obvio que Felisberto Hernández hace una crítica de una sociedad pragmática, insensible y fría, que se basa en la compra y la venta de productos materiales. ¿Por qué medios se manifiesta la propaganda de productos en la cultura norteamericana? ¿Qué efectos tienen? ¿Cree Ud. que los aspectos comerciales de fechas especiales como la Navidad, el Día de Acción de Gracias y otras son necesarios para la economía del país? ¿Deben mantenerse? ¿Corrompen el verdadero significado que deben tener esas fechas? ¿En qué sentido juegan los anuncios con los sentimientos de los consumidores? ¿Qué anuncios le gustan más a Ud.? ¿Qué anuncios le gustan menos?

Bibliografía selecta

Block de Behar, Lisa. "Los límites del narrador: un estudio sobre Felisberto Hernández." *Studi di Letteratura Ispano-Americana* 13–14 (1983): 15–44.

Merrim, Stephanie. "The crocodile." (Translation) *Fiction* 5.1 (1976): 5–8.

Moreno Turner, Fernando. "Enfoque arbitrario para un cuento de Felisberto Hernández." *Felisberto Hernández ante la crítica actual.* Ed. Alain Sicard. Caracas: Monte Ávila Editores, 1977: 187–208.

II

*Del amor y
más allá*

Mario Benedetti

(*Uruguay, 1920*)

Mario Benedetti nació en Paso de los Toros, Uruguay, y cuando tenía cuatro años su familia se trasladó a Montevideo. Después de hacer sus estudios primarios y secundarios en la capital, se fue a vivir a Buenos Aires, donde trabajó hasta 1941 como taquígrafo en una editorial. Durante esta época, empezó a escribir poesía que publicó en su primer libro, *La víspera indeleble* (1945). Benedetti ha cultivado casi todos los géneros literarios, pero es su narrativa breve la que ha captado la atención de la crítica. Su primera colección de cuentos, *Esta mañana* (1949), trata el tema que va a dominar su ficción: la vida cotidiana del hombre urbano, burocrático y pequeño-burgués. Sus otros libros de cuentos incluyen: *El último viaje y otros cuentos* (1951), *Montevideanos* (1959), de donde proviene «Sábado de Gloria», y *La muerte y otras sorpresas* (1968). Benedetti también ha cultivado la novela con éxito. Algunas de ellas son: *Quién de nosotros* (1953), *La tregua* (1960), *Gracias por el fuego* (1965) y *El cumpleaños de Juan Ángel* (1971). Además de obras de ficción y poesía, Benedetti es autor de numerosos libros de crítica literaria. Ha colaborado en varias revistas y ha publicado crónicas humorísticas. Con más de treinta libros publicados y continuamente reeditados, muchos de ellos traducidos a otros idiomas, Benedetti es uno de los escritores uruguayos más leído mundialmente.

En su obra, Benedetti documenta la condición del hombre medio, su soledad y su frustración en la ciudad moderna. Retrata la vida de Montevideo y pinta con compasión a sus personajes mediocres y sus vidas rutinarias con todos los incidentes triviales. Sus cuentos presentan la deshumanización del sistema social a la vez que exploran el alma del hombre moderno. Los personajes son seres comunes y corrientes: criadas, funcionarios de ministros, futbolistas, parejas con problemas matrimoniales, etc. Con frecuencia el

---

se trasladó *moved*
taquígrafo *stenographer*
editorial *publishing house*
La víspera indeleble The Unforgettable Eve
géneros *genres*

cotidiana *daily*
proviene *comes, originates*
éxito *success*
La tregua The Truce
mundialmente *worldwide*
hombre medio *average man*

escenario de sus cuentos es el mundo de la oficina y sus personajes son antihéroes, personas corrientes asaltadas por las obligaciones de una rutina inalterable.

«Sábado de Gloria» retrata el ritmo acelerado de la vida de una pareja y la tensión que los sacrificios de su vida provocan. El riguroso horario de lunes a viernes convierte a los esposos en máquinas humanas. Sólo la tragedia de la muerte inesperada logra interrumpir su rutina diaria. En la narración en primera persona percibimos el temor e inseguridad del individuo ante la amenaza de la muerte. La angustia consume al narrador en un momento de crisis, y la muerte de su esposa lo deja completamente solitario. Su soledad toma la forma del aislamiento espiritual del hombre moderno que carece de una firme fe religiosa. El narrador trata de dialogar con Dios, pero su falta de fe convierte su oración en un monólogo angustioso.

Sábado de Gloria

Desde antes de despertarme, oí caer la lluvia. Primero pensé que serían las seis y cuarto de la mañana y debía ir a la oficina, pero había dejado en casa de mi madre los zapatos de goma y tendría que meter papel de diario en los otros zapatos, los comunes, porque me pone fuera de mí sentir cómo la humedad me va enfriando los pies y los tobillos. Después creí que era domingo y me podía quedar un rato bajo las frazadas. Eso—la certeza del feriado—me proporciona siempre un placer infantil. Saber que puedo disponer del tiempo como si fuera libre, como si no tuviera que correr dos cuadras, cuatro de cada seis mañanas, para ganarle al reloj en que debo registrar mi llegada. Saber que puedo ponerme grave y pensar en temas importantes como la vida, la muerte, el fútbol y la guerra. Durante la semana no tengo tiempo. Cuando llego a la oficina me esperan cincuenta o sesenta asuntos a los que debo convertir en asientos contables, estamparles el sello de *contabilizado en fecha* y poner mis iniciales con tinta verde. A las doce tengo liquidados aproximadamente la mitad y corro cuatro cuadras para poder introducirme en la plataforma del ómnibus. Si no corro esas

---

escenario *setting*
horario *schedule*
inesperada *unexpected*
amenaza *threat*
aislamiento *isolation*
carece de *lacks*
angustioso *agonizing*
zapatos de goma *rubbers, galoshes*
diario *daily newspaper*
me pone fuera de mí *it drives me out of my mind*

va enfriando *gradually chills*
tobillos *ankles*
frazadas *blankets*
feriado *holiday, day off*
cuadras *blocks*
asientos contables *bookkeeper's entries*
contabilizado en fecha *posted as of current date*

cuadras vengo colgado y me da náusea pasar tan cerca de los tranvías. En realidad no es náusea sino miedo, un miedo horroroso.

Eso no significa que piense en la muerte sino que me da asco imaginarme con la cabeza rota o despanzurrado en medio de doscientos preocupados curiosos que se empinarán para verme y contarlo todo, al día siguiente, mientras saborean el postre en el almuerzo familiar. Un almuerzo familiar semejante al que liquido en veinticinco minutos, completamente solo, porque Gloria se va media hora antes a la tienda y me deja todo listo en cuatro viandas sobre el primus a fuego lento, de manera que no tengo más que lavarme las manos y tragar la sopa, la milanesa, la tortilla y la compota, echarle un vistazo al diario y lanzarme otra vez a la caza del ómnibus. Cuando llego a las dos, escrituro las veinte o treinta operaciones que quedaron pendientes y a eso de las cinco acudo con mi libreta al timbrazo puntual del vicepresidente que me dicta las cinco o seis cartas de rigor que debo entregar, antes de las siete, traducidas al inglés o al alemán.

Dos veces a la semana, Gloria me espera a la salida para divertirnos y nos metemos en un cine donde ella llora copiosamente y yo estrujo el sombrero o mastico el programa. Los otros días ella va a ver a su madre y yo atiendo la contabilidad de dos panaderías, cuyos propietarios—dos gallegos y un mallorquín—ganan lo suficiente fabricando bizcochos con huevos podridos, pero más aún regenteando las amuebladas más concurridas de la zona sur. De modo que cuando regreso a casa, ella está durmiendo o—cuando volvemos juntos—cenamos y nos acostamos en seguida, cansados como animales. Muy pocas noches nos queda cuerda para el consumo conyugal, y así, sin leer un solo libro, sin comentar siquiera las discusiones entre mis compañeros o las brutalidades de su jefe, que se llama a sí mismo un pan de Dios y al que ellas denominan pan duro, sin decirnos a veces buenas noches, nos quedamos dormidos sin apagar la luz, porque ella quería leer el crimen y yo la página de deportes.

Los comentarios quedan para un sábado como éste. (Porque en realidad era un

---

colgado *hanging on*
tranvías *streetcars*
me da asco *it disgusts me*
despanzurrado *disemboweled*
se empinarán *they will stand on tiptoes*
saborean *they savour, enjoy*
viandas *lunch tins*
primus *stove*
a fuego lento *simmering*
tragar *swallow*
escrituro *I dispatch*
pendientes *unsettled, outstanding*
acudo con mi libreta al timbrazo *I answer the call with my notebook in hand*

estrujo *I crush*
mastico *I chew*
atiendo *I see to*
contabilidad *bookkeeping*
panaderías *bakeries*
podridos *rotten*
regenteando *managing*
amuebladas *furnished houses*
nos queda cuerda *do we have enough energy*
el consumo conyugal *lovemaking*
un pan de Dios *a good guy*

sábado, el final de una siesta de sábado). Yo me levanto a las tres y media y preparo el té con leche y lo traigo a la cama y ella se despierta entonces y pasa revista a la rutina semanal y pone al día mis calcetines antes de levantarse a las cinco menos cuarto para escuchar la hora del bolero. Sin embargo, este sábado no hubiera sido de comentarios, porque anoche después del cine me excedí en el elogio de Margaret Sullavan y ella, sin titubear, se puso a pellizcarme y, como yo seguía inmutable, me agredió con algo tanto más temible y solapado como la descripción simpática de un compañero de la tienda, y es una trampa, claro, porque la actriz es una imagen y el tipo ese todo un baboso de carne y hueso. Por esa estupidez nos acostamos sin hablarnos y esperamos una media hora con la luz apagada, a ver si el otro iniciaba el trámite reconciliatorio. Yo no tenía inconveniente en ser el primero, como en tantas otras veces, pero el sueño empezó antes de que terminara el simulacro de odio y la paz fue postergada para hoy, para el espacio blanco de esta siesta.

Por eso, cuando vi que llovía, pensé que era mejor, porque la inclemencia exterior reforzaría automáticamente nuestra intimidad y ninguno de los dos iba a ser tan idiota como para pasar de trompa y en silencio una tarde lluviosa de sábado que necesariamente deberíamos compartir en un apartamento de dos habitaciones, donde la soledad virtualmente no existe y todo se reduce a vivir frente a frente. Ella se despertó con quejidos, pero yo no pensé nada malo. Siempre se queja al despertarse.

Pero cuando se despertó del todo e investigué en su rostro, la noté verdaderamente mal, con el sufrimiento patente en las ojeras. No me acordé entonces de que no nos hablábamos y le pregunté qué le pasaba. Le dolía algo en el costado. Le dolía muy fuerte y estaba asustada.

Le dije que iba a llamar a la doctora y ella dijo que sí, que la llamara en seguida. Trataba de sonreír pero tenía los ojos tan hundidos, que yo vacilaba entre quedarme con ella o ir a hablar por teléfono. Después pensé que si no iba se asustaría más y entonces bajé y llamé a la doctora.

El tipo que atendió dijo que no estaba en casa. No sé por qué se me ocurrió que mentía y le dije que no era cierto, porque yo la había visto entrar. Entonces me dijo que esperara un instante y al cabo de cinco minutos volvió al aparato e

---

la hora del bolero *the hour when bolero music is played on the radio*
Margaret Sullavan *1911–1960, American actress*
pellizcarme *to pinch me*
agredió *she attacked*
solapado *underhanded*
trampa *trap, trick*
baboso de carne y hueso *a fool of flesh and blood*

trámite *step*
postergada *postponed*
pasar de trompa *to spend sulking*
quejidos *moans, groans*
ojeras *rings under the eyes*
costado *side*
hundidos *sunken*

inventó que yo tenía suerte, porque en este momento había llegado. Le dije mire qué bien y le hice anotar la dirección y la urgencia.

Cuando regresé, Gloria estaba mareada y aquello le dolía mucho más. Yo no sabía qué hacer. Le puse una bolsa de agua caliente y después una bolsa de hielo. Nada la calmaba y le di una aspirina. A las seis la doctora no había llegado y yo estaba demasiado nervioso como para poder alentar a nadie. Le conté tres o cuatro anécdotas que querían ser alegres, pero cuando ella sonreía con una mueca me daba bastante rabia porque comprendía que no quería desanimarme. Tomé un vaso de leche y nada más, porque sentía una bola en el estómago. A las seis y media vino al fin la doctora. Es una vaca enorme, demasiado grande para nuestro apartamento. Tuvo dos o tres risitas estimulantes y después se puso a apretarle la barriga. Le clavaba los dedos y luego soltaba de golpe. Gloria se mordía los labios y decía que sí, que ahí le dolía, y allí un poco más, y allá más aún. Siempre le dolía más.

La vaca aquella seguía clavándole los dedos y soltando de golpe. Cuando se enderezó tenía ojos de susto ella también y pidió alcohol para desinfectarse. En el corredor me dijo que era peritonitis y que había que operar de inmediato. Le confesé que estábamos en una mutualista y ella me aseguró que iba a hablar con el cirujano.

Bajé con ella y telefoneé a la parada de taxis y a la madre. Subí por la escalera porque en el sexto piso había dejado abierto el ascensor. Gloria estaba hecha un ovillo y, aunque tenía los ojos secos, yo sabía que lloraba. Hice que se pusiera mi sobretodo y mi bufanda y eso me trajo el recuerdo de un domingo en que se vistió de pantalones y campera, y nos reíamos de su trasero saliente, de sus caderas poco masculinas.

Pero ahora ella con mi ropa era sólo una parodia de esa tarde y había que irse en seguida y no pensar. Cuando salíamos llegó su madre y dijo pobrecita y abrígate por Dios. Entonces ella pareció comprender que había que ser fuerte y se resignó a esa fortaleza. En el taxi hizo unas cuantas bromas sobre la licencia obligada que le darían en la tienda y que yo no iba a tener calcetines para el lunes y, como la madre era virtualmente un manantial, ella le dijo si se creía que esto era un episodio de radio. Yo sabía que cada vez le dolía más fuerte y ella sabía que yo sabía y se apretaba contra mí.

Le dije mire qué bien *I said well how nice*
mareada *dizzy*
bolsa de agua caliente *hot water bottle*
alentar *encourage*
mueca *grimace*
apretarle la barriga *to press her stomach*
clavaba *stuck into*
se mordía los labios *she bit her lips*
mutualista *group health plan*

parada de taxis *taxi stand*
hecha un ovillo *curled up in a ball*
sobretodo *overcoat*
campera *windbreaker*
trasero *bottom*
caderas *hips*
manantial *fountain (because of her crying so much)*

Cuando la bajamos en el sanatorio no tuvo más remedio que quejarse. La dejamos en una salita y al rato vino el cirujano. Era un tipo alto, de mirada distraída y bondadosa. Llevaba el guardapolvo desabrochado y bastante sucio. Ordenó que saliéramos y cerró la puerta. La madre se sentó en una silla baja y lloraba cada vez más. Yo me puse a mirar la calle; ahora no llovía. Ni siquiera tenía el consuelo de fumar. Ya en la época de liceo era el único entre treinta y ocho que no había probado nunca un cigarrillo. Fue en la época de liceo que conocí a Gloria y ella tenía trenzas negras y no podía pasar cosmografía. Había dos modos de trabar relación con ella. O enseñarle cosmografía o aprenderla juntos. Lo último era lo apropiado y, claro, ambos la perdimos.

Entonces salió el médico y me preguntó si yo era el hermano o el marido. Yo dije que el marido y él tosió como un asmático. «No es peritonitis», dijo, «la doctora esa es una burra». «Ah». «Es otra cosa. Mañana lo sabremos mejor». Mañana. Es decir que: «Lo sabremos mejor si pasa esta noche. Si la operábamos, se acaba. Es bastante grave, pero si pasa de hoy, creo que se salva». Le agradecí—no sé que le agradecí—y él agregó: «La reglamentación no lo permite, pero esta noche puede acompañarla».

Primero pasó una enfermera con mi sobretodo y mi bufanda. Después pasó ella en una camilla, con los ojos cerrados, inconsciente.

A las ocho pude entrar en la salita individual donde habían puesto a Gloria. Además de la cama había una silla y una mesa. Me senté a horcajadas sobre la silla y apoyé los codos en el respaldo. Sentía un dolor nervioso en los párpados, como si tuviera los ojos excesivamente abiertos. No podía dejar de mirarla. La sábana continuaba en la palidez de su rostro y la frente estaba brillante, cerosa. Era una delicia sentirla respirar, aun así, con los ojos cerrados. Me hacía la ilusión de que no me hablaba sólo porque a mí me gustaba Margaret Sullavan, de que yo no le hablaba porque su compañero era simpático. Pero, en el fondo, yo sabía la verdad y me sentía como en el aire, como si este insomnio forzado fuera una lamentable irrealidad que me exigía esta tensión momentánea, una tensión que de un momento a otro iba a terminar.

Cada eternidad sonaba a lo lejos un reloj y había transcurrido solamente una hora. Una vez me levanté, salí al corredor y caminé unos pasos. Me salió un tipo

---

de mirada distraída *with an absent-minded look*
guardapolvo *coat*
desabrochado *unbuttoned*
la época de liceo *secondary school days*
trabar relación *to strike up a relationship*
ambos la perdimos *we both failed it*
tosió *he coughed*
burra *stupid woman*

si pasa esta noche *if she makes it through tonight*
reglamentación *regulations*
camilla *stretcher*
a horcajadas *astride*
respaldo *back (of the chair)*
párpados *eyelids*
cerosa *sallow*
había transcurrido *had passed*

al encuentro, mordiendo un cigarrillo y preguntándome con un rostro gesticuloso y radiante: «¿Así que usted también está de espera?». Le dije que sí, que también esperaba. «Es el primero», agregó, «parece que da trabajo». Entonces sentí que me aflojaba y entré otra vez en la salita a sentarme a horcajadas en la silla. Empecé a contar las baldosas y a jugar juegos de superstición, haciéndome trampas. Calculaba a ojo el número de baldosas que había en una hilera y luego me decía que si era impar se salvaba. Y era impar. También se salvaba si sonaban las campanadas del reloj antes de que contara diez. Y el reloj sonaba al contar cinco o seis. De pronto me hallé pensando: «Si pasa de hoy...» y me entró el pánico. Era preciso asegurar el futuro, imaginarlo a todo trance. Era preciso fabricar un futuro para arrancarla de esta muerte en cierne. Y me puse a pensar que en la licencia anual iríamos a Floresta, que el domingo próximo—porque era necesario crear un futuro bien cercano—iríamos a cenar con mi hermano y su mujer, y nos reiríamos con ellos del susto de mi suegra, que yo haría pública mi ruptura formal con Margaret Sullavan, que Gloria y yo tendríamos un hijo, dos hijos, cuatro hijos y cada vez yo me pondría a esperar impaciente en el corredor.

Entonces entró una enfermera y me hizo salir para darle una inyección. Después volví y seguí formulando ese futuro fácil, trasparente. Pero ella sacudió la cabeza, murmuró algo y nada más. Entonces todo el presente era ella luchando por vivir, sólo ella y yo y la amenaza de la muerte, sólo yo pendiente de las aletas de su nariz que benditamente se abrían y se cerraban, sólo esta salita y el reloj sonando.

Entonces extraje la libreta y empecé a escribir esto, para leérselo a ella cuando estuviéramos otra vez en casa, para leérmelo a mí cuando estuviéramos otra vez en casa. Otra vez en casa. Qué bien sonaba. Y sin embargo parecía lejano, tan lejano como la primera mujer cuando uno tiene once años, como el reumatismo cuando uno tiene veinte, como la muerte cuando sólo era ayer. De pronto me distraje y pensé en los partidos de hoy, en si los habrían suspendido por la lluvia, en el juez inglés que debutaba en el Estadio, en los asientos contables que escrituré esta mañana. Pero cuando ella volvió a penetrar por mis ojos, con la frente brillante y cerosa, con la boca seca masticando su fiebre, me sentí profundamente ajeno en ese sábado que habría sido el mío.

Eran las once y media y me acordé de Dios, de mi antigua esperanza de que acaso existiera. No quise rezar, por estricta honradez. Se reza ante aquello en que se cree verdaderamente. Yo no puedo creer verdaderamente en él. Sólo tengo la

---

gesticuloso *grimacing*
me aflojaba *I was getting weak*
baldosas *floor tiles*
haciéndome trampas *playing tricks on myself*
hilera *row*
impar *uneven (numbers)*
a todo trance *at all costs*

en cierne *budding*
Floresta *(Beach) resort in Uruguay*
aletas *nostrils*
me distraje *my attention wandered*
partidos *soccer games*
ajeno *detached*

esperanza de que exista. Después me di cuenta de que yo no rezaba sólo para ver si mi honradez lo conmovía. Y entonces recé. Una oración aplastante, llena de escrúpulos, brutal, una oración como para que no quedasen dudas de que yo no quería ni podía adularlo, una oración a mano armada. Escuchaba mi propio balbuceo mental, pero escuchaba sólo la respiración de Gloria, difícil, afanosa. Otra eternidad y sonaron las doce. Si pasa de hoy. Y había pasado. Definitivamente había pasado y seguía respirando. Seguíamos respirando y me dormí. No soñé nada.

Alguien me sacudió el brazo y eran las cuatro y diez. Ella no estaba. Entonces el médico entró y le preguntó a la enfermera si me lo había dicho. Yo grité que sí, que me lo había dicho—aunque no era cierto—y que él era un animal, un bruto más bruto aún que la doctora, porque había dicho que si pasaba de hoy y sin embargo. Le grité, creo que hasta lo escupí, frenético, y él me miraba bondadoso, odiosamente comprensivo, y yo sabía que no tenía razón, porque el culpable era yo por haberme dormido, por haberla dejado sin mi única mirada, sin su futuro imaginado por mí, sin mi oración hiriente, castigada.

Y entonces pedí que me dijeran en dónde podía verla. Me sostenía una insulsa curiosidad por verla desaparecer, llevándose consigo todos mis hijos, todos mis feriados, toda mi apática ternura hacia Dios.

I. Práctica de vocabulario

A. Empareje las palabras o expresiones en la Columna A con la definición apropiada en la Columna B.

A	B
1. frazada	a. distante, lejano
2. morder	b. animar
3. dolerle a uno	c. clavar los dientes en una cosa
4. postergado	ch. echar fuera de la boca
5. alentar	d. turbado de la cabeza y del estómago
6. mareado	e. lado del cuerpo
7. ajeno	f. manta para la cama
8. oración	g. padecer, sufrir
9. a horcajadas	h. engañar
10. costado	

---

aplastante *overwhelming*
a mano armada *armed*
balbuceo *babbling*
afanosa *heavy*
sacudió *shook*

lo escupí *I spit on him*
hiriente *wounding*
insulsa *insipid*
apática *apathetic*
ternura *tenderness*

11. escupir
12. hacer trampas

i. rezo
j. con una pierna a cada lado
k. dejado para más tarde

B. Complete las oraciones siguientes con la forma apropiada de una palabra o expresión en la Columna A del ejercicio anterior.

1. Debido al constante movimiento del barco, ellos se sintieron ____ .
2. Yo duermo con dos ____ cuando hace mucho frío.
3. Después del accidente automovilístico a ella ____ mucho el ____ .
4. El marido trataba de ____ a la enferma hablando de planes futuros.
5. Siempre deja su trabajo ____ para el próximo día. Por eso está atrasado.
6. Yo nunca juego con mi hermana porque ella ____ y siempre gana.
7. Me gusta vivir ____ a los problemas de este mundo en mi torre de marfil.
8. Le grité, creo que hasta lo ____ , frenético, y él me miraba bondadoso, odiosamente comprensivo.
9. En el hospital, él rezó una ____ larga en que le rogaba a Dios que salvara la vida de su esposa.
10. Él se sentó ____ sobre la silla y apoyó los codos en el respaldo.
11. El perro de mi vecino ____ al cartero.

II. Ejercicios de comprensión

Escoja la respuesta apropiada para completar las oraciones siguientes, según la lectura.

1. Cuando el narrador se despierta, piensa en...
    a. un accidente que tuvo la semana pasada.
    b. su rutina diaria.
    c. la enfermedad de su esposa.

2. El narrador trabaja en...
    a. una tienda.
    b. un hospital.
    c. una oficina.

3. El viernes por la noche el narrador y Gloria habían reñido por una cuestión de...
   a. fútbol.
   b. dinero.
   c. celos.

4. Gloria se despertó de la siesta...
   a. enfurecida con el marido.
   b. con hambre.
   c. con un dolor en el costado.

5. Después de llamar a la doctora, el narrador...
   a. trató de calmar y alentar a Gloria.
   b. se puso a apretarle la barriga.
   c. le trajo una vaca.

6. Según la doctora, Gloria...
   a. estaba embarazada.
   b. tenía peritonitis y tenía que operarse de inmediato.
   c. tenía que tomar té con leche.

7. El narrador había conocido a Gloria en...
   a. el hospital.
   b. el liceo.
   c. el cine.

8. Según el médico que atiende a Gloria en el hospital,...
   a. Gloria es asmática.
   b. la madre de Gloria es una burra.
   c. la doctora se había equivocado.

9. Mientras el narrador está en el sanatorio...
   a. se pone los zapatos de goma.
   b. le escribe una carta a Margaret Sullavan.
   c. fabrica planes para el futuro y empieza a escribir el relato.

10. Cuando se enteró de la muerte de su esposa, el narrador...
    a. se puso a rezar.
    b. se puso frenético e insultó al médico.
    c. hizo planes para el futuro.

III. Preguntas sobre la lectura

1. ¿Cuáles son los géneros literarios cultivados por Mario Benedetti? ¿Qué tema domina su ficción?
2. ¿Qué tipo de trabajo hacía el narrador? ¿Cuáles son sus preocupaciones?
3. ¿Cómo es su vida cotidiana?
4. ¿Por qué no almorzaban juntos el narrador y Gloria?
5. ¿Cómo se divertían los dos esposos?
6. ¿Por qué se acostaron sin hablarse la noche antes?
7. ¿Cómo se despertó Gloria? ¿Qué le dolía a ella?
8. ¿A quién llamó el narrador? ¿Qué respondió el que contestó el teléfono?
9. ¿Qué hizo el narrador mientras esperaba a la doctora?
10. ¿Qué opinaba la doctora?
11. ¿Cuándo conoció el narrador a Gloria? ¿Cómo trabó relación con ella?
12. ¿Qué le dijo el médico al narrador?
13. ¿Qué hizo el narrador mientras esperaba en el hospital?
14. ¿Qué planes inventó para el futuro?
15. ¿De qué se acordó a las once y media?
16. ¿Qué pasó a las cuatro y diez? ¿Cómo reaccionó el narrador ante la muerte de su esposa?

IV. Análisis del texto

1. ¿Por qué se titula este cuento «Sábado de Gloria»? En el calendario cristiano el Sábado de Gloria es el Sábado Santo, el día antes del Domingo de Pascua o Resurrección. ¿Le parece a Ud. que el título del relato es irónico? ¿En qué sentido?
2. ¿Cómo es la relación entre los dos esposos? ¿Es un matrimonio típico? ¿Qué se puede decir de la personalidad del narrador? ¿De Gloria?
3. ¿Como es el estado de ánimo del narrador en el hospital? ¿Cómo es el tono de su narración?
4. Describa la actitud del narrador hacia Dios. ¿Cómo es su oración en el cuento?
5. ¿Cuál es la idea central del cuento? Trate de resumir el tema central en una o dos oraciones.

V. Temas de conversación y composición

1. En este cuento la muerte inesperada interrumpe de un modo irrevocable la rutina diaria del narrador. ¿Cómo cree Ud. que la muerte de la esposa va a

---

Domingo de Pascua   *Easter Sunday*

cambiar su vida? ¿De qué se da cuenta al enfrentarse con la muerte de su esposa? ¿Le parece a Ud. que este cuento es un buen estudio del efecto psicológico que causa la muerte de un ser querido?
2. ¿Qué papel desempeña la religión en la vida del narrador? ¿Cree Ud. que muchas personas sólo piensan en Dios en los momentos de crisis? ¿Por qué será? ¿Es la religión importante en la sociedad moderna? ¿Es importante en la vida de Ud.?
3. ¿Qué efecto tiene la vida atareada y rutinaria en un matrimonio de dos profesionales? ¿Cuál debe ser el papel del marido de una mujer profesional? Si tienen familia, ¿quién debe cuidar a los niños? ¿Cómo deben compartir las labores domésticas (la cocina, la limpieza de la casa, etc.)?

Bibliografía selecta

Mathieu, Corina S. *Los cuentos de Mario Benedetti*. New York: Peter Lang, 1983.

Ruffinelli, Jorge, ed. *Mario Benedetti: Variaciones críticas* Montevideo: Libros del Astillero, 1973.

---

se da cuenta *does he realize*
enfrentarse *to face*
querido *beloved*
papel *role*

desempeña *plays (a role)*
atareada *busy*
compartir *share*
labores domésticas *housework*

Horacio Quiroga

(*Uruguay, 1878–1937*)

Horacio Quiroga es uno de los grandes cuentistas de la literatura hispanoamericana. Nació en El Salto, Uruguay, donde su padre era vicecónsul argentino. En Montevideo se inició a la vida literaria, y tras un corto viaje a París, en 1902, se trasladó a la Argentina, donde residió hasta su muerte y escribió lo mejor de su obra. Vivió en Buenos Aires y Misiones, provincia del nordeste argentino que, en aquel tiempo, era un territorio selvático, peligroso y alejado de la civilización. Misiones es precisamente el escenario de algunos de sus cuentos, en los cuales captó el dramatismo de la vida de la región, del hombre transformado en un ser primitivo luchando contra las fuerzas naturales y la fatalidad de su destino.

La vida de Quiroga fue trágica. La muerte y las enfermedades lo asediaron a lo largo de su vida. Su padre, su padrastro, su mejor amigo y su primera esposa o fueron víctimas de disparos fortuitos o se suicidaron. Él mismo se quitó la vida al enterarse de que tenía cáncer. Como los amantes de «Más allá», cuento aquí incluido, Quiroga se envenenó con cianuro en un hospital en que se hallaba internado.

Si bien cultivó la poesía, la novela y el drama, Quiroga sobresalió como cuentista. Escribió y publicó, en periódicos y revistas, más de doscientos cuentos, que coleccionó en libros, prescindiendo de la cronología y ateniéndose a la unidad de caracteres artísticos. Sus mejores colecciones son: *Cuentos de amor, de locura y de muerte* (1917), *Cuentos de la selva* (1918), *El salvaje* (1920), *Anaconda* (1921), *El desierto* (1924), *La gallina degollada y otros cuentos* (1925), *Los desterrados* (1926) y *Más allá* (1935). Quiroga abordó una gran variedad de temas, pero sus predilectos son: el amor, la muerte, el fracaso, las enfermedades extrañas, las anormalidades psicológicas, lo sobrenatural y la selva con sus múltiples peligros.

Quiroga asimiló libremente en sus narraciones los procedimientos de Poe, Maupassant y Chéjov. Algunos de sus cuentos son fantásticos; otros de estudiado efecto de horror a

selvático *forest, jungle*
alejado *far away*
captó *he captured*
lo asediaron *besieged him*
padrastro *stepfather*
disparos fortuitos *accidental shootings*
al enterarse de *upon finding out*

se envenenó *poisoned himself*
cianuro *cyanide*
prescindiendo de *disregarding*
ateniéndose a *abiding by*
degollada *beheaded*
abordó *tackled*

la manera de Poe; los mejores son tal vez los que describen tipos y aventuras de la selva. Quiroga domina completamente la técnica del género y elabora sus relatos con gran maestría. Se destaca en el uso del diálogo y en la creación del suspenso y del sentido dramático. Su prosa, sencilla y precisa, está al servicio de una filosofía amarga y fatalista.

«Más allá» se publicó por primera vez en una revista de 1925, cuando Quiroga se hallaba en sus años de mayor bienestar y actividad literaria. Es un relato fantástico, donde el autor presenta una visión antirromántica del suicidio de dos amantes condenados a no poder consumar su amor.

Más allá

Yo estaba desesperada —dijo la voz. —Mis padres se oponían rotundamente a que tuviera amores con él, y habían llegado a ser muy crueles conmigo. Los últimos días no me dejaban ni asomarme a la puerta. Antes, lo veía siquiera un instante parado en la esquina, aguardándome desde la mañana. ¡Después, ni siquiera eso!

Yo le había dicho a mamá la semana antes:

—¿Pero qué le hallan tú y papá, por Dios, para torturarnos así? ¿Tienen algo que decir de él? ¿Por qué se han opuesto ustedes, como si fuera indigno de pisar esta casa, a que me visite?

Mamá, sin responderme, me hizo salir. Papá, que entraba en ese momento, me detuvo del brazo, y enterado por mamá de lo que yo había dicho, me empujó del hombro afuera, lanzándome de atrás:

—Tu madre se equivoca; lo que ha querido decir es que ella y yo —¿lo oyes bien?— preferimos verte muerta antes que en los brazos de ese hombre. Y ni una palabra más sobre esto.

Esto dijo papá.

—Muy bien; —le respondí volviéndome, más pálida, creo, que el mantel mismo; —nunca más les volveré a hablar de él.

Y entré en mi cuarto despacio y profundamente asombrada de sentirme caminar y de ver lo que veía, porque en ese instante había decidido morir.

¡Morir! ¡Descansar en la muerte de ese infierno de todos los días, sabiendo que él estaba a dos pasos esperando verme y sufriendo más que yo! Porque papá

---

amarga *bitter*
bienestar *well-being*
más allá *the beyond*
rotundamente *flatly*
asomarme *to look out*
siquiera *at least*
aguardándome *waiting for me*

ni siquiera eso *not even that*
indigno *unworthy*
pisar esta casa *to set foot into this house*
hombro *shoulder*
mantel *tablecloth*
asombrada *surprised, astonished*

jamás consentiría en que me casara con Luis. ¿Qué le hallaba? me pregunto todavía. ¿Que era pobre? Nosotros lo éramos tanto como él.

¡Oh! La terquedad de papá yo la conocía, como la había conocido mamá.
—Muerta mil veces,— decía él, antes que darla a ese hombre.

Pero él, papá, ¿qué me daba en cambio, si no era la desgracia de amar con todo mi ser sabiéndome amada, y condenada a no asomarme siquiera a la puerta para verlo un instante?

Morir era preferible, sí, morir juntos.

Yo sabía que él era capaz de matarse; pero yo, que sola no hallaba fuerzas para cumplir mi destino, sentía que una vez a su lado preferiría mil veces la muerte juntos, a la desesperación de no volverlo a ver más.

Le escribí una carta, dispuesta a todo. Una semana después nos hallábamos en el sitio convenido, y ocupábamos una pieza del mismo hotel.

No puedo decir que me sentía orgullosa de lo que iba a hacer, ni tampoco feliz de morir. Era algo más fatal, más frenético, más sin remisión, como si desde el fondo del pasado mis abuelos, mis bisabuelos, mi infancia misma, mi primera comunión, mis ensueños, como si todo esto no hubiera tenido otra finalidad que impulsarme al suicidio.

No nos sentíamos felices, vuelvo a repetirlo, de morir. Abandonábamos la vida porque ella nos había abandonado ya, al impedirnos ser el uno del otro. En el primero, puro y último abrazo que nos dimos sobre el lecho, vestidos y calzados como al llegar, comprendí, mareada de dicha entre sus brazos, cuán grande hubiera sido mi felicidad de haber llegado a ser su novia, su esposa.

A un tiempo tomamos el veneno. En el brevísimo espacio de tiempo que mediaba entre recibir de su mano el vaso y llevarlo a la boca, aquellas mismas fuerzas de los abuelos que me precipitaban a morir, se asomaron de golpe al borde de mi destino, a contenerme... ¡tarde ya! Bruscamente, todos los ruidos de la calle, de la ciudad misma, cesaron. Retrocedieron vertiginosamente ante mí, dejando en su hueco un sitio enorme, como si hasta ese instante el ámbito hubiera estado lleno de mil gritos conocidos.

Permanecí dos segundos más inmóvil, con los ojos abiertos. Y de pronto me estreché convulsivamente a él, libre por fin de mi espantosa soledad.

¿Qué le hallaba? *What did he find wrong with him?*
terquedad *stubbornness*
cumplir *to carry out*
sitio convenido *agreed location*
pieza *room*
ensueños *dreams, reveries*
impulsarme *to push me*
calzados *with shoes on*

mareada de dicha *dizzy with happiness*
A un tiempo *At the same time*
Bruscamente *Abruptly*
Retrocedieron vertiginosamente *They fled with dizzying speed*
hueco *empty space*
ámbito *surroundings*
me estreché *I got close*
libre por fin *free at last*

¡Sí, estaba con él; e íbamos a morir dentro de un instante!

El veneno era atroz, y Luis inició el primer paso que nos llevaba juntos y abrazados a la tumba.

—Perdóname —me dijo oprimiéndome todavía la cabeza contra su cuello—. Te amo tanto, que te llevo conmigo.

—Y yo te amo —le respondí,— y muero contigo.

No pude hablar más. ¿Pero qué ruido de pasos, qué voces venían del corredor a contemplar nuestra agonía? ¿Qué golpes frenéticos resonaban en la puerta misma?

—Me han seguido y nos vienen a separar... —murmuré aún.— Pero yo soy toda tuya.

Al concluir, me di cuenta de que yo había pronunciado esas palabras mentalmente, pues en ese momento perdía el conocimiento.

. . . .

Cuando volví en mí tuve la impresión de que iba a caer si no buscaba donde apoyarme. Me sentía leve y tan descansada, que hasta la dulzura de abrir los ojos me fue sensible. Yo estaba de pie, en el mismo cuarto del hotel, recostada casi a la pared del fondo. Y allá, junto a la cama, estaba mi madre desesperada.

¿Me habían salvado, pues? Volví la vista a todos lados, y junto al velador, de pie como yo, lo vi a él, a Luis, que acababa de distinguirme a su vez y venía sonriendo a mi encuentro. Fuimos rectamente uno hacia el otro, a pesar de la gran cantidad de personas que rodeaban el lecho, y nada nos dijimos, pues nuestros ojos expresaban toda la felicidad de habernos encontrado.

Al verlo, diáfano y visible a través de todo y de todos, acababa de comprender que yo estaba como él, —muerta.

Habíamos muerto, a pesar de mi temor de ser salvada cuando perdí el conocimiento. Habíamos perdido algo más, por dicha... Y allí, en la cama, mi madre desesperada me sacudía a gritos, mientras el mozo del hotel apartaba de mi cabeza los brazos de mi amado.

Alejados al fondo, con las manos unidas, Luis y yo veíamoslo todo en una perspectiva nítida, pero remotamente fría y sin pasión. A tres pasos, sin duda, estábamos nosotros, muertos por suicidio, rodeados por la desolación de mis parientes, del dueño del hotel y por el vaivén de los policías. ¿Qué nos importaba eso?

---

veneno *poison*
atroz *atrocious*
perdía el conocimiento *I was losing consciousness*
volví en mí *I regained consciousness*
apoyarme *to support myself*
leve *light-headed*

velador *bedside table*
rectamente *in a straight line*
diáfano *transparent*
me sacudía *was shaking me*
veíamoslo (lo veíamos) *we saw it*
nítida *clear*
vaivén *coming and going*

—¡Amada mía!... —me decía Luis.—¡A qué poco precio hemos comprado esta felicidad de ahora!

—Y yo —le respondí— te amaré siempre como te amé antes. Y no nos separaremos más, ¿verdad?

—¡Oh, no!... Ya lo hemos probado.

—¿E irás todas las noches a visitarme?

Mientras cambiábamos así nuestras promesas oíamos los alaridos de mamá que debían ser violentos, pero que nos llegaban con una sonoridad inerte y sin eco, como si no pudieran traspasar en más de un metro el ambiente que rodeaba a mamá.

Volvimos de nuevo la vista a la agitación de la pieza. Llevaban por fin nuestros cadáveres, y debía de haber transcurrido un largo tiempo desde nuestra muerte, pues pudimos notar que tanto Luis como yo teníamos ya las articulaciones muy duras y los dedos muy rígidos.

Nuestros cadáveres... ¿Dónde pasaba eso? ¿En verdad había habido algo de nuestra vida, nuestra ternura, en aquellos dos pesadísimos cuerpos que bajaban por las escaleras, amenazando hacer rodar a todos con ellos?

¡Muertos! ¡Qué absurdo! Lo que había vivido en nosotros, más fuerte que la vida misma, continuaba viviendo con todas las esperanzas de un eterno amor. Antes... no había podido asomarme siquiera a la puerta para verlo; ahora hablaría regularmente con él, pues iría a casa como novio mío.

—¿Desde cuándo irás a visitarme? —le pregunté.

—Mañana —repuso él. —Dejemos pasar hoy.

—¿Por qué mañana? —pregunté angustiada.— ¿No es lo mismo hoy? ¡Ven esta noche, Luis! ¡Tengo tantos deseos de estar a solas contigo en la sala!

—¡Y yo! ¿A las nueve, entonces?

—Sí. Hasta luego, amor mío...

Y nos separamos. Volví a casa lentamente, feliz y desahogada como si regresara de la primera cita de amor que se repetiría esa noche.

A las nueve en punto corría a la puerta de calle y recibí yo misma a mi novio. ¡Él, en casa, de visita!

—¿Sabes que la sala está llena de gente? —le dije.—Pero no nos incomodarán...

—Claro que no... ¿Estás tú allí?

—Sí.

---

alaridos *shrieks, yells*
articulaciones *joints*
amenazando hacer rodar a todos con ellos *threatening to make everyone tumble down*

esperanzas *hopes*
desahogada *relieved*

—¿Muy desfigurada?

—No mucho, ¿creerás?... ¡Ven, vamos a ver!

Entramos en la sala. A pesar de la lividez de mis sienes, de las aletas de la nariz muy tensas y las ventanillas muy negras, mi rostro era casi el mismo que Luis esperaba ver durante horas y horas desde la esquina.

—Estás muy parecida —dijo él.

—¿Verdad? —le respondí yo, contenta. Y nos olvidamos en seguida de todo, arrullándonos.

Por ratos, sin embargo, suspendíamos nuestra conversación y mirábamos con curiosidad el entrar y salir de las gentes. En uno de esos momentos llamé la atención de Luis.

—¡Mira! —le dije— ¿Qué pasará?

En efecto, la agitación de las gentes, muy viva desde unos minutos antes, se acentuaba con la entrada en la sala de un nuevo ataúd. Nuevas personas, no vistas aún allí, lo acompañaban.

—Soy yo —dijo Luis con ligera sorpresa—. Vienen también mis hermanas...

—¡Mira, Luis! —observé yo. —Ponen nuestros cadáveres en el mismo cajón... Como estábamos al morir.

—Como debíamos estar siempre —agregó él.—Y fijando los ojos por largo rato en el rostro excavado de dolor de sus hermanas:

—Pobres chicas... —murmuró con grave ternura. Yo me estreché a él, ganada a mi vez por el homenaje tardío, pero sangriento de expiación, que venciendo quién sabe qué dificultades, nos hacían mis padres enterrándonos juntos.

Enterrándonos... ¡Qué locura! Los amantes que se han suicidado sobre una cama de hotel, puros de cuerpo y alma, viven siempre. Nada nos ligaba a aquellos dos fríos y duros cuerpos, ya sin nombre, en que la vida se había roto de dolor. Y a pesar de todo, sin embargo, nos habían sido demasiado queridos en otra existencia para que no depusiéramos una larga mirada llena de recuerdos sobre aquellos dos cadavéricos fantasmas de un amor.

—También ellos —dijo mi amado—estarán eternamente juntos.

—Pero yo estoy contigo —murmuré yo, alzando a él mis ojos, feliz.

Y nos olvidamos otra vez de todo.

---

la lividez de mis sienes *the pallor of my temples*
aletas *wings*
ventanillas *nostrils*
arrullándonos *whispering endearments to each other*
ataúd *coffin*

cajón *casket*
tardío *belated*
enterrándonos *burying us*
ligaba *bound us*
para que no depusiéramos *for us not to take*
alzando a él mis ojos *looking up to him*

Durante tres meses —prosiguió la voz— viví en plena dicha. Mi novio me visitaba dos veces por semana. Llegaba a las nueve en punto, sin que una sola noche se hubiera retrasado un solo segundo, y sin que una sola vez hubiera yo dejado de ir a recibirlo a la puerta. Para retirarse no siempre observaba mi novio igual puntualidad. Las once y media, aun las doce sonaron a veces, sin que él se decidiera a soltarme las manos, y sin que lograra yo arrancar mi mirada de la suya. Se iba por fin, y yo quedaba dichosamente rendida, paseándome por la sala con la cara apoyada en la palma de la mano.

Durante el día acortaba las horas pensando en él. Iba y venía de un cuarto a otro, asistiendo sin interés alguno al movimiento de mi familia, aunque alguna vez me detuve en la puerta del comedor a contemplar el hosco dolor de mamá, que rompía a veces en desesperados sollozos ante el sitio vacío de la mesa donde se había sentado su hija menor.

Yo vivía —sobrevivía,— lo he repetido, por el amor y para el amor. Fuera de él, de mi amado, de su presencia, de su recuerdo, todo actuaba para mí en un mundo aparte. Y aun encontrándome inmediata a mi familia, entre ella y yo se abría un abismo invisible y transparente, que nos separaba a mil leguas.

Salíamos también de noche, Luis y yo, como novios oficiales que éramos. No existe paseo que no hayamos recorrido juntos, ni crepúsculo en que no hayamos deslizado nuestro idilio. De noche, cuando había luna y la temperatura era dulce, gustábamos de extender nuestros paseos hasta las afueras de la ciudad, donde nos sentíamos más libres, más puros y más amantes.

Una de esas noches, como nuestros pasos nos hubieran llevado a la vista del cementerio, sentimos curiosidad de ver el sitio en que yacía bajo tierra lo que habíamos sido. Entramos en el vasto recinto y nos detuvimos ante un trozo de tierra sombría, donde brillaba una lápida de mármol. Ostentaba nuestros dos solos nombres, y debajo la fecha de nuestra muerte; nada más.

—Como recuerdo de nosotros —observó Luis— no puede ser más breve. Así y todo. —añadió después de una pausa— encierra más lágrimas y remordimientos que muchos largos epitafios.

Dijo, y quedamos otra vez callados.

Acaso en aquel sitio y a aquella hora, para quien nos observara hubiéramos dado la impresión de ser fuegos fatuos. Pero mi novio y yo sabíamos bien que lo fatuo y sin redención eran aquellos dos espectros de un doble suicidio encerrados

---

dicha *happiness, joy*
soltarme las manos *let my hands go*
rendida *exhausted*
acortaba *I shortened*
hosco *gloomy*
sollozos *sobs*
crepúsculo *twilight*

deslizado *passed*
yacía *lay*
trozo *piece*
lápida *tombstone*
Ostentaba *It showed*
remordimientos *regrets*
fuegos fatuos *will-o'-the-wisps*

a nuestros pies, y la realidad, la vida depurada de errores, elévase pura y sublimada en nosotros como dos llamas de un mismo amor.

Nos alejamos de allí, dichosos y sin recuerdos, a pasear por la carretera blanca nuestra felicidad sin nubes.

Ellas llegaron, sin embargo. Aisladas del mundo y de toda impresión extraña, sin otro fin y otro pensamiento que vernos para volvernos a ver, nuestro amor ascendía, no diré sobrenaturalmente, pero sí con la pasión en que debió abrasarnos nuestro noviazgo, de haberlo conseguido en la otra vida. Comenzamos a sentir ambos una melancolía muy dulce cuando estábamos juntos, y muy triste cuando nos hallábamos separados. He olvidado decir que mi novio me visitaba entonces todas las noches; pero pasábamos casi todo el tiempo sin hablar, como si ya nuestras frases de cariño no tuvieran valor alguno para expresar lo que sentíamos. Cada vez se retiraba él más tarde, cuando ya en casa todos dormían, y cada vez, al irse, acortábamos más la despedida.

Salíamos y retornábamos mudos, porque yo sabía bien que lo que él pudiera decirme no respondía a su pensamiento, y él estaba seguro de que yo le contestaría cualquier cosa, para evitar mirarlo.

Una noche en que nuestro desasosiego había llegado a un límite angustioso, Luis se despidió de mí más tarde que de costumbre. Y al tenderme sus dos manos, y entregarle yo las mías heladas, leí en sus ojos, con una transparencia intolerable, lo que pasaba por nosotros. Me puse pálida como la muerte misma; y como sus manos no soltaran las mías:

—¡Luis! —murmuré espantada, sintiendo que mi vida incorpórea buscaba desesperadamente apoyo, como en otra circunstancia. Él comprendió lo horrible de nuestra situación, porque soltándome las manos, con un valor de que ahora me doy cuenta, sus ojos recobraron la clara ternura de otras veces.

—Hasta mañana, amada mía... —me dijo sonriendo.

—Hasta mañana, amor... —murmuré yo, palideciendo todavía más al decir esto.

Porque en ese instante, acababa de comprender que no podría pronunciar esta palabra nunca más.

Luis volvió a la noche siguiente; salimos juntos, hablamos, hablamos como nunca antes lo habíamos hecho, y como lo hicimos en las noches subsiguientes. Todo en vano: no podíamos mirarnos ya. Nos despedíamos brevemente, sin darnos la mano, alejados a un metro uno del otro.

¡Ah! Preferible era...

---

carretera *road*
la pasión en que debió abrasarnos nuestro noviazgo *the passion that our courtship should have inflamed in us*

desasosiego *uneasiness*
al tenderme *upon stretching out*
heladas *frozen*
subsiguientes *following*

La última noche, mi novio cayó de pronto ante mí y apoyó su cabeza en mis rodillas.

—Mi amor... —murmuró.

—¡Cállate! —dije yo.

—Amor mío... —recomenzó él.

—¡Luis! ¡Cállate! —lancé yo aterrada. —Si repites eso otra vez...

Su cabeza se alzó, y nuestros ojos de espectros —¡es horrible decir esto!— se encontraron por primera vez desde muchos días atrás.

—¿Qué? —preguntó Luis. —¿Qué pasa si repito?

—Tú lo sabes bien —respondí yo.

—¡Dímelo!

—¡Lo sabes! ¡Me muero...!

Durante quince segundos nuestras miradas quedaron ligadas con tremenda fijeza. En ese tiempo, pasaron por ellas, corriendo como por el hilo del destino, infinitas historias de amor truncas, reanudadas, rotas, redivivas, vencidas y hundidas finalmente en el pavor de lo imposible.

—Me muero... —torné a murmurar—, respondiendo con ello a su mirada. Él lo comprendió también, pues hundiendo de nuevo la frente en mis rodillas, alzó la voz al largo rato.

—No nos queda sino una cosa que hacer... —dijo.

—Eso pienso —repuse yo.

—¿Me comprendes? —insistió Luis.

—Sí, te comprendo —contesté, deponiendo sobre su cabeza mis manos para que me dejara incorporarme. Y sin volvernos a mirar nos encaminamos al cementerio.

—¡Ah! ¡No se juega al amor, a los novios, cuando se quemó en un suicidio la boca que podía besar! ¡No se juega a la vida, a la pasión sollozante, cuando desde el fondo de un ataúd dos espectros substanciales nos piden cuenta de nuestro remedo y nuestra falsedad! ¡Amor! ¡Palabra ya impronunciable si se la trocó por una copa de cianuro, al goce de morir! ¡Substancial del ideal, sensación de la dicha, y que solamente es posible recordar y llorar, cuando lo que se posee bajo los labios y se estrecha en los brazos no es más que espectro de un amor!

Ese beso nos cuesta la vida —concluye la voz—, y lo sabemos. Cuando se ha muerto una vez de amor, se debe morir de nuevo. Hace un rato, al recogerme

---

lancé yo aterrada *I uttered in terror*
hilo *thread*
truncas, reanudadas, rotas, redivivas, vencidas y hundidas finalmente en el pavor de lo imposible *cut short, resumed, broken, revived, conquered and ruined finally in the terror of the impossible*

nos encaminamos *we headed*
sollozante *sobbing*
remedo *parody*
trocó *traded, exchanged*

Luis a mí, hubiera dado el alma por poder ser besada. Dentro de un instante me besará, y lo que en nosotros fue sublime e insostenible niebla de ficción, descenderá, se desvanecerá al contacto substancial y siempre fiel de nuestros restos mortales.

Ignoro lo que nos espera más allá. Pero si nuestro amor fue un día capaz de elevarse sobre nuestros cuerpos envenenados, y logró vivir tres meses en la alucinación de un idilio, tal vez ellos, urna primitiva y esencial de ese amor, hayan resistido a las contingencias vulgares, y nos aguarden.

De pie sobre la lápida, Luis y yo nos miramos larga y libremente ya. Sus brazos ciñen mi cintura, su boca busca mi boca, y yo le entrego la mía con una pasión tal, que me desvanezco...

I. Práctica de vocabulario

A. Empareje las palabras o expresiones en la Columna A con la definición apropiada en la Columna B.

A

1. volver en sí
2. alarido
3. desasosiego
4. nítida
5. a un tiempo
6. dicha
7. aguardar
8. mantel
9. perder el conocimiento
10. convenido
11. encaminarse
12. acortar

B

a. al mismo tiempo
b. esperar
c. felicidad
ch. cubierta que se pone en la mesa para comer
d. grito
e. acordado
f. dirigirse
g. desmayarse
h. clara
i. recobrar el sentido
j. reducir la longitud de algo
k. inquietud

B. Complete las oraciones siguientes con la forma apropiada de una palabra o expresión en la Columna A del ejercicio anterior.

1. Durante tres meses—prosiguió la voz—viví en plena ____ con Luis. Era la mujer más feliz del mundo.

---

se desvanecerá *will disappear* **ciñen** *get hold of, grip*

2. Cuando oyeron el grito en la calle, todos se levantaron ____ y salieron asustados.

3. Le escribí una carta, dispuesta a todo. Una semana después nos reunimos en el sitio ____.

4. Mientras cambiábamos nuestras promesas, oíamos los ____ de mamá que estaba desesperada.

5. Después de estar más de cinco horas perdidos, los exploradores ____ rápidamente a una casa que vieron en el bosque.

6. El pobre hombre no recuerda nada del momento en que ____. Sin embargo, dice que cuando ____ le pareció que despertaba de un sueño.

7. Los niños derramaron toda la leche en el ____ limpio que habíamos puesto en la mesa de la cocina.

8. Alejados al fondo, con las manos unidas, Luis y yo lo veíamos todo en una perspectiva ____, pero remotamente fría y sin pasión.

9. Durante el día ella ____ las horas pensando en el novio que la visitaría por la noche.

10. Más tarde, comenzaron a sentir una melancolía muy triste. Una noche en que su ____ había llegado a un límite angustioso, él se despidió de ella más tarde que de costumbre.

11. Él estuvo parado en la esquina por más de dos horas. Parece que él ____ a la novia.

II. Ejercicios de comprensión

Lea las frases siguientes y decida si son ciertas o falsas. Cuando sean falsas, cámbielas para hacer una frase verdadera, según la lectura.

1. La protagonista del cuento estaba desesperada porque su novio no la quería.
2. Ella y Luis se reunieron en el cuarto de un hotel y se suicidaron tomando veneno.
3. Los personajes fueron salvados de la muerte por la madre de la muchacha.
4. La noche del día del suicidio Luis visitó a la protagonista y encontró la casa llena de gente.
5. Los padres de los suicidas no permitieron que los enterraran juntos.
6. Los enamorados se reunían todas las noches y pasaban muchas horas paseando y arrullándose.
7. Después de tres meses de felicidad, sintieron que algo les faltaba.
8. Al final del cuento, los personajes principales se besaron y resucitaron otra vez.

III. Preguntas sobre la lectura

1. ¿Cómo fue la vida de Quiroga?
2. ¿Qué temas abordó en sus cuentos?
3. ¿Quién es la narradora/protagonista del cuento? ¿Cuál era su problema?
4. ¿Sabe la narradora por qué se oponían sus padres a que ella tuviera amores con Luis? ¿Qué razones podrían haber tenido los padres?
5. ¿Cuándo decidió ella suicidarse? ¿Por qué decidió hacerlo? ¿Cómo racionalizó su decisión?
6. ¿Qué hizo para llevar a cabo su deseo?
7. ¿Cómo se sentían la protagonista y Luis cuando se reunieron en el hotel? ¿Cuáles fueron sus últimas palabras?
8. ¿Qué oyó la narradora antes de perder el conocimiento?
9. ¿Qué impresión tuvo ella cuando volvió en sí (o resucitó)? Describa lo que sintió, el lugar donde estaba y lo que vio.
10. ¿Qué comprendió en el momento que vio a Luis? ¿Cómo interpreta Ud. lo ocurrido?
11. ¿Qué vieron y oyeron los enamorados en el cuarto del hotel, mientras estaban «alejados al fondo con las manos unidas»?
12. ¿Estaban ellos felices? ¿Qué podrían hacer ellos ahora que antes no podían hacer?
13. ¿Cómo reaccionó la narradora cuando llevaban por fin los cadáveres?
14. ¿Por qué estaba la casa llena de gente?
15. ¿Cuál fue la causa de la agitación de las personas reunidas?
16. ¿Por cuánto tiempo vivió la protagonista en plena dicha?
17. ¿Cómo era su relación con la familia?
18. ¿Qué cambios se efectuaron en la relación de Luis y la protagonista?
19. ¿Por qué dice la protagonista que Luis y ella casi no hablaban, que era «como si ya nuestras frases de cariño no tuvieran valor alguno para expresar lo que sentíamos»? ¿Por qué no eran felices?
20. ¿Por qué se encaminaron al cementerio?
21. ¿Qué sucedió cuando se besaron?
22. ¿Tiene esperanzas la narradora de resucitar otra vez?

IV. Análisis del texto

1. ¿Cómo interpreta Ud. este cuento? ¿Qué ha ocurrido al final?
2. ¿Cuál es la idea central de «Más allá»?
3. Luis dice:

   ¡No se juega al amor, a los novios, cuando se quemó en un suicidio la boca que podía besar! ¡No se juega a la vida, a la pasión sollozante, cuando desde el ataúd dos espectros substanciales nos piden cuenta de nuestro remedo y nuestra falsedad! ¡Amor! ¡Palabra ya impronunciable si se la trocó por una copa de cianuro...

   ¿Qué trata de decir Luis? ¿Hay aquí una lección? ¿Cuál sería?
4. ¿Qué se puede deducir del carácter y de la personalidad de los padres de la narradora? ¿Cómo es la relación entre ellos? ¿Tienen los padres la culpa del suicidio de la joven?
5. Analice la personalidad y el carácter de la narradora y de Luis. ¿Cree Ud. que se podría justificar su acción suicida?
6. Explique el significado del título del cuento. ¿Cree Ud. que es apropiado?
7. ¿Quién narra este cuento? ¿Cuál es el efecto de la narración en primera persona?
8. ¿Qué tipo de cuento es «Más allá»? ¿Es un cuento fantástico o es un cuento de horror o de amor?

V. Temas de conversación y composición

1. En la sociedad norteamericana, ¿hay diferencias y conflictos entre las generaciones? Por lo general, ¿qué críticas tienen los adultos de los jóvenes? ¿Qué quieren los jóvenes? ¿Qué cosas causan conflictos entre los padres e hijos? ¿Cuál es su filosofía sobre la crianza de los niños? ¿Cómo deben tratar los padres a los hijos y viceversa? ¿Discute Ud. con sus padres problemas personales? ¿Prefiere conversar con una persona de su misma edad o con una persona mayor?
2. En su opinión, ¿qué es el amor? ¿Cuál es su filosofía sobre el amor? ¿Cuáles son algunas verdades y ficciones sobre el amor? En la sociedad norteamericana, ¿cómo se forma un individuo su visión del amor? ¿Qué elementos influyen en esa visión?

Bibliografía selecta

Bratosevitch, Nicolás. *El estilo de Horacio Quiroga en sus cuentos.* Madrid: Gredos, 1973.

Rodríguez Monegal, Emir. *El desterrado: Vida y obra de Horacio Quiroga.* Buenos Aires: Losada, 1968.

Gabriel García Márquez

(*Colombia, 1928*)

Gabriel García Márquez nació en Aracataca, un pueblo del la costa norte de Colombia cerca de una plantación de plátanos de la United Fruit Company. De niño vivía con sus abuelos maternos en una enorme casa vieja situada en este pueblo. Su abuela, una mujer imaginativa y supersticiosa, le relataba cuentos fantásticos a Gabriel cuando era pequeño, y él dice que su manera de contar sucesos maravillosos en un tono prosaico le influyó en su propia obra literaria. Su abuelo, un coronel liberal que había participado en varias guerras civiles luchando contra gobiernos conservadores, sirvió de modelo para varios personajes en su obra. El ambiente de Aracataca, los relatos de la abuela y el carácter del abuelo, todos entran en la temática de la narrativa de García Márquez. Cuando éste tenía trece años lo mandaron a Bogotá para estudiar con los jesuitas. En el liceo sombrío Gabriel se refugió en el mundo de la literatura. Sus primeras lecturas incluyen las novelas de Julio Verne y las de Salgari. Sin embargo, García Márquez dice que empezó a interesarse por la literatura leyendo poesía española, francesa e hispanoamericana. Al terminar el liceo entró en la Universidad Nacional de Bogotá para estudiar Derecho y siguió leyendo mucha poesía. Dice que su interés en la narrativa empezó la noche que leyó «La metamorfosis» de Kafka. Cuando tenía veinte años dejó sus estudios y se fue a vivir a la costa del Caribe donde trabajó de periodista. Según ha contado, en Barranquilla se juntó con un grupo de juerguistas intelectuales, y con ellos leyó y comentó las obras de Joyce, Faulkner, Steinbeck, Conrad, Hemingway y Virginia Woolf entre otros. Todas estas lecturas han dejado influencia en su propia ficción, pero tal vez lo que más le ha influido es su infancia en Aracataca y su identidad cultural y geográfica con el Caribe.

plátanos *bananas, plantains*
conservadores *conservative*
sombrío *dismal*
se refugió *took refuge*
Julio Verne *(Jules Verne) French novelist and father of modern science fiction. Author of* Twenty Thousand Leagues under the Sea *(1870) and* Around the World in Eighty Days *(1873)*

(Emilio Salgari) Italian writer (1863–1911), author of adventure novels
se juntó con *he joined, associated with*
juerguistas *revellers*

Actualmente, García Márquez vive con su esposa e hijos en México buena parte del año. Debido al éxito de su novela, *Cien años de soledad*, y al hecho de ser ganador del Premio Nobel de Literatura en 1982, vive a la vista del público y en el centro de atención del mundo literario occidental.

Sus primeras obras, *La hojarasca* (1955), *El coronel no tiene quien le escriba* (1958), *La mala hora* (1962) y *Los funerales de la Mamá Grande* (1965), se pueden considerar como ejercicios para su obra maestra, *Cien años de soledad* que salió en 1967 en Buenos Aires. En esta novela, que le trajo éxito y fama internacional, los mitos, las supersticiones y la magia forman parte de la vida cotidiana, como en los relatos de su abuela. Es una obra que se puede leer en muchos niveles por su humorismo, que se basa en exageraciones lógicas de situaciones reales. *Cien años* relata la historia de una familia colombiana, los Buendía, al mismo tiempo que en otro nivel capta la historia del país y de toda Latinoamérica. La novela nos da una visión cíclica de la historia, en la que todo parece repetirse. Los ciclos de la naturaleza impiden el desarrollo histórico. Las revoluciones y la actividad política no llevan a ninguna parte. La familia Buendía parece vivir en la trampa de un laberinto cíclico, y el individuo se ve condenado a vivir en la soledad. El resto de la producción literaria de García Márquez incluye, entre otros, los siguientes títulos: *El otoño del patriarca* (1975), *Crónica de una muerte anunciada* (1981) y *El amor en los tiempos del cólera* (1985).

García Márquez ha dicho que su única obra es «el libro de la soledad», y se puede decir que la soledad es el sentimiento que predomina en toda su obra. Este tema se relaciona con el poder, el sistema opresivo, la falta de amor, de comunicación y de solidaridad. En «Muerte constante más allá del amor», la situación política sirve de fondo, pero el autor se interesa más por la vida interior del protagonista. La vida solitaria del senador se intuye por la descripción de su rutina diaria en la campaña electoral y por su diálogo lacónico. En el título de este cuento García Márquez ha invertido el título del famoso soneto del poeta Francisco de Quevedo, «Amor constante más allá de la muerte», que trata el tema del amor eterno. En este bellísimo soneto, Quevedo afirma que aún después de la muerte, sus venas y sus médulas «serán ceniza, mas tendrán sentido; / polvo serán, mas polvo enamorado». En el cuento el amor no se idealiza, sino que se presenta como sexualidad que se prostituye por favores políticos. Este amor no puede sobrevivir a la muerte como en el soneto de Quevedo. El amor sólo puede servir de consuelo provisional ante la terrible soledad de la muerte.

Actualmente *Presently*
vista *view*
La hojarasca Dead Leaves (*figuratively, worthless stuff*) (*Has been translated into English as* "Leaf Storm")
Cien años de soledad One Hundred Years of Solitude
magia *magic*
cotidiana *daily*
capta *it captures*
desarrollo *development*
laberinto *labyrinth*
poder *power*
fondo *background*
se intuye *can be guessed, perceived*
campaña *campaign*
ceniza *ash*
sentido *meaning*
polvo *dust*
sobrevivir *survive*
consuelo *consolation*
provisional *temporary*

Muerte constante más allá del amor

Al senador Onésimo Sánchez le faltaban seis meses y once días para morirse cuando encontró a la mujer de su vida. La conoció en el Rosal del Virrey, un pueblecito ilusorio que de noche era una dársena furtiva para los buques de altura de los contrabandistas, y en cambio a pleno sol parecía el recodo más inútil del desierto, frente a un mar árido y sin rumbos, y tan apartado de todo que nadie hubiera sospechado que allí viviera alguien capaz de torcer el destino de nadie. Hasta su nombre parecía una burla, pues la única rosa que se vio en aquel pueblo la llevó el propio senador Onésimo Sánchez la misma tarde en que conoció a Laura Farina.

Fue una escala ineludible en la campaña electoral de cada cuatro años. Por la mañana habían llegado los furgones de la farándula. Después llegaron los camiones con los indios de alquiler que llevaban por los pueblos para completar las multitudes de los actos públicos. Poco antes de las once, con la música y los cohetes y los camperos de la comitiva, llegó el automóvil ministerial del color del refresco de fresa. El senador Onésimo Sánchez estaba plácido y sin tiempo dentro del coche refrigerado pero tan pronto como abrió la puerta lo estremeció un aliento de fuego y su camisa de seda natural quedó empapada de una sopa lívida, y se sintió muchos años más viejo y más solo que nunca. En la vida real acababa de cumplir 42, se había graduado con honores de ingeniero metalúrgico en Gotinga, y era un lector perseverante aunque sin mucha fortuna de los clásicos latinos mal traducidos. Estaba casado con una alemana radiante con quien tenía cinco hijos, y todos eran felices en su casa, y él había sido el más feliz de todos hasta que le anunciaron, tres meses antes, que estaría muerto para siempre en la próxima Navidad.

Mientras se terminaban los preparativos de la manifestación pública, el senador logró quedarse solo una hora en la casa que le habían reservado para descansar. Antes de acostarse puso en el agua de beber una rosa natural que

---

dársena *dock*
buques de altura *seagoing vessels*
recodo *turn, bend*
sin rumbos *without direction*
apartado *remote, out-of-the-way*
torcer *twist*
escala *stopping place*
furgones de la farándula *wagons of the road show*
de alquiler *hired*
multitudes *crowds*
camperos *jeeps*
estremeció *shook*
empapada *drenched*
Gotinga *Göttingen, city in Lower Saxony, West Germany, famous for its university, a center for the study of mathematics, physics, and metallurgy*

había conservado viva a través del desierto, almorzó con los cereales de régimen que llevaba consigo para eludir las repetidas fritangas de chivo que le esperaban en el resto del día, y se tomó varias píldoras analgésicas antes de la hora prevista, de modo que el alivio le llegara primero que el dolor. Luego puso el ventilador eléctrico muy cerca del chinchorro y se tendió desnudo durante quince minutos en la penumbra de la rosa, haciendo un grande esfuerzo de distracción mental para no pensar en la muerte mientras dormitaba. Aparte de los médicos, nadie sabía que estaba sentenciado a un término fijo, pues había decidido padecer a solas su secreto, sin ningún cambio de vida, y no por soberbia sino por pudor.

Se sentía con un dominio completo de su albedrío cuando volvió a aparecer en público a las tres de la tarde, reposado y limpio, con un pantalón de lino crudo y una camisa de flores pintadas, y con el alma entretenida por las píldoras para el dolor. Sin embargo, la erosión de la muerte era mucho más pérfida de lo que él suponía, pues al subir a la tribuna sintió un raro desprecio por quienes se disputaron la suerte de estrecharle la mano, y no se compadeció como en otros tiempos de las recuas de indios descalzos que apenas si podían resistir las brasas de caliche de la placita estéril. Acalló los aplausos con una orden de la mano, casi con rabia, y empezó a hablar sin gestos, con los ojos fijos en el mar que suspiraba de calor. Su voz pausada y honda tenía la calidad del agua en reposo, pero el discurso aprendido de memoria y tantas veces machacado no se le había ocurrido por decir la verdad sino por oposición a una sentencia fatalista del libro cuarto de los recuerdos de Marco Aurelio.

—Estamos aquí para derrotar a la naturaleza —empezó, contra todas sus convicciones—. Ya no seremos más los expósitos de la patria, los huérfanos de Dios en el reino de la sed y la intemperie, los exilados en nuestra propia tierra. Seremos otros, señoras y señores, seremos grandes y felices.

---

fritangas de chivo *fried goat meat*
alivio *relief*
ventilador *fan*
chinchorro *hammock*
se tendió *he stretched out*
penumbra *shadow*
dormitaba *he was dozing*
padecer *suffer*
soberbia *pride*
pudor *sense of shame or decency*
albedrío *free will*
lino crudo *raw linen*
pérfida *treacherous*

tribuna *platform*
estrecharle la mano *to shake his hand*
recuas *trains (usually, of pack animals)*
descalzos *barefooted*
brasas de caliche *burning hot ground*
Acalló *He hushed*
machacado *repeated again and again*
Marco Aurelio *Marcus Aurelius, 121–180, Roman emperor (161–180) and Stoic philosopher, best remembered for his philosophic Meditations*
expósitos *abandoned ones*
intemperie *inclemency, bad weather*

Eran las fórmulas de su circo. Mientras hablaba, sus ayudantes echaban al aire puñados de pajaritas de papel, y los falsos animales cobraban vida, revoloteaban sobre la tribuna de tablas, y se iban por el mar. Al mismo tiempo, otros sacaban de los furgones unos árboles de teatro con hojas de fieltro y los sembraban a espaldas de la multitud en el suelo de salitre. Por último armaron una fachada de cartón con casas fingidas de ladrillos rojos y ventanas de vidrio, y taparon con ella los ranchos miserables de la vida real.

El senador prolongó el discurso, con dos citas en latín, para darle tiempo a la farsa. Prometió las máquinas de llover, los criaderos portátiles de animales de mesa, los aceites de la felicidad que harían crecer legumbres en el caliche y colgajos de trinitarias en las ventanas. Cuando vio que su mundo de ficción estaba terminado, lo señaló con el dedo.

—Así seremos, señoras y señores —gritó—. Miren. Así seremos.

El público se volvió. Un trasatlántico de papel pintado pasaba por detrás de las casas, y era más alto que las casas más altas de la ciudad de artificio. Sólo el propio senador observó que a fuerza de ser armado y desarmado, y traído de un lugar para el otro, también el pueblo de cartón superpuesto estaba carcomido por la intemperie, y era casi tan pobre y polvoriento y triste como el Rosal del Virrey.

Nelson Farina no fue a saludar al senador por primera vez en doce años. Escuchó el discurso desde su hamaca, entre los retazos de la siesta, bajo la enramada fresca de una casa de tablas sin cepillar que se había construido con las mismas manos de boticario con que descuartizó a su primera mujer. Se había fugado del penal de Cayena y apareció en el Rosal del Virrey en un buque cargado de guacamayas inocentes, con una negra hermosa y blasfema que se encontró en Paramaribo, y con quien tuvo una hija. La mujer murió de muerte natural poco tiempo después, y no tuvo la suerte de la otra cuyos pedazos

---

puñados de pajaritas de papel *handfuls of paper birds*
revolteaban *they fluttered*
hojas de fieltro *leaves made of felt*
armaron una fachada de cartón *they set up a cardboard façade*
casas fingidas de ladrillos rojos *fake red-brick houses*
taparon *they covered up*
criaderos portátiles *portable breeding places*
aceites de la felicidad *miraculous oils*
caliche *soil rich in saltpeter*
colgajos de trinitarias *bunches of pansies*
trasatlántico *ocean liner*

a fuerza de ser amado y desarmado *from having been assembled and disassembled*
carcomido *rotten, decayed*
polvoriento *dusty*
retazos *fragments*
enramada *arbour*
tablas sin cepillar *unplaned boards*
boticario *druggist, apothecary*
descuartizó *he tore apart*
penal *prison*
Cayena *Cayenne, capital of French Guiana*
guacamayas *macaws (The macaw is a tropical bird similar to the parrot.)*
Paramaribo *capital of Surinam*

sustentaron su propio huerto de coliflores, sino que la enterraron entera y con su nombre de holandesa en el cementerio local. La hija había heredado su color y sus tamaños, y los ojos amarillos y atónitos del padre, y éste tenía razones para suponer que estaba criando a la mujer más bella del mundo.

Desde que conoció al senador Onésimo Sánchez en la primera campaña electoral, Nelson Farina había suplicado su ayuda para obtener una falsa cédula de identidad que lo pusiera a salvo de la justicia. El senador, amable pero firme, se la había negado. Nelson Farina no se rindió durante varios años, y cada vez que encontró una ocasión reiteró la solicitud con un recurso distinto. Pero siempre recibió la misma respuesta. De modo que aquella vez se quedó en el chinchorro, condenado a pudrirse vivo en aquella ardiente guarida de bucaneros. Cuando oyó los aplausos finales estiró la cabeza, y por encima de las estacas del cercado vio el revés de la farsa: los puntales de los edificios, las armazones de los árboles, los ilusionistas escondidos que empujaban el trasatlántico. Escupió su rencor.

—Merde —dijo— c'est le Blacaman de la politique.

Después del discurso, como de costumbre, el senador hizo una caminata por las calles del pueblo, entre la música y los cohetes, y asediado por la gente del pueblo que le contaba sus penas. El senador los escuchaba de buen talante, y siempre encontraba una forma de consolar a todos sin hacerles favores difíciles. Una mujer encaramada en el techo de una casa, entre sus seis hijos menores, consiguió hacerse oír por encima de la bulla y los truenos de pólvora.

—Yo no pido mucho, senador —dijo—, no más que un burro para traer agua desde el Pozo del Ahorcado.

El senador se fijó en los seis niños escuálidos.

—¿Qué se hizo tu marido? —preguntó.

—Se fue a buscar destino en la isla de Aruba— contestó la mujer de buen humor—, y lo que se encontró fue una forastera de las que se ponen diamantes en los dientes.

La respuesta provocó un estruendo de carcajadas.

—Está bien —decidió el senador— tendrás tu burro.

---

atónitos *amazed, astounded*
cédula de identidad *identification card*
a salvo de *safe from*
no se rindió *did not give up*
solicitud *request*
pudrirse *to rot*
ardiente guarida de bucaneros *hotbed of buccaneers*
estiró *he stretched*
estacas de cercado *fence posts*
puntales *props, supports*
armazones *frames, skeletons*
Escupió *He spat out*
Merde [...] c'est le Blacaman de la politique. (French) *Damn [...] he's the Blacaman of politics*
asediado *besieged*
de buen talante *willingly*
encaramada *perched*
bulla *noise, uproar*
¿Qué se hizo...? *What became of...?*
forastera *outsider, foreigner*
estruendo de carcajadas *clamor of laughter*

Poco después, un ayudante suyo llevó a casa de la mujer un burro de carga, en cuyos lomos habían escrito con pintura eterna una consigna electoral para que nadie olvidara que era un regalo del senador.

En el breve trayecto de la calle hizo otros gestos menores, y además le dio una cucharada a un enfermo que se había hecho sacar la cama a la puerta de la casa para verlo pasar. En la última esquina, por entre las estacas del patio, vio a Nelson Farina en el chinchorro y le pareció ceniciento y mustio, pero lo saludó sin afecto:

—Cómo está.

—Nelson Farina se revolvió en el chinchorro y lo dejó ensopado en el ámbar triste de su mirada.

—*Moi, vous savez* —dijo.

Su hija salió al patio al oír el saludo. Llevaba una bata guajira ordinaria y gastada, y tenía la cabeza guarnecida de moños de colores y la cara pintada para el sol, pero aun en aquel estado de desidia era posible suponer que no había otra más bella en el mundo. El senador se quedó sin aliento.

—¡Carajo —suspiró asombrado— las vainas que se le ocurren a Dios!

Esa noche, Nelson Farina vistió a la hija con sus ropas mejores y se la mandó al senador. Dos guardias armados de rifles, que cabeceaban de calor en la casa prestada, le ordenaron esperar en la única silla del vestíbulo.

El senador estaba en la habitación contigua reunido con los principales del Rosal del Virrey, a quienes había convocado para cantarles las verdades que ocultaba en los discursos. Eran tan parecidos a los que asistían siempre en todos los pueblos del desierto, que el propio senador sentía el hartazgo de la misma sesión todas las noches. Tenía la camisa ensopada en sudor y trataba de secársela sobre el cuerpo con la brisa caliente del ventilador eléctrico que zumbaba como un moscardón en el sopor del cuarto.

—Nosotros, por supuesto, no comemos pajaritos de papel —dijo—. Ustedes y yo sabemos que el día en que haya árboles y flores en este cagadero de chivos,

---

consigna *slogan*
trayecto *stretch*
estacas *stakes, posts*
ceniciento *ash-colored*
mustio *depressed, gloomy*
ensopado *drenched*
Moi, vous savez. *(French) You know what I want*
bata guajira *peasant smock*
gastada *worn-out*
guarnecida de moños de colores *adorned with colorful bows*

desidia *slovenliness*
¡Carajo [...] las vainas que se le ocurren a Dios! *Damn it all [...] the things that God comes up with!*
cabeceaban *were nodding*
principales *the powerful or important people*
hartazgo *weariness*
zumbaba *buzzed*
moscardón *hornet*
sopor *torpor*
cagadero de chivos *goat dung heap*

el día en que haya sábalos en vez de gusarapos en los pozos, ese día ni ustedes ni yo tenemos nada que hacer aquí. ¿Voy bien?

Nadie contestó. Mientras hablaba, el senador había arrancado un cromo del calendario y había hecho con las manos una mariposa de papel. La puso en la corriente del ventilador, sin ningún propósito, y la mariposa revoloteó dentro del cuarto y salió después por la puerta entreabierta. El senador siguió hablando con un dominio sustentado en la complicidad de la muerte.

—Entonces —dijo— no tengo que repetirles lo que ya saben de sobra: que mi reelección es mejor negocio para ustedes que para mí, porque yo estoy hasta aquí de aguas podridas y sudor de indios, y en cambio ustedes viven de eso.

Laura Farina vio salir la mariposa de papel. Sólo ella la vio, porque la guardia del vestíbulo se había dormido en los escaños con los fusiles abrazados. Al cabo de varias vueltas la enorme mariposa litografiada se desplegó por completo, se aplastó contra el muro, y se quedó pegada. Laura Farina trató de arrancarla con las uñas. Uno de los guardias, que despertó con los aplausos en la habitación contigua, advirtió su tentativa inútil.

—No se puede arrancar —dijo entre sueños—. Está pintada en la pared.

Laura Farina volvió a sentarse cuando empezaron a salir los hombres de la reunión. El senador permaneció en la puerta del cuarto, con la mano en el picaporte, y sólo descubrió a Laura Farina cuando el vestíbulo quedó desocupado.

—¿Qué haces aquí?
—*C'est de la part de mon père*— dijo ella.

El senador comprendió. Escudriñó a la guardia soñolienta, escudriñó luego a Laura Farina cuya belleza inverosímil era más imperiosa que su dolor, y entonces resolvió que la muerte decidiera por él.

—Entra —le dijo.

Laura Farina se quedó maravillada en la puerta de la habitación: miles de billetes de banco flotaban en el aire, aleteando como la mariposa. Pero el senador apagó el ventilador, y los billetes se quedaron sin aire, y se posaron sobre las cosas del cuarto.

—Ya ves —sonrió— hasta la mierda vuela.

Laura Farina se sentó como en un taburete de escolar. Tenía la piel lisa y

---

sábalos *shads*
gusarapos *tiny worms*
arrancado *ripped off*
cromo *picture*
saben de sobra *you know only too well*
yo estoy hasta aquí *I have had it*
escaños *benches*
con los fusiles abrazados *hugging his rifles*
se desplegó *came unfolded*
se aplastó *flattened itself*
pegada *stuck*
picaporte *doorhandle*
C'est de la part de mon père (French) *I've come on my father's behalf*
Escudriñó *He examined*
soñolienta *sleepy*
aleteando *fluttering*
taburete de escolar *classroom stool*
lisa *smooth*

tensa, con el mismo color y la misma densidad solar del petróleo crudo, y sus cabellos eran de crines de potranca y sus ojos inmensos eran más claros que la luz. El senador siguió el hilo de su mirada y encontró al final la rosa percudida por el salitre.

—Es una rosa —dijo.

—Sí —dijo ella con un rastro de perplejidad—, las conocí en Riohacha.

El senador se sentó en un catre de campaña, hablando de las rosas, mientras se desabotonaba la camisa. Sobre el costado, donde él suponía que estaba el corazón dentro del pecho, tenía el tatuaje corsario de un corazón flechado. Tiró en el suelo la camisa mojada y le pidió a Laura Farina que lo ayudara a quitarse las botas.

Ella se arrodilló frente al catre. El senador la siguió escrutando, pensativo, y mientras le zafaba los cordones se preguntó de cuál de los dos sería la mala suerte de aquel encuentro.

—Eres una criatura —dijo.

—No crea —dijo ella—. Voy a cumplir 19 en abril.

El senador se interesó.

—Qué día.

—El once —dijo ella.

El senador se sintió mejor. «Somos Aries», dijo. Y agregó sonriendo:

—Es el signo de la soledad.

Laura Farina no le puso atención pues no sabía qué hacer con las botas. El senador, por su parte, no sabía qué hacer con Laura Farina, porque no estaba acostumbrado a los amores imprevistos, y además era consciente de que aquél tenía origen en la indignidad. Sólo por ganar tiempo para pensar aprisionó a Laura Farina con las rodillas, la abrazó por la cintura y se tendió de espaldas en el catre. Entonces comprendió que ella estaba desnuda debajo del vestido, porque el cuerpo exhaló una fragancia oscura de animal de monte, pero tenía el corazón asustado y la piel aturdida por un sudor glacial.

—Nadie nos quiere —suspiró él.

Laura Farina quiso decir algo, pero el aire sólo le alcanzaba para respirar. La acostó a su lado para ayudarla, apagó la luz, y el aposento quedó en la penumbra de la rosa. Ella se abandonó a la misericordia de su destino. El senador la acarició

---

crines de potranca *filly's mane*
percudida por el salitre *spoiled by the saltpeter*
Riohacha *port on the northern coast of Colombia*
catre de campaña *field cot*
costado *side*
tatuaje corsario *corsair's tattoo*
escrutando *examining*

le zafaba los cordones *she was untying his laces*
criatura *child*
rodillas *knees*
asustado *frightened, startled*
aturdida *confused*
apagó *he turned off*
misericordia *mercy*
acarició *caressed*

despacio, la buscó con la mano sin tocarla apenas, pero donde esperaba encontrarla tropezó con un estorbo de hierro.

—¿Qué tienes ahí?

—Un candado —dijo ella.

—¡Qué disparate! —dijo el senador, furioso, y preguntó lo que sabía de sobra—: ¿Dónde está la llave?

Laura Farina respiró aliviada.

—La tiene mi papá —contestó—. Me dijo que le dijera a usted que la mande a buscar con un propio y que le mande con él un compromiso escrito de que le va a arreglar su situación.

El senador se puso tenso. «Cabrón franchute», murmuró indignado. Luego cerró los ojos para relajarse, y se encontró consigo mismo en la oscuridad. *Recuerda* —recordó— *que seas tú o sea otro cualquiera, estaréis muerto dentro de un tiempo muy breve, y que poco después no quedará de vosotros ni siquiera el nombre.* Esperó a que pasara el escalofrío.

—Dime una cosa —preguntó entonces—: ¿Qué has oído decir de mí?

—¿La verdad de verdad?

—La verdad de verdad.

—Bueno —se atrevió Laura Farina—, dicen que usted es peor que los otros, porque es distinto.

El senador no se alteró. Hizo un silencio largo, con los ojos cerrados, y cuando volvió a abrirlos parecía de regreso de sus instintos más recónditos.

—Qué carajo —decidió— dile al cabrón de tu padre que le voy a arreglar su asunto.

—Si quiere yo misma voy por la llave —dijo Laura Farina.

El senador la retuvo.

—Olvídate de la llave —dijo— y duérmete un rato conmigo. Es bueno estar con alguien cuando uno está solo.

Entonces ella lo acostó en su hombro con los ojos fijos en la rosa. El senador la abrazó por la cintura, escondió la cara en su axila de animal de monte y sucumbió al terror. Seis meses y once días después había de morir en esa misma posición, pervertido y repudiado por el escándalo público de Laura Farina, y llorando de la rabia de morirse sin ella.

---

estorbo de hierro   *obstacle made of iron*
candado   *padlock*
¡Qué disparate!   *How absurd!*
«Cabrón franchute»   *That French bastard*
escalofrío   *shivers, chills*
se atrevió   *she ventured*

no se alteró   *did not falter*
de regreso   *returned*
recónditos   *deep*
la retuvo   *he held on to her*
axila   *armpit*
llorando de la rabia   *crying from rage*

I. Práctica de vocabulario

A. Empareje las palabras o expresiones en la Columna A con la definición apropiada en la Columna B.

A	B
1. sin rumbo	a. documento
2. escala	b. farmacéutico
3. tenderse	c. darse por vencido
4. tapar	ch. echarse, tumbarse
5. candado	d. lugar de parada, en que se detiene uno
6. furgón	e. cerradura móvil que asegura puertas, tapas de cofre, maletas, etc.
7. rendirse	
8. chinchorro	
9. de buen talante	f. cubrir, esconder
10. boticario	g. vagón
11. escalofrío	h. sin dirección fija
12. cédula	i. hamaca
13. criatura	j. niña
14. aturdido	k. estremecimiento del cuerpo
	l. confundido, atolondrado
	ll. de buen humor

B. Complete las oraciones siguientes con la forma apropiada de una palabra o expresión en la columna A del ejercicio anterior.
  1. Antes de acostarse él puso en el agua de beber una rosa. Luego ____ en el ____ para echar una siesta.
  2. El trasatlántico hace ____ en Puerto Rico.
  3. La ____ siempre estaba de buen humor; era una niña ____ .
  4. Los gitanos son una gente nómada. Viven en un ____ y viajan por el mundo ____ .
  5. Al oír las malas noticias, se sintió ____ . No sabía lo que iba a hacer.
  6. Un buen soldado nunca ____ . Debe luchar hasta la muerte si es necesario.
  7. A Nelson Farina le hacía falta una ____ de identidad que sólo el senador le podría proporcionar.
  8. Los ayudantes del político trataron de ____ la realidad sórdida con una fachada de cartón pintado.
  9. Se le ha perdido la llave del ____ y ahora no puede abrir la puerta.
  10. Sentí un fuerte ____ cuando me encontré frente a frente con el peligroso asesino.
  11. Ellas dicen que el ____ se equivocó al preparar la medicina.

II. Ejercicios de comprensión

Complete cada oración con la palabra o la expresión apropiada, según la lectura.

1. Seis meses y once días antes de morirse, el senador Onésimo Sánchez encontró...
2. El senador visitó el Rosal del Virrey para...
3. Él había sido muy feliz hasta que...
4. Mientras el senador daba el discurso, sus ayudantes...
5. El senador le promete al público...
6. El que no fue a saludar al senador por primera vez en once años se llamaba...
7. Nelson Farina había suplicado ayuda al senador para obtener...
8. Esa noche Nelson Farina le mandó al senador...
9. Debajo del vestido, Laura Farina llevaba...
10. Finalmente el senador decidió...

III. Preguntas sobre la lectura

1. ¿Cuáles son las influencias más importantes en la obra de Gabriel García Márquez? ¿Qué temas aparecen en su obra?
2. ¿Qué hacía Onésimo Sánchez en el Rosal del Virrey? ¿Cómo es el pueblo?
3. ¿Qué se sabe de su pasado?
4. ¿Qué le anunciaron tres meses antes?
5. ¿Cómo se preparó el senador para la manifestación pública?
6. ¿Qué emociones experimentaba al enfrentarse con el público?
7. ¿Qué se sabe del pasado de Nelson Farina?
8. ¿Cómo es su hija, Laura Farina?
9. ¿Cómo es la actitud del senador hacia el pueblo?
10. ¿Por qué fue Laura a la casa donde estaba el senador?
11. ¿Con quiénes estaba reunido el senador en la casa?
12. ¿Qué hizo el senador mientras hablaba?
13. ¿Qué vio Laura al entrar en la habitación?
14. ¿De qué hablaron el senador y Laura?
15. ¿Qué favor le iba a hacer el senador a Nelson Farina?
16. ¿Cómo murió el senador?

IV. Análisis del texto

1. ¿Qué significado puede tener la rosa que lleva el senador al pueblo? ¿Tendrá algún valor simbólico?
2. ¿Qué contrastes hay entre la vida del senador y la de los habitantes del Rosal

del Virrey? Busque ejemplos en las descripciones del cuento que apuntan a las diferencias entre los dos estilos de vida.
3. ¿Cómo se siente el senador al saber que se va a morir? ¿Cómo cambia su actitud hacia la vida? ¿Cambian sus valores? ¿En qué sentido?
4. ¿Qué ambiente se crea alrededor del senador en su campaña electoral?
5. ¿En qué se basa el poder del senador y de los principales del pueblo?
6. ¿Cuáles son los temas que se presentan en el relato? ¿Cómo se relacionan estos temas?
7. ¿Cuál es el significado del título del cuento?
8. ¿En qué niveles se presenta el problema de la injusticia social en este cuento?

V. Temas de conversación y composición

1. Gabriel García Márquez ha declarado que el cine le enseñó a ver en imágenes, y que una imagen visual es el punto de partida de todas sus narraciones. ¿Cuáles son algunas imágenes visuales que aparecen en el cuento? ¿Tendrán algún significado simbólico? Si Ud. fuera a hacer una película basada en este cuento, ¿cómo la montaría? La trama de este cuento aparece como un episodio en la película *Eréndira*. ¿Ha visto Ud. la película? ¿Qué le parece?
2. García Márquez ha indicado que la soledad es el tema principal de toda su obra literaria. ¿Cómo aparece este tema en el cuento? ¿De qué forma se relaciona con el tema del poder? ¿Cree Ud. que las figuras públicas y poderosas llevan vidas solitarias? ¿Por qué es que muchas personas famosas se quejan de la soledad de su vida? ¿Prefiere Ud. llevar una vida tranquila y oscura en la compañía de su familia y sus amigos a una vida pública y gloriosa?
3. Lea el soneto de Quevedo «Amor constante más allá de la muerte», y compare el sentimiento y el sentido del poema con el cuento de García Márquez.

Bibliografía selecta

Maturo, Graciela. *Claves simbólicas de García Márquez*. Buenos Aires, Fernando García Cambeiro,

Morello-Frosch, Marta. "Función de lo fantástico en *La increíble y triste historia de la cándida Eréndira y de su abuela desalmada* de Gabriel García Márquez." *Symposium* 38.4 (Winter, 1984–85): 321–330.

Schade, George. "El arte narrativo de García Márquez en *La increíble y triste historia de la cándida Eréndira y de su abuela desalmada*." *Thesaurus* 32 (1977): 374–383.

---

imágenes *images*
punto de partida *point of departure*
trama *plot*
se relaciona con *relates to*

poderosas *powerful*
se quejan de *complain about*
oscura *obscure*

III

Búsquedas y confesiones

Silvina Bullrich

(*Argentina, 1915*)

Nacida en Buenos Aires, Silvina Bullrich—novelista, cuentista, ensayista, poetisa, periodista y traductora— es una prolífica y multifacética escritora que ha tenido, a lo largo de más de cuarenta años, constante éxito editorial en su país. Es la autora argentina de *best-sellers* por excelencia, que ha alcanzado sus mayores logros en la narrativa.

Silvina Bullrich es esencialmente una escritora realista, con una poderosa fuerza comunicativa. Su estilo es sencillo, claro y muy directo. Es una narradora que ha retratado de una manera muy aguda a la burguesía argentina—clase de la que procede—y sus costumbres sociales, especialmente las que condenan a la mujer a una vida hipócrita y limitada. «Cuando tenía veinte años —explica Bullrich—, en el ambiente en que crecí el mundo parecía tener un solo porvenir que ofrecer a las mujeres: el matrimonio; y por supuesto la maternidad». «Nadie a mi alrededor —continúa más adelante la escritora— había discutido todavía la necesidad de que este estado fuera una vocación; parecía que el solo hecho de haber nacido mujer obligaba a tener vocación conyugal y maternal». Las protagonistas de sus novelas y cuentos son casi siempre mujeres insatisfechas de sus existencias tradicionales y asfixiantes, por las imposiciones de una sociedad normativa, que cercena su libertad y trata de moldearlas a la visión y al dominio del hombre. Estas heroínas cuestionan las costumbres y usos establecidos, se rebelan, y tratan de buscar una felicidad que hallan un tanto elusiva. Algunas de sus mejores obras con esta temática feminista son: *Calles de Buenos Aires* (1939), su primera novela; *La redoma del primer ángel* (1943), ganadora de varios premios literarios; *Bodas de cristal* (1952); *Teléfono ocupado* (1955) y *Mañana digo basta* (1968). En sus novelas más recientes se advierte una mayor preocupación por los problemas sociopolíticos de su patria. *Los burgueses* (1963), *Los salvadores de la patria* (1965) y *La creciente* (1967) son representativas de esta segunda modalidad. En ellas, Bullrich critica a terratenientes en decadencia, políticos inescrupulosos y oportunistas, y gobernantes pusilánimes. Sus demás obras incluyen, entre otras, *La tercera versión* (1944), *Mientras los demás vivían* (1958), *Un momento muy largo* (1961), *Reunión de directorio* (1977) y *Escándalo bancario* (1981). De su colección de cuentos *Historias inmorales* (1965) se reproduce aquí «La abnegación», confesión íntima y franca de una

logros   *achievements*
ha retratado   *has portrayed*
aguda   *sharp, keen*
crecí   *I grew up*

porvenir   *future*
redoma   *flask*
terratenientes   *landowners*

mujer que analiza los rígidos papeles sexuales. Al mismo tiempo, el cuento anticipa un tema relativamente reciente en la crítica social feminista, el conflicto de la supermujer que se siente obligada a sobresalir tanto en su profesión como en las artes de mujer casada.

La abnegación

Mamá era una mujer romántica y anticuada. Siempre fue anticuada, aun a los quince años: sus amigas de infancia me lo dijeron. Yo me reía, no sabía que iba a educarme mal, es decir, en forma romántica y anticuada.

La historia de mi vida tiene poca importancia. No quiero portarme como según se quejan todos los escritores del mundo se portan sus amigos, su sastre, su modista, su manicura, los pintores que están empapelando sus paredes y todo ser viviente que se les cruza; en resumen, no quiero decir: «Si te contara mi vida, qué libro escribirías». Porque justamente comprendí que con los acontecimientos evidentes nunca se escribe ningún libro, o si alguien lo escribe resulta malo.

Me casé, me divorcié, tuve un amante, dos amantes, tres amantes; uno me abandonó, a otro lo dejé yo porque se cruzó el tercero, con otro no marché ni para atrás ni para adelante, inútil insistir; tuve una que otra aventura laboriosa, no tan sórdida como dicen los novelistas, más bien simpática, y quedamos grandes amigos; alguna vez no quedamos amigos. Porque la amistad, ni en pro ni en contra, tiene nada que ver con un fortuito acto sexual.

No soy tonta, trabajo en Aerolíneas y todos mis compañeros podrán decirles que soy muy eficiente. Muy eficiente: he ahí mi drama. Mi pobre romántica y anticuada madre me convenció, día a día, durante veinte años, y todos los demás que siguieron, que en la vida lo importante es ser eficiente, responsable, desinteresada. Sus frases penetraban en mí como la famosa gota del martirio chino que quizá nunca existió, pero es tan mentado por los occidentales: horadaba mi cabeza, penetraba en mi cerebro, llegaba hasta mi corazón, se deslizaba hasta mi sexo. Y mi cerebro, mi corazón, mi sexo fueron desinteresados, eficientes, reservados aunque generosos, llenos de dignidad, de moral y de pureza. Entendámonos bien: tonta del todo no fui nunca, asimilé las enseñanzas de mi madre,

---

papeles *roles*
anticuada *old-fashioned*
sastre *tailor*
modista *dressmaker*
empapelando sus paredes *wallpapering*
que se les cruza *that crosses their path*
no marché ni para atrás ni para adelante *I didn't get anywhere*
tuve una que otra aventura laboriosa *I had a few troublesome liaisons*
ni en pro ni en contra *neither for nor against*
desinteresada *disinterested, unselfish*
mentado *mentioned*
horadaba mi cabeza *it was drilled into my mind*

pero las remocé un poco. Nunca pensé que por haberme entregado a Luis iba a ir al infierno, así como no creo que la secretaria del gerente tenga su lugar marcado en el cielo porque a los cuarenta y tres años sigue siendo virgen, no se depila las piernas y considera inmoral usar lentes de contacto. Me parece dudoso que los mismos castigos nos estén reservados a Hitler y a mí; el creerlo sería una jactancia de mi parte.

Sin embargo, ¿para qué ocultarlo por más tiempo?, creía seriamente que nada ata tanto a un hombre como advertir que su mujer (y para esto no es necesario pasar por el Registro Civil) le oculta sus problemas, seca sus lágrimas antes de que él llegue, disimula los contratiempos que sufrió durante el día, se hace un vestido nuevo con uno viejo, finge despreciar los automóviles demasiado grandes (además nunca hay donde estacionarlos) «de nuevos ricos», piensa que dado el clima de este país no se necesitan pieles, que las joyas crean una preocupación más y las falsas son igualmente sentadoras, que hoy por hoy se come mejor en los boliches que en los grandes restaurantes donde todo está podrido, que el servicio doméstico no sólo sobra sino que «son enemigos metidos en la intimidad de uno», que la mujer moderna sabe defenderse tan bien como el hombre y toda la retahíla de lugares comunes que permiten que los pobres sean mucho menos amargados que los ricos porque nadie se ocupó jamás de hacer un manual semejante para los ricos. Y como los ricos no han sentido la necesidad de ese manual, sus lugares comunes siguen siendo un enigma, cosa lamentable para los sociólogos de las futuras generaciones.

Los hombres son más inteligentes que las mujeres. Pero no en el terreno en que ellos lo creen. Dios mío, basta oír hablar a los candidatos en vísperas de elecciones para que nuestro respeto por la lucidez mental masculina se desinfle un poco, y no extiendo mis comentarios para no alargar mi anécdota. Los hombres son más inteligentes que las mujeres en el amor. Infinitas generaciones de astucia para sacar el mejor partido en los negocios y en la guerra les enseñaron una táctica infalible: convencer al adversario que lo más admirable en él son ciertas cualidades que lo benefician. A Luis le beneficiaba que yo trabajara, que supiera cocinar y creyera en el breve manual que he enumerado en forma incompleta, más arriba. «Si no te importa comamos cualquier cosa en tu casa o en casa, estoy tan cansado para salir, he trabajado todo el día». Yo también, pero

---

las remocé un poco *I brought them up to date*
gerente *manager*
no se depila las piernas *she doesn't shave her legs*
jactancia *boasting*
nada ata tanto a un hombre *nothing attracts a man more*
disimula *hides*
finge *she pretends, feigns*
sentadoras *suitable*
boliches *cheap snack bars*
podrido *rotten*
sobra *is unnecessary*
retahíla de lugares comunes *string of clichés*
amargados *embittered*
astucia *cleverness, astuteness*

no se lo recordaba, hubiera sido una falta de tacto, de femineidad y de cariño; él lo habría encarpetado para lanzármelo a la cara en la próxima escena. Entonces yo me ajetreaba: «...no te molestes, cualquier cosa, unos huevos pasados por agua». Pero yo sabía que le gustaban más las *omelettes* a la francesa, abría un tarro de champignons, y ya que había leche haría un arroz con leche en dos minutos, o si prefería, con el pollo que quedó de anoche y un resto de crema (podría pedir más a la fiambrería) haría unos tallarines *a la parisienne*. Y poner la mesa, y tostar el pan, y hacer un buen café. Nada, no es nada, todo estará listo en dos minutos, entretanto servite otro whisky, no, no te molestes en traer una botella, de todas maneras a mí me resulta más fácil conseguirlo que a vos..., no, estás loco, ¿por quién me has tomado?, nuestros pilotos no hacen contrabando, pero siempre hay un pasajero agradecido porque le hemos dejado pasar un kilo de más o no le hemos protestado un documento... bueno, ya va a estar...

Y todo estaba pronto, si no en diez minutos en media hora. Y yo me ajetreaba siempre, en todo, en ponerme ruleros cuando se me doblaban las piernas y sólo deseaba tirarme sobre la cama, en maquillarme íntegramente de nuevo, en deslumbrarme ante su virilidad o en afirmarle que era una suerte que él también estuviera cansado porque yo esa noche no hubiera podido ni con Alain Delon. A él le gustaban «las mujeres vestidas de sport» y la palabra sport en esos casos es sinónimo de faldas y tricotas del año anterior. Yo afirmaba que no tenía ni tiempo ni ganas de hacerme ropa, que hay cosas mucho más importantes que hacer en la vida y él nunca me preguntaba cuáles. Nos veíamos casi todos los días como hubiéramos visto al mozo de la pizzería de la esquina si hubiéramos resuelto comer allí. No éramos desgraciados, pero quizá nos parecía excesivo pretender ser felices como una pareja de cine que, después de infinitas vicisitudes y malentendidos, alcanza un paraíso, garantido estable por el director.

Una amiga me dijo un día que mi método era malo. ¿Qué método? El de jugar a la noviecita buena, me dijo; nunca un hombre se queda al lado de una mujer desinteresada; recuerda siempre que el hombre corre detrás del capital invertido. No comprendí muy bien. Ella me explicó con ayuda de ejemplos irrefutables que las mujeres mal criadas son las más queridas y que ni siquiera un magnate puede

---

encarpetado *put in a file*
lanzármelo a la cara *to throw it in my face*
me ajetreaba *I would wear myself out*
tarro *jar*
arroz con leche *rice pudding*
fiambrería *delicatessen*
tallarines *noodles*
servite (sírvete) *pour yourself. The second person pronoun form of* **vos** *is used in various South American countries, especially in Argentina and Uruguay.*

ruleros *hair rollers*
Alain Delon *French actor*
tricotas *knitted sweaters*
malentendidos *misunderstandings*
garantido *guaranteed*

volver a comprar, cada vez que se enamora, un nuevo departamento, otro coche, otro abrigo de piel; entonces vacila mucho antes de romper con una mujer que ya representa para él esa inversión de capital. Su razonamiento me pareció sensato, prometí reflexionar. Pero ya era tarde. Ya Luis no tenía ganas de invertir en mí ni una entrada de paraíso.

Un día me dijo que Julita era la mujer más encantadora de la tierra. Parece un pajarito, un colibrí, pasa por el mundo sin rozarlo. Tenemos que buscarla para ir al cine. ¿Y por qué no viene ella hasta aquí?, tiene auto y nosotros no. ¿Venir hasta aquí, sola, de noche? ¡Por Dios, son las ocho! Pero no nos cuesta nada ir, a ella no le gusta andar sola de noche. La buscamos. A la vuelta la dejamos en su casa y nos vinimos esas nueve cuadras a pie; lloviznaba un poco. Pudo habernos traído ella, dije. ¿Abrir sola el garaje de noche? Se escandalizó Luis. Pero yo ya estaba extenuada de todo lo que había ocurrido entre la ida y la vuelta. Bajó elegante, perfumada, sonriente. Estás divina, dijo Luis. ¿Verdad que está divina? Sí, dije. ¿Ustedes comieron?... ¡ay, yo no comí! No importa nosotros tomamos un café mientras comés algo. Claro, si se hace tarde vamos a la otra sección. Fuimos a la otra sección porque Julita no comió «algo» sino un menú refinado y completo. Al salir del cine tenía sed; siempre tengo sed al salir del cine. No tenía monedas para ir al toilette. Sé bueno, Luis, cómprale unas flores a esa pobre mujer, me da una pena, con este frío. Tenés razón, lo que pasa es que somos unos desalmados, dijo Luis involucrándome como si no supiera que nunca le pedía nada por cuidar su bolsillo. Yo miré el reloj; mi trabajo comienza a las nueve, arriesgué tímidamente. ¡Ay, qué horror trabajar!, suspiró Julita; yo soy a la antigua, creo que la mujer no debe trabajar, pierde femineidad. ¿Y de qué vive? Si una mujer no es capaz de tener un hombre que responda por ella es porque no es verdaderamente mujer, algún defecto fundamental ha de tener, dijo seriamente; y luego, sonriendo de nuevo: yo soy tan inútil, ni sé hacer un cheque; en el banco todos se ríen y me lo hacen ellos. Pedime a mí cuando necesites algo así, suplicó Luis embelesado. Lo único que necesito es tener plata en la cuenta, porque los bancos tienen la mala costumbre de devolver los cheques sin fondos. ¡Qué desconsiderados!, rió Luis, que iba de deslumbramiento en deslumbramiento. Ella acumulaba anécdotas de su admirable, casi genial, tilinguería. Luis se derretía.

---

una entrada de paraíso *a ticket for the peanut gallery*
colibrí *hummingbird*
sin rozarlo *without scraping the surface*
extenuada *exhausted*
comés (comes) *you eat* (**vos** *form*)
la otra sección *the next show*
Tenés (Tienes) (**vos** *form*)
desalmados *heartless*

involucrándome *getting me involved*
arriesgué *I ventured*
me lo hacen ellos *they write them for me*
Pedime (Pídeme) *Ask me* (**vos** *form*)
embelesado *delighted, enchanted*
cuenta *account*
tilinguería *silliness, nonsense*
se derretía *was melting*

Yo ya había comprendido. No me importaba mucho, algún día eso tenía que terminar si es que puede terminar algo que no empezó nunca. En verdad era mejor así, mucho mejor. Yo estaba castrando a Luis, Julita lo haría hombre a la fuerza. No sé si por masoquismo, por sadismo o por curiosidad no le ofrecí su libertad en seguida. Me divirtió observarlos.

Tengo que ir a pagar los impuestos de Julita. Hay que ir a ver a Julita: fue al dentista y no soporta el torno, puede precisar algo. Pobre chica, educada con tanto lujo, tan refinada y con dificultades de dinero. Julita no soporta el frío, Julita no soporta el calor, Julita no sabe cocinar... tiene otras cualidades.

Y Luis corría por la ciudad buscando soluciones para los dramas de Julita. ¡Qué drama! ¿Sabés mi drama? Todo era un drama y a su alrededor la compadecían. Qué drama tener que ir al dentista, qué drama que se le fuera la mucama. El drama de la jarra rota, del auto que ratea, de la madre que «parece la van a operar»; no la operaban, pero el drama subsistía. Además los dramas íntimos que las personas con alma plebeya como yo no podíamos ni presentir siquiera: la incomunicación, la depresión nerviosa, el vacío, la soledad, los complejos de culpabilidad, de superioridad, de inferioridad; ella los tenía todos. Después tuvo a Luis que recorrió los psicoanalistas, que la llevó fuera de Buenos Aires todo el invierno porque el frío le hacía daño, y todo el verano porque no soportaba el calor y no podía dormir con aire acondicionado, que la instaló en un hotel porque estaba muy cansada de luchar con el servicio actual tan malo, le robaban todo, la plantaban...

Después, un día cualquiera, les perdí la pista. La vi por la calle muy bien vestida y con un caniche gris perla. Yo conocí a Pedro, pude quererlo, pudo quererme. Pero una inmensa fatiga pesaba sobre mis hombros. No me sentía con fuerzas ni de volver a hacer platitos especiales para que se dijera que era la mujer perfecta y se fuera con el último bocado, ni tampoco de suspirar ante cada florista que pasa frío, ni ante el drama de cada previsible molestia cotidiana.

A veces, cuando fluye en mí la sangre romántica de mi despistada madre, imagino que llega a mi vida un hombre que cuando río me dice: «¿Por qué lloras?» y seca con sus labios las lágrimas que no derramo; cuando me llevo al mundo por delante me dice: «¿Por qué tiemblas?»; cuando viajo me dice: «¿Por qué huyes?», y ante mis noches mundanas, mis días activos, mis frases insolentes exclama desolado: «¡Nunca supuse que una mujer pudiera ser tan débil!»

---

a la fuerza *by force, necessity*
torno *drill*
mucama *maid*
jarra rota *broken pitcher*
ratea *creeps along*
recorrió *went through*
la plantaban *would let her down*
caniche *poodle*

hombros *shoulders*
bocado *bite, mouthful*
despistada *absentminded, impractical*
no derramo *I don't shed*
me llevo al mundo por delante *I let nothing stand in my way*
mundanas *sociable*

La abnegación • 95

I. Práctica de vocabulario

A. Empareje las palabras o expresiones en la Columna A con la definición apropiada en la Columna B.

A

1. disimular
2. anticuado
3. infancia
4. tarro
5. fiambrería
6. extenuado
7. involucrar
8. empapelar
9. sastre
10. modista
11. horadar
12. despistado

B

a. sin fuerzas
b. persona que tiene por oficio hacer o coser ropa, principalmente de hombre
c. antiguo
ch. tienda donde se preparan y se venden fiambres
d. niñez
e. recubrir o envolver con papel
f. vasija
g. persona que tiene por oficio hacer trajes o prendas de señora
h. penetrar, agujerear
i. complicar a alguien en un asunto
j. desorientado
k. ocultar, encubrir

B. Complete las oraciones siguientes con la forma apropiada de una palabra o expresión en la columna A del ejercicio anterior.

1. Mis amigos de ____ vienen a visitarme la semana próxima. Estoy muy contento porque hace muchos años que no los veo.

2. La madre de su novia es muy ____. Ella piensa que la mujer no debe trabajar fuera de la casa.

3. En aquellos años tu abuela iba todos los meses a casa de su ____ para probarse los nuevos vestidos que ésta le hacía. Tu abuelo iba a su ____ que le hacía las camisas y los pantalones.

4. Van un momento a la ____ porque necesitan comprar pollo, jamón y un ____ de mermelada.

5. Después de jugar al tenis por más de cinco horas, nosotros estábamos ____.

6. Esa chica siempre está ____. A veces se le olvida el libro. Otras veces no trae la tarea.

7. El domingo pasado mis amigos me ayudaron a ____ las paredes de mi casa.

8. La narradora creía seriamente que nada ataba tanto a un hombre como advertir que su mujer le ocultaba sus problemas y ___ los contratiempos que sufrió.
9. Sus frases ___ mi cabeza y llegaban hasta mi corazón.
10. Nosotros no queremos problemas con el jefe. Por favor, no nos ___ en tus asuntos.

II. Ejercicios de comprensión

Escoja la respuesta apropiada para completar las oraciones siguientes, según la lectura.

1. La madre de la narradora/protagonista era una mujer…
   a. que trabajaba con una modista.
   b. romántica y anticuada.
   c. que tuvo muchos amantes.

2. La narradora siempre ha sido…
   a. muy tonta.
   b. egoísta y mentirosa.
   c. eficiente, desinteresada y responsable.

3. Ella piensa que los hombres…
   a. son más eficientes y responsables que las mujeres.
   b. son más inteligentes que las mujeres en el amor.
   c. tienen más lucidez mental que las mujeres.

4. Cuando Luis le decía que no quería salir a comer porque estaba muy cansado, ella…
   a. le lanzaba a la cara un plato de tallarines.
   b. se ajetreaba y le preparaba comidas que a él le gustaban.
   c. se iba a un restaurante con una amiga.

5. Luis y la protagonista…
   a. eran más felices que una pareja de cine.
   b. eran muy desgraciados.
   c. no eran muy desgraciados.

6. Una amiga le dijo un día a la protagonista…
   a. que su método de jugar a la noviecita mala era muy bueno.
   b. que el hombre corre detrás del capital invertido.
   c. que debía matar a Luis.

7. Julita era una mujer...
   a. muy independiente y desenvuelta.
   b. muy inútil y anticuada.
   c. muy inteligente.

8. La protagonista se dio cuenta que Luis se estaba enamorando de Julita, pero no le ofreció su libertad...
   a. porque ella lo quería mucho.
   b. tal vez porque sentía curiosidad y le divertía observarlos.
   c. porque el frío le hacía daño.

III. Preguntas sobre la lectura

1. ¿Qué ha retratado Bullrich de una manera muy aguda?
2. ¿Cómo son las heroínas de sus novelas y cuentos?
3. ¿Cómo describe la narradora a su madre? ¿Siempre fue así? ¿Cómo lo sabe ella?
4. ¿Cómo sintetiza la narradora su vida?
5. ¿Cuál es el drama de ella?
6. ¿Por qué dice que no fue tonta del todo?
7. ¿Qué pensaba ella que ataba más a un hombre?
8. ¿Cree verdaderamente ella que los hombres son más inteligentes que las mujeres?
9. ¿Quién era Luis? ¿Qué le beneficiaba?
10. ¿Cómo reaccionaba la protagonista cuando Luis le decía que no quería salir a comer y prefería comer «cualquier cosa»? ¿Por qué no se quejaba ella?
11. ¿Qué otras cosas le hacía ella a Luis?
12. ¿Formaban Luis y la narradora una pareja feliz?
13. ¿Por qué piensa una amiga de la narradora que su método de jugar a la noviecita buena era malo? ¿Qué quiere decir cuando afirma que «el hombre corre detrás del capital invertido»?
14. ¿Quién era Julita? ¿Cómo era ella?
15. ¿Cómo trataba Luis a Julita? ¿Se ponía celosa la narradora?
16. ¿Por qué dice ella que «estaba castrando a Luis», pero que Julita «lo haría hombre a la fuerza»?
17. ¿Cuáles eran los dramas de Julita? ¿Le resolvía Luis todos los problemas a Julita?
18. ¿Cómo terminó la relación de la narradora y Luis?
19. ¿A quién conoció ella después?
20. ¿Qué se imagina la narradora a veces?

IV. Análisis del texto

1. ¿Cree Ud. que el título del cuento es apropiado?
2. Compare y contraste a los dos personajes femeninos en el cuento. ¿Qué representan?
3. Analice la relación entre la narradora y Luis. ¿Cree Ud. que eran felices antes de la aparición de Julita? Tenga en cuenta las siguientes palabras de la narradora: «No éramos desgraciados, pero quizá nos parecía excesivo pretender ser felices como una pareja de cine».
4. Según los datos en el cuento, ¿qué impresión tiene Ud. de Luis? ¿Qué se puede deducir de su personalidad y de su carácter?
5. ¿Cree Ud. que la narradora ha cambiado después de su experiencia con Luis? Al contestar tenga en cuenta el último párrafo del cuento.
6. ¿Cuáles son las ideas principales que presenta Bullrich en el relato?
7. ¿Cuál diría Ud. que es la moraleja del cuento?

V. Temas de conversación y composición

1. Analice los siguientes comentarios y juicios de la narradora y diga si está de acuerdo. Explique sus razones.
    a. «...la amistad, ni en pro ni en contra, tiene nada que ver con un fortuito acto sexual».
    b. «Los hombres son más inteligentes que las mujeres en el amor».
    c. «...el hombre corre detrás del capital invertido».
2. En la sociedad norteamericana han ocurrido muchos cambios en los papeles tradicionales de la mujer y el hombre. ¿Qué cambios han ocurrido? ¿Qué dilemas y conflictos han surgido de estos cambios para la mujer y para el hombre? ¿Cree Ud. que hoy en día la mujer ha mejorado sus condiciones de vida y su papel en la sociedad? ¿En qué sentido es esto cierto y en qué sentido no es así?
3. ¿Es Ud. una persona romántica y anticuada? ¿Tiene una actitud realista hacia el amor? ¿Cree Ud. en el amor a primera vista? ¿Qué cualidades busca en su mujer u hombre ideal? ¿Piensa que encontrará a esa persona ideal? En problemas amorosos, ¿cree Ud. que a veces es conveniente mentir? Dé ejemplos. ¿Tienen las mujeres más capacidad para amar que los hombres? ¿Pueden los hombres solucionar los problemas amorosos mejor que las mujeres?

Bibliografía selecta

Frouman-Smith, Erica. "The Paradoxes of Silvina Bullrich." *Contemporary Women Authors of Latin America*. Ed. Doris Meyer and Margarite Fernández Olmos. New York: Brooklyn College Press, 1983: 58–71.

Lindstrom, Naomi. "Literary Convention and Sex-Role Analysis: Silvina Bullrich's 'Abnegation'." *Denver Quarterly* 17.2 (1982): 98–104.

Manuel Rojas

(Chile, 1896–1973)

Manuel Rojas nació en la ciudad de Buenos Aires, de padres chilenos, y allí residió la mayor parte de su infancia y adolescencia. Apenas cumplidos los dieciséis años, cruzó los Andes a pie con el propósito de hallar trabajo en Chile, donde se estableció y durante algún tiempo llevó una vida aventurera, agitada y bohemia. Fue peón en la construcción del ferrocarril transandino, pintor de muros, lanchero, estibador, guardia nocturno en los muelles de Valparaíso, actor, apuntador para un grupo teatral, linotipista y periodista. De tan variadas experiencias, Rojas obtuvo material inagotable para su obra narrativa, en la cual se hallan abundantes elementos autobiográficos. Después de adquirir cierta reputación literaria, llegó a ser director del Departamento de Prensa en la Universidad de Chile y enseñó en varias universidades norteamericanas.

Manuel Rojas representa uno de los valores más sobresalientes de la literatura chilena contemporánea, no sólo por la magnitud de su obra, que abarca todos los géneros, sino además por su contribución al desarrollo y madurez de la narrativa hispanoamericana en general. Lo más destacado de su producción son sus novelas y cuentos. Sus novelas más importantes son: *Lanchas en la bahía* (1932), *Hijo de ladrón* (1951), *Mejor que el vino* (1958) y *Sombras contra el muro* (1964). *Hijo de ladrón* es su obra maestra, considerada como una de las mejores de la novelística hispanoamericana. Ha sido traducida a muchos idiomas y le dio a Rojas fama internacional. En esta novela—como en casi toda su obra—Rojas revela su gran simpatía y compasión humanitaria por las clases humildes y desheredadas. Los personajes que pueblan sus narraciones son vagabundos, obreros a quienes el trabajo apenas da para comer, desocupados, misioneros en la selva, y hombres que no se encuentran acomodados en la sociedad y buscan un escape en la bebida, el robo, el juego o la violencia. No hay, sin embargo, sentimentalismo, ni prédica social directa. El escritor chileno deja al lector que forme su opinión y proponga la solución para mejorar las condiciones de vida que pinta con gran realismo. «Nací y viví durante muchos años en barrios pobres (algunos más que pobres, miserables)—explicó Rojas en una ocasión—, y

---

peón *laborer*
lanchero *boatman*
estibador *stevedore*
apuntador *prompter*
linotipista *linotypist (person who operates a linotype, a kind of typesetting machine)*
abarca *includes*

humildes *humble*
desheredadas *underprivileged*
obreros *workers*
desocupados *unemployed*
acomodados *well-adjusted, well-off*
prédica *preaching*

por eso quizá me atrae la pobreza, su impresión, lo que sugiere y lo que puede sugerir».
Algunos temas reiterados en su obra son los relacionados con la fatalidad, la miseria, la soledad, la solidaridad humana, la superstición y la libertad. Los rasgos que caracterizan su estilo son la claridad, la sencillez del lenguaje y la hábil combinación de lo cómico con lo serio.

Rojas escribió treinta y un cuentos, veintiséis de ellos publicados entre 1922 y 1930 (cuando todavía se está iniciando como escritor) y recogidos en tres colecciones: *Hombres del sur* (1922), *El delincuente* (1929) y *Travesía* (1934), de donde proviene «El hombre de la rosa». Éste es un perfecto relato fantástico, basado en una leyenda que el escritor chileno oyó contar. En el cuento, un hombre que ha practicado la magia negra está atormentado por la duda y el temor. Se propone abandonar esas prácticas, pero quiere convencer al fraile para que lo confiese de su sinceridad. Por lo tanto, se somete a una prueba, de la cual sale—al parecer—victorioso. No obstante, el texto queda abierto a múltiples interpretaciones. El lector tiene que contestar toda una serie de preguntas que el cuento deja en la zona de lo ambiguo.

El hombre de la rosa

En el atardecer de un día de noviembre, hace ya algunos años, llegó a Osorno, en misión catequista, una partida de misioneros capuchinos.

Eran seis frailes barbudos, de complexión recia, rostros enérgicos y ademanes desenvueltos.

La vida errante que llevaban les había diferenciado profundamente de los individuos de las demás órdenes religiosas. En contacto continuo con la naturaleza bravía de las regiones australes, hechos sus cuerpos a las largas marchas a través de las selvas, expuestos siempre a los ramalazos del viento y de la lluvia, estos seis frailes barbudos habían perdido ese aire de religiosidad inmóvil que tienen aquellos que viven confinados en el calorcillo de los patios del convento.

Reunidos casualmente en Valdivia, llegados unos de las reducciones indígenas de Angol, otros de La Imperial, otros de Temuco, hicieron juntos el viaje hasta

---

Osorno   *a city in south central Chile*
misión catequista   *catechetic mission (giving instruction in the principles of the Catholic Church)*
misioneros capuchinos   *Capuchin monks*
barbudos   *bearded*
recia   *harsh*
ademanes desenvueltos   *free, easy gestures*
errante   *nomadic*

australes   *southern*
ramalazos   *lashes*
Valdivia   *Chilean seaport and capital of the province of the same name*
reducciones   *settlements (of converted Indians)*
Angol   *a city in southern Chile*
La Imperial   *a city in central Chile*
Temuco   *a city in Chile's central valley*

El hombre de la rosa • 101

Osorno, ciudad en que realizarían una semana misionera y desde la cual se repartirían luego, por los caminos de la selva, en cumplimiento de su misión evangelizadora.

Eran seis frailes de una pieza y con toda la barba.

Se destacaba entre ellos el padre Espinoza, veterano ya en las misiones del sur, hombre de unos cuarenta y cinco años, alto de estatura, vigoroso, con empaque de hombre de acción y aire de bondad y de finura.

Era uno de esos frailes que encantan a algunas mujeres y que gustan a todos los hombres.

Tenía una sobria cabeza de renegrido cabello, que de negro azuleaba a veces como el plumaje de los tordos. La cara de tez morena pálida, cubierta profusamente por la barba y el bigote capuchinos. La nariz, un poco ancha; la boca, fresca; los ojos, negros y brillantes. A través del hábito se adivinaba el cuerpo ágil y musculoso.

La vida del padre Espinoza era tan interesante como la de cualquier hombre de acción, como la de un conquistador, como la de un capitán de bandidos, como la de un guerrillero. Y un poco de cada uno de ellos parecía tener en su apostura, y no le hubieran sentado mal la armadura del primero, la manta y el caballo fino de boca del segundo y el traje liviano y las armas rápidas del último. Pero, pareciendo y pudiendo ser cada uno de aquellos hombres, era otro muy distinto. Era un hombre sencillo, comprensivo, penetrante, con una fe ardiente y dinámica y un espíritu religioso entusiasta y acogedor, despojado de toda cosa frívola.

Quince años llevaba recorriendo la región araucana. Los indios que habían sido catequizados por el padre Espinoza adorábanlo. Sonreía al preguntar y al responder. Parecía estar siempre hablando con almas sencillas como la suya.

Tal era el padre Espinoza, fraile misionero, hombre de una pieza y con toda la barba.

Al día siguiente, anunciada ya la semana misionera, una heterogénea muchedumbre de catecúmenos llenó el primer patio del convento en que ella se realizaría.

Chilotes, trabajadores del campo y de las industrias, indios, vagabundos, madereros, se fueron amontonando allí lentamente, en busca y espera de la

---

se repartirían *they would distribute themselves*
de una pieza con toda la barba *honest and fully mature*
empaque *appearance*
renegrido *blue-black*
tordos *thrushes*
apostura *bearing*
caballo fino de boca *well-trained horse*
liviano *light*
acogedor *kindly*

despojado *stripped*
araucana *Araucanian (pertaining to the Araucanian Indians of Chile)*
adorábanlo (lo adoraban) *they adored him*
muchedumbre *crowd, flock*
catecúmenos *catechumens (ones who are being taught the principles of Christianity)*
Chilotes *Natives of the island of Chiloé*
madereros *lumbermen*
amontonando *gathering*

palabra evangelizadora de los misioneros. Pobremente vestidos, la mayor parte descalzos o calzados con groseras ojatas, algunos llevando nada más que camiseta y pantalón, sucias y destrozadas ambas prendas por el largo uso, rostros embrutecidos por el alcohol y la ignorancia; toda una fauna informe, salida de los bosques cercanos y de los tugurios de la ciudad.

Los misioneros estaban ya acostumbrados a ese auditorio y no ignoraban que muchos de aquellos infelices venían, más que en busca de una verdad, en demanda de su generosidad, pues los religiosos, durante las misiones, acostumbraban repartir comida y ropa a los más hambrientos y desarrapados.

Todo el día trabajaron los capuchinos. Debajo de los árboles o en los rincones del patio, se apilaban los hombres, contestando como podían, o como se les enseñaba, las preguntas inocentes del catecismo:

—¿Dónde está Dios?

—En el cielo, en la tierra y en todo lugar —respondían en coro, con una monotonía desesperante.

El padre Espinoza, que era el que mejor dominaba la lengua indígena, catequizaba a los indios, tarea terrible, capaz de cansar a cualquier varón fuerte, pues el indio, además de presentar grandes dificultades intelectuales, tiene también dificultades en el lenguaje.

Pero todo fue marchando, y al cabo de tres días, terminado el aprendizaje de las nociones elementales de la doctrina cristiana, empezaron las confesiones. Con esto disminuyó considerablemente el grupo de catecúmenos, especialmente el de aquellos que ya habían conseguido ropas o alimentos; pero el número siguió siendo crecido.

A las nueve de la mañana, día de sol fuerte y cielo claro, empezó el desfile de los penitentes, desde el patio a los confesionarios, en hilera acompasada y silenciosa.

Despachados ya la mayor parte de los fieles, mediada la tarde, el padre Espinoza, en un momento de descanso, dio unas vueltas alrededor del patio. Y volvía ya hacia su puesto, cuando un hombre lo detuvo, diciéndole:

—Padre, yo quisiera confesarme con usted.

—¿Conmigo, especialmente? —preguntó el religioso.

—Sí, con usted.

—¿Y por qué?

—No sé; tal vez porque usted es el de más edad entre los misioneros, y quizá, por eso mismo, el más bondadoso.

---

descalzos o calzados con groseras ojatas *barefoot or wearing coarse Indian sandals*
prendas *garments*
tugurios *hovels*
desarrapados *ragged*

se apilaban *crowded together*
aprendizaje *apprenticeship*
crecido *large*
en hilera acompasada *in a rhythmic row*
Despachados *Dismissed*

El padre Espinoza sonrió:

—Bueno, hijo; si así lo deseas y así lo crees, que así sea. Vamos.

Hizo pasar adelante al hombre y él fue detrás, observándolo.

El padre Espinoza no se había fijado antes en él. Era un hombre alto, esbelto, nervioso en sus movimientos, moreno, de corta barba negra terminada en punta; los ojos negros y ardientes, la nariz fina, los labios delgados. Hablaba correctamente y sus ropas eran limpias. Llevaba ojotas, como los demás, pero sus pies desnudos aparecían cuidados.

Llegados al confesionario, el hombre se arrodilló ante el padre Espinoza y le dijo:

—Le he pedido que me confiese porque estoy seguro de que usted es un hombre de mucha sabiduría y de gran entendimiento. Yo no tengo grandes pecados; relativamente, soy un hombre de conciencia limpia. Pero tengo en mi corazón y en mi cabeza un secreto terrible, un peso enorme. Necesito que me ayude a deshacerme de él. Créame lo que voy a confiarle y, por favor se lo pido, no se ría de mí. Varias veces he querido confesarme con otros misioneros, pero apenas han oído mis primeras palabras me han rechazado como a un loco y se han reído de mí. He sufrido mucho a causa de esto. Esta será la última tentativa que hago. Si me pasa lo mismo ahora, me convenceré de que no tengo salvación y me abandonaré a mi infierno.

El individuo aquel hablaba nerviosamente, pero con seguridad. Pocas veces el padre Espinoza había oído hablar así a un hombre. La mayoría de los que confesaba en las misiones eran seres vulgares, groseros, sin relieve alguno, que solamente le comunicaban pecados generales, comunes, de grosería o de liviandad, sin interés espiritual. Contestó, poniéndose en el tono con que le hablaban:

—Dime lo que tengas necesidad de decir y yo haré todo lo posible por ayudarte. Confía en mí como en un hermano.

El hombre demoró algunos instantes en empezar su confesión; parecía temer el confesar el gran secreto que decía tener en su corazón.

—Habla.

El hombre palideció y miró fijamente al padre Espinoza. En la obscuridad, sus ojos negros brillaban como los de un preso o como los de un loco. Por fin, bajando la cabeza, dijo, entre dientes:

—Yo he practicado y conozco los secretos de la magia negra.

Al oír estas extraordinarias palabras, el padre Espinoza hizo un movimiento de sorpresa, mirando con curiosidad y temor al hombre; pero el hombre había

---

ardientes *shining*
se arrodilló *knelt down*
sabiduría *wisdom*
pecados *sins*
peso *weight*
deshacerme de él *to get rid of it*

rechazado *rejected*
sin relieve *without any distinction*
liviandad *superficiality*
demoró *delayed*
palideció *turned pale*

levantado la cabeza y espiaba la cara del religioso, buscando en ella la impresión que sus palabras producirían. La sorpresa del misionero duró un brevísimo tiempo. Tranquilizóse en seguida. No era la primera vez que escuchaba palabras iguales o parecidas. En ese tiempo los llanos de Osorno y las islas chilotas estaban plagados de brujos, «machis» y hechiceros. Contestó:

—Hijo mío: no es raro que los sacerdotes que le han oído a usted lo que acaba de decir, lo hayan tomado por loco y rehusado oír más. Nuestra religión condena terminantemente tales prácticas y tales creencias. Yo, como sacerdote, debo decirle que eso es grave pecado; pero, como hombre, le digo que eso es una estupidez y una mentira. No existe tal magia negra, ni hay hombre alguno que pueda hacer algo que esté fuera de las leyes de la naturaleza y de la voluntad divina. Muchos hombres me han confesado lo mismo, pero, emplazados para que pusieran en evidencia su ciencia oculta, resultaron impostores groseros e ignorantes. Solamente un desequilibrado o un tonto puede creer en semejante patraña.

El discurso era fuerte y hubiera bastado para que cualquier hombre de buena fe desistiera de sus propósitos; pero, con gran sorpresa del padre Espinoza, su discurso animó al hombre, que se puso de pie y exclamó con voz contenida:

—¡Yo sólo pido a usted me permita demostrarle lo que le confieso! Demostrándoselo, usted se convencerá y yo estaré salvado. Si yo le propusiera hacer una prueba, ¿aceptaría usted, padre? —preguntó el hombre.

—Sé que perdería mi tiempo lamentablemente, pero aceptaría.

—Muy bien —dijo el hombre—. ¿Qué quiere usted que haga?

—Hijo mío, yo ignoro tus habilidades mágicas. Propón tú.

El hombre guardó silencio un momento, reflexionando. Luego dijo:

—Pídame usted que le traiga algo que esté lejos, tan lejos que sea imposible ir allá y volver en el plazo de un día o dos. Yo se lo traeré en una hora, sin moverme de aquí.

Una gran sonrisa de incredulidad dilató la fresca boca del fraile Espinoza.

—Déjame pensarlo —respondió— y Dios me perdone el pecado y la tontería que cometo.

El religioso tardó mucho rato en encontrar lo que se le proponía. No era tarea fácil hallarlo. Primeramente ubicó en Santiago la residencia de lo que iba a pedir

---

Tranquilizóse (Se tranquilizó) *He calmed down*
llanos *plains*
islas chilotas *the small islands near the island of Chiloé*
«machis» *medicine men*
emplazados para que pusieran en evidencia su ciencia oculta *summoned to demonstrate their occult science*

desequilibrado *madman*
patraña *hoax*
Propón tú *You tell me*
plazo *period*
ubicó *he located*
Santiago *the capital of Chile*

y luego se dio a elegir. Muchas cosas acudieron a su recuerdo y a su imaginación, pero ninguna le servía para el caso. Unas eran demasiado comunes, otras pueriles y otras muy escondidas, y era necesario elegir una que, siendo casi única, fuera asequible. Recordó y recorrió su lejano convento; anduvo por sus patios, por sus celdas, por sus corredores y por su jardín; pero no encontró nada especial. Pasó después a recordar lugares que conocía en Santiago. ¿Qué pediría? Y cuando, ya cansado, iba a decidirse por cualquiera de los objetos entrevistos por sus recuerdos, brotó en su memoria, como una flor que era, fresca, pura, con un hermoso color rojo, una rosa del jardín de las monjas Claras.

Una vez, hacia poco tiempo, en un rincón de ese jardín vio un rosal que florecía en rosas de un color único. En ninguna parte había vuelto a ver rosas iguales o parecidas, y no era fácil que las hubiera en Osorno. Además, el hombre aseguraba que traería lo que él pidiera, sin moverse de allí. Tanto daba pedirle una cosa como otra. De todos modos no traería nada.

—Mira —dijo al fin—, en el jardín del convento de las monjas Claras de Santiago, plantado junto a la muralla que da hacia la Alameda, hay un rosal que da rosas de un color granate muy lindo. Es el único rosal de esa especie que hay allí... Una de esas rosas es lo que quiero que me traigas.

El supuesto hechicero no hizo objeción alguna, ni por el sitio en que se hallaba la rosa ni por la distancia a que se encontraba. Preguntó únicamente:

—Encaramándose por la muralla, ¿es fácil tomarla?

—Muy fácil. Estiras el brazo y ya la tienes.

—Muy bien. Ahora, dígame: ¿hay en este convento una pieza que tenga una sola puerta?

—Hay muchas.

—Lléveme usted a alguna de ellas.

El padre Espinoza se levantó de su asiento. Sonreía. La aventura era ahora un juego extraño y divertido y, en cierto modo, le recordaba los de su infancia. Salió acompañado del hombre y lo guió hacia el segundo patio, en el cual estaban las celdas de los religiosos. Lo llevó a la que él ocupaba. Era una habitación de medianas proporciones, de sólidas paredes; tenía una ventana y una puerta. La ventana estaba asegurada con una gruesa reja de fierro forjado y la puerta tenía una cerradura muy firme. Allí había un lecho, una mesa grande, dos imágenes y un crucifijo, ropas y objetos.

—Entra.

---

asequible *obtainable*
Tanto daba *It was just the same*
la Alameda *a main street of Santiago*
granate *dark red*
Encaramándose por la muralla *Climbing over the wall*

Estiras *You stretch out*
reja de fierro forjado *forged iron grill*
cerradura *lock*

Entró el hombre. Se movía con confianza y desenvoltura; parecía muy seguro de sí mismo.

—¿Te sirve esta pieza?

—Me sirve.

—Tú dirás lo que hay que hacer.

—En primer lugar, ¿qué hora es?

—Las tres y media.

El hombre meditó un instante, y dijo luego:

—Me ha pedido usted que le traiga una rosa del jardín de las monjas Claras de Santiago y yo se la voy a traer en el plazo de una hora. Para ello es necesario que yo me quede solo aquí y que usted se vaya, cerrando la puerta con llave y llevándose la llave. No vuelva hasta dentro de una hora justa. A las cuatro y media, cuando usted abra la puerta, yo le entregaré lo que me ha pedido.

El fraile Espinoza asintió en silencio, moviendo la cabeza. Empezaba a preocuparse. El juego iba tornándose interesante y misterioso, y la seguridad con que hablaba y obraba aquel hombre le comunicaba a él cierta intimidación respetuosa.

Antes de salir, dio una mirada detenida por toda la pieza. Cerrando con llave la puerta, era difícil salir de allí. Y aunque aquel hombre lograra salir, ¿qué conseguiría con ello? No se puede hacer, artificialmente, una rosa cuyo color y forma no se han visto nunca. Y, por otra parte, él rondaría toda esa hora por los alrededores de su celda. Cualquier superchería era imposible.

El hombre, de pie ante la puerta, sonriendo, esperaba que el religioso se retirara.

Salió el padre Espinoza, echó llave a la puerta, se aseguró que quedaba bien cerrada y guardándose la llave en sus bolsillos echó a andar tranquilamente.

Dio una vuelta alrededor del patio, y otra, y otra. Empezaron a transcurrir lentamente los minutos, muy lentamente; nunca habían transcurrido tan lentos los sesenta minutos de una hora. Al principio, el padre Espinoza estaba tranquilo. No sucedería nada. Pasado el tiempo que el hombre fijara como plazo, él abriría la puerta y lo encontraría tal como lo dejara. No tendría en sus manos ni la rosa pedida ni nada que se le pareciera. Pretendería disculparse con algún pretexto fútil, y él, entonces, le largaría un breve discurso, y el asunto terminaría ahí. Estaba seguro, Pero, mientras paseaba, se le ocurrió preguntarse:

—¿Qué estará haciendo?

---

desenvoltura *ease*
asintió *agreed*
obraba *was acting*
rondaría *he would hang around*
superchería *fraud, trick*

se aseguró *he made sure*
fijara *had set*
dejara *had left*
disculparse *to excuse himself*
le largaría *he would give him*

La pregunta lo sobresaltó. Algo estaría haciendo el hombre, algo intentaría. Pero ¿qué? La inquietud aumentó. ¿Y si el hombre lo hubiera engañado y fueran otras sus intenciones? Interrumpió su paseo y durante un momento procuró sacar algo en limpio, recordando al hombre y sus palabras. ¿Si se tratara de un loco? Los ojos ardientes y brillantes de aquel hombre, su desenfado un sí es no es inconsciente, sus propósitos...

Atravesó lentamente el patio y paseó a lo largo del corredor en que estaba su celda. Pasó varias veces delante de aquella puerta cerrada. ¿Qué estaría haciendo el hombre? En una de sus pasadas se detuvo ante la puerta. No se oía nada, ni voces, ni pasos, ningún ruido. Se acercó a la puerta y pegó su oído a la cerradura. El mismo silencio. Prosiguió sus paseos, pero a poco su inquietud y su sobresalto aumentaban. Sus paseos se fueron acortando y, al final, apenas llegaban a cinco o seis pasos de distancia de la puerta. Por fin, se inmovilizó ante ella. Se sentía incapaz de alejarse de allí. Era necesario que esa tensión nerviosa terminara pronto. Si el hombre no hablaba, ni se quejaba, ni andaba, era señal de que no hacía nada y no haciendo nada, nada conseguiría. Se decidió a abrir antes de la hora estipulada. Sorprendería al hombre y su triunfo sería completo. Miró su reloj: faltaban aún veinticinco minutos para las cuatro y media. Antes de abrir pegó nuevamente su oído a la cerradura: ni un rumor. Buscó la llave en sus bolsillos y colocándola en la cerradura la hizo girar sin ruido. La puerta se abrió silenciosamente.

Miró el fraile Espinoza hacia adentro y vio que el hombre no estaba sentado ni estaba de pie: estaba extendido sobre la mesa, con los pies hacia la puerta, inmóvil.

Esa actitud inesperada lo sorprendió. ¿Qué haría el hombre en aquella posición? Avanzó un paso, mirando con curiosidad y temor el cuerpo extendido sobre la mesa. Ni un movimiento. Seguramente su presencia no habría sido advertida; tal vez el hombre dormía; quizá estaba muerto... Avanzó otro paso y entonces vio algo que lo dejó tan inmóvil como aquel cuerpo. El hombre no tenía cabeza.

Pálido, sintiéndose invadido por la angustia, lleno de un sudor helado todo el cuerpo, el padre Espinoza miraba, miraba sin comprender. Hizo un esfuerzo y avanzó hasta colocarse frente a la parte superior del cuerpo del individuo. Miró hacia el suelo, buscando en él la desaparecida cabeza, pero en el suelo no había nada, ni siquiera una mancha de sangre. Se acercó al cercenado cuello. Estaba

---

lo sobresaltó *frightened him*
procuró sacar algo en limpio *he tried to arrive at some conclusion*
su desenfado un sí es no es inconsciente *his somewhat carefree manner*

inquietud *restlessness*
sobresalto *anxiety, fright*
se fueron acortando *became shorter*
girar *to turn*
lleno de un sudor helado *in a cold sweat*

cortado sin esfuerzo, sin desgarraduras, finamente. Se veían las arterias y los músculos, palpitantes, rojos; los huesos blancos, limpios; la sangre bullía allí, caliente y roja, sin derramarse, retenida por una fuerza desconocida.

El padre Espinoza se irguió. Dio una rápida ojeada a su alrededor, buscando un rastro, un indicio, algo que le dejara adivinar lo que había sucedido. Pero la habitación estaba como él la había dejado al salir; todo en el mismo orden, nada revuelto y nada manchado de sangre.

Miró su reloj. Faltaban solamente diez minutos para las cuatro y media. Era necesario salir. Pero, antes de hacerlo, juzgó que era indispensable dejar allí un testimonio de su estada. Pero, ¿qué? Tuvo una idea; buscó entre sus ropas y sacó de entre ellas un alfiler grande, de cabeza negra, y al pasar junto al cuerpo, para dirigirse hacia la puerta, lo hundió íntegro en la planta de uno de los pies del hombre.

Luego cerró la puerta con llave y se alejó.

Durante los diez minutos siguientes el religioso se paseó nerviosamente a lo largo del corredor, intranquilo, sobresaltado; no quería dar cuenta a nadie de lo sucedido; esperaría los diez minutos, y, transcurridos éstos, entraría de nuevo a la celda y si el hombre permanecía en el mismo estado comunicaría a los demás religiosos lo sucedido.

¿Estaría él soñando o se encontraría bajo el influjo de una alucinación o de una poderosa sugestión? No, no lo estaba. Lo que había acontecido hasta ese momento era sencillo: un hombre se había suicidado de una manera misteriosa... Sí, ¿pero dónde estaba la cabeza del individuo? Esta pregunta lo desconcertó. ¿Y por qué no había manchas de sangre? Prefirió no pensar más en ello; después se aclararía todo.

Las cuatro y media. Esperó aún cinco minutos más. Quería darle tiempo al hombre. ¿Pero tiempo para qué, si estaba muerto? No lo sabía bien, pero en esos momentos casi deseaba que aquel hombre le demostrara su poder mágico. De otra manera, sería tan estúpido, tan triste todo lo que había pasado...

Cuando el fraile Espinoza abrió la puerta, el hombre no estaba ya extendido sobre la mesa, decapitado, como estaba quince minutos antes. Parado frente a él, tranquilo, con una fina sonrisa en los labios, le tendía, abierta, la morena mano derecha. En la palma de ella, como una pequeña y suave llama, había una fresca rosa: la rosa del jardín de las monjas Claras.

—¿Es ésta la rosa que usted me pidió?

---

desgarraduras *rips, tears*
bullía *was bubbling*
sin derramarse *without spilling*
se irguió *straightened up*
indicio *evidence*
manchado *stained*

estada *stay*
alfiler *pin*
planta *sole*
desconcertó *disturbed*
llama *flame*

El padre Espinoza no contestó; miraba al hombre. Éste estaba un poco pálido y demacrado. Alrededor de su cuello se veía una línea roja, como una cicatriz reciente.

«Sin duda el Señor quiere hoy jugar con su siervo», pensó.

Estiró la mano y cogió la rosa. Era una de las mismas que él viera florecer en el pequeño jardín del convento santiaguino. El mismo color, la misma forma, el mismo perfume.

Salieron de la celda, silenciosos, el hombre y el religioso. Éste llevaba la rosa apretada en su mano y sentía en la piel la frescura de los pétalos rojos. Estaba recién cortada. Para el fraile habían terminado los pensamientos, las dudas y la angustia. Sólo una gran impresión lo dominaba, y un sentimiento de confusión y de desaliento inundaba su corazón.

De pronto advirtió que el hombre cojeaba.

—¿Por qué cojeas? —le preguntó.

—La rosa estaba apartada de la muralla. Para tomarla, tuve que afirmar un pie en el rosal, y, al hacerlo, una espina me hirió el talón.

El fraile Espinoza lanzó una exclamación de triunfo:

—¡Ah! ¡Todo es una ilusión! Tú no has ido al jardín de las monjas Claras ni te has pinchado el pie con una espina. Ese dolor que sientes es el producido por un alfiler que yo te clavé en el pie. Levántalo.

El hombre levantó el pie, y el sacerdote, tomando de la cabeza el alfiler, se lo sacó.

—¿No ves? No hay ni espina ni rosal. ¡Todo ha sido una ilusión!

Pero el hombre contestó:

—Y la rosa que lleva usted en la mano, ¿también es ilusión?

Tres días después, terminada la semana misionera, los frailes capuchinos abandonaron Osorno. Seguían su ruta a través de las selvas. Se separaron, abrazándose y besándose. Cada uno tomó por su camino.

El padre Espinoza volvería hacia Valdivia. Pero ya no iba solo. A su lado, montado en un caballo obscuro, silencioso y pálido, iba un hombre alto, nervioso, de ojos negros y brillantes.

Era el hombre de la rosa.

---

demacrado *emaciated*
cicatriz *scar*
siervo *servant*
desaliento *dismay*

cojeaba *was limping*
talón *heel*
pinchado *pricked*

I. Práctica de vocabulario

A. Empareje las palabras o expresiones en la Columna A con la definición apropiada en la Columna B.

A	B
1. alfiler	a. multitud
2. patraña	b. clavillo de metal con punta por uno de sus extremos y una cabecilla por el otro
3. la planta del pie	c. señal que queda después de curada una herida o llaga
4. cicatriz	ch. trepar
5. descalzo	d. permanencia en un sitio
6. encaramarse	e. confundir
7. indicio	f. parte inferior del pie
8. desconcertar	g. que trae los pies desnudos
9. muchedumbre	h. señal
10. estirar	i. desmejorado
11. estada	j. alargar
12. demacrado	k. mentira

B. Complete las oraciones siguientes con la forma apropiada de una palabra o expresión en la Columna A del ejercicio anterior.

1. Para tomar la rosa él sólo tenía que ____ por la muralla y ____ el brazo.

2. Al llegar al convento vimos una ____ de gente vestida pobremente. La mayor parte de ellos estaban ____ o calzados con groseras ojotas.

3. ¿Dónde estaba la cabeza del individuo? Esta pregunta ____ al fraile. Dio una rápida ojeada a su alrededor, buscando un rastro, un ____, algo que le dejara adivinar lo que había sucedido.

4. Yo no creo ni en la magia negra ni en la astrología. Solamente un desequilibrado o un tonto puede creer en semejantes ____ .

5. Antes de salir de la celda, el fraile pensó que era necesario dejar un testimonio de su ____ . Entonces hundió un ____ en la ____ de uno de los pies del cuerpo sin cabeza.

6. El padre Espinosa miraba al hombre. Éste estaba un poco pálido y ____ . Alrededor de su cuello se veía una línea roja, como una ____ reciente.

II. Ejercicios de comprensión

Lea las frases siguientes y decida si son ciertas o falsas. Cuando sean falsas cámbielas para hacer una frase verdadera, según la lectura.

1. Una partida de misioneros capuchinos llegó a Osorno un día en busca de un guerrillero.
2. Ninguno de los seis frailes se destacaba.
3. La vida del padre Espinoza era tan interesante como la de cualquier hombre de acción, como la de un conquistador, como la de un capitán de bandidos, como la de un guerrillero.
4. El padre era un hombre sencillo, con una fe ardiente y dinámica.
5. Al día siguiente una homogénea muchedumbre, que venía solamente en busca y espera de la palabra evangelizadora de los misioneros, llenó el convento.
6. El padre Espinoza era el fraile que mejor dominaba la lengua indígena.
7. Un hombre detuvo al padre Espinoza y le dijo que no podía confesarse.
8. Ese hombre le confesó al padre Espinoza que tenía grandes pecados.
9. Como el padre Espinoza parecía no creerle, el hombre propuso hacer una prueba de su poder.
10. Los dos acordaron que el hombre probaría su poder trayendo una rosa del jardín de las monjas Claras de Santiago en el plazo de una semana.
11. El padre Espinoza decidió abrir la celda antes de la hora estipulada.
12. Al entrar, el fraile Espinoza vio que el hombre estaba de pie, sobre la mesa.
13. Antes de salir, pensó que era necesario llamar a la policía.
14. Cuando regresó a la celda, quince minutos después, vio al hombre con una fresca rosa en la mano.

III. Preguntas sobre la lectura

1. ¿Cómo fue la vida de Manuel Rojas?
2. ¿Cuáles son algunos temas que se reiteran en su obra.
3. ¿Cómo eran los misioneros que llegaron a Osorno? Según el narrador, ¿qué diferencias hay entre estos misioneros y los individuos de otras órdenes religiosas?
4. ¿Por cuánto tiempo iban a estar en Osorno?
5. ¿Cómo era el padre Espinoza? ¿Cómo lo describe el narrador? ¿Qué pensaban los indios de él? ¿Cómo era su vida?
6. ¿Quiénes vinieron al día siguiente? ¿Cómo eran?
7. ¿Estaban acostumbrados los misioneros a ese auditorio?
8. ¿Qué preguntas les hacían los frailes a los catecúmenos?
9. ¿Cuándo comenzaron las confesiones? ¿Por qué disminuyó considerablemente el grupo de catecúmenos?

10. ¿Cómo era el hombre que quería confesarse con el padre Espinoza? ¿Por qué lo escoge a él?
11. ¿Cuál es el gran secreto que tenía el hombre? ¿Qué le había pasado antes cuando había querido confesarse?
12. ¿Cómo reaccionó el padre Espinoza cuando el hombre le reveló su secreto? ¿Era la primera vez que escuchaba ese tipo de confesión? ¿Qué le respondió al hombre?
13. ¿Qué tipo de prueba le propuso hacer el hombre al fraile?
14. ¿Le costó trabajo al padre decidirse por un objeto?
15. ¿Qué le recordaba esta aventura al misionero?
16. ¿Adónde llevó al hombre? ¿Cuál era el estado de ánimo del padre Espinoza?
17. ¿Qué hace el fraile al salir de la pieza? ¿Pensó que era posible realizar lo que el hombre se proponía? En ese momento, ¿cómo cree él que terminaría la aventura?
18. ¿Sobre qué meditó, mientras daba su paseo alrededor del patio? ¿Cambió su estado de ánimo?
19. ¿Por qué abrió la puerta antes de la hora estipulada?
20. ¿En qué estado encontró el fraile al desconocido cuando entró en la celda? ¿Qué hizo esta vez antes de salir? ¿Por qué?
21. Mientras espera que pasen los últimos diez minutos, ¿cómo interpreta el fraile lo que acaba de ver en la celda?
22. ¿Qué vio cuando volvió a entrar en la celda? ¿Qué cambios notó en el desconocido?
23. ¿Ha traído el misterioso personaje la rosa que el fraile le pidió?
24. ¿Cómo se sentía el fraile mientras salían de la celda? ¿Estaba convencido de que el hombre conocía los secretos de la magia negra?
25. ¿Qué advirtió de pronto el fraile mientras caminaban?
26. ¿Cómo explicó el hombre su cojera? ¿Y el fraile?
27. ¿Cómo termina el cuento?

IV. Análisis del texto

1. ¿Cómo interpreta Ud. el final del cuento? ¿Cree que, como dice el padre Espinoza, «Todo ha sido una ilusión»? ¿Qué otras interpretaciones se podrían dar? ¿Es un milagro, una visión o una patraña?
2. ¿Cree Ud. que el fraile ha quedado convencido de que existe la magia negra? Analice la evolución de su estado de ánimo desde que el hombre le confiesa su secreto hasta el final.
3. ¿Qué importancia podría tener el hecho de que al final del cuento el misionero no vaya solo, sino acompañado del hombre de la rosa?
4. Analice la significación o importancia de la rosa en el cuento.
5. ¿Cómo se mantienen los elementos de tensión y de misterio en el relato?

6. ¿Cuál es la actitud del narrador ante lo que cuenta? ¿Cree Ud. que de alguna manera contribuye a mantener la tensión y el misterio?
7. ¿Es el desenlace sorprendente para el lector o encuentra Ud. indicaciones o pistas que señalen tal final?

V. Temas de conversación y composición

1. ¿Cómo hubiera reaccionado Ud. si se hubiera encontrado en las mismas circunstancias del fraile? ¿Habría aceptado la prueba? ¿Habría dejado al hombre misterioso en su celda? ¿Habría pedido ayuda cuando lo encontró decapitado? ¿Revelaría lo que vio?
2. ¿Sería posible darle una explicación racional a los sucesos aparentemente sobrenaturales del cuento? ¿Cómo lo explicaría Ud. desde el punto de vista científico? ¿Cómo lo explicaría una persona supersticiosa? ¿Qué sucesos misteriosos e inexplicables le han pasado a Ud. o ha oído contar?
3. ¿Qué problemas económicos y sociales se presentan en el cuento? ¿Qué visión del indio chileno expresa el cuento? ¿y del catolicismo? En su opinión, ¿hay pobreza en los Estados Unidos? ¿En qué regiones y en qué grupos raciales o étnicos hay más pobreza y desempleo? ¿Por qué? ¿Qué otros problemas sociales existen en la sociedad estadounidense? Si Ud. fuera un(a) candidato(a) a la presidencia, ¿qué soluciones propondría?

Bibliografía selecta

Rojas, Manuel. "Algo sobre mi experiencia literaria." *Obras escogidas*. Santiago de Chile, Empresa Zig-Zag, 1974: 11–34.

Silva Castro, Raúl. "Manuel Rojas y sus cuentos." *Revista Hispánica Moderna* 27 (1961): 325–328.

María Luisa Bombal

(*Chile, 1910–1980*)

María Luisa Bombal nació en Viña del Mar, Chile, en 1910. Cuando tenía trece años murió su padre, y ella se fue a París con su madre y hermanos. Continuó sus estudios allí donde se especializó en Filosofía y Letras en La Sorbona. En París asimiló la vida intelectual que se le ofrecía. Se puede ver el influjo de la novela francesa y los movimientos vanguardistas en su propia obra. Se nota sobre todo la influencia del movimiento surrealista de los años veinte. El surrealismo es un movimiento literario y artístico que intentaba expresar el pensamiento puro con exclusión de toda lógica o preocupación moral. Los escritores surrealistas enfatizan el mundo del subconsciente y el significado irracional de la imaginería. Las imágenes surrealistas contienen con frecuencia yuxtaposiciones insólitas o extrañas.

En 1931 María Luisa Bombal regresó a su país y formó parte de varias compañías teatrales en Santiago. En 1933 pasó a vivir en Buenos Aires, donde inició su creación literaria en la revista *Sur* en la cual publicó tres cuentos: «Las islas nuevas» (1938), «El árbol» (1939) e «Historia de María Griselda» (1946). Sus dos novelas, *La última niebla* (1935) y *La amortajada* (1938), se encuentran entre las primeras manifestaciones del surrealismo en la América Latina y se consideran obras maestras. El tema de estas dos novelas es el mismo que el del cuento que se incluye aquí: la penetración psicológica en el alma femenina. En 1940 conoció a su futuro marido en los Estados Unidos, donde residió por treinta años. Cuando murió su esposo en 1970, regresó a Chile. En 1977 la Academia Chilena de Artes y Letras la premió por su relato «Historia de María Griselda». Tres años más tarde, después de una breve enfermedad, murió mientras dormía.

En toda la obra de María Luisa Bombal se halla una preocupación por el papel de la mujer. Sus temas principales son el sufrimiento espiritual de la mujer, el choque de la ilusión contra la realidad de la vida, la desilusión con el amor y la liberación de la mujer. «El árbol» es uno de los cuentos clásicos de la literatura hispanoamericana. El relato tiene lugar en una sala de conciertos. Allí la protagonista va recreando mentalmente su vida desgraciada, que se representa simbólicamente por las piezas que se tocan en el concierto.

---

vanguardistas　*avant-garde*
inició　*she began*
La amortajada　The Shrouded Woman
premió　*awarded a prize*
choque　*clash*
desilusión　*disillusionment*
piezas　*musical compositions*

El cuento toma la forma de un fluir de conciencia de la protagonista mientras escucha la música. Las tres piezas musicales corresponden a tres etapas en su vida. La música de Mozart le despierta recuerdos de su infancia y adolescencia en un ambiente primaveral. La música romántica de Beethoven refleja los deseos apasionados insatisfechos de la joven esposa casada con un hombre mucho mayor. Esta época de su vida empieza en la primavera y termina con el calor y las tempestades del verano. Finalmente, el tono melancólico de los *Estudios* de Chopin evoca memorias tristes de los días otoñales de su matrimonio. El recuerdo de su separación del marido coincide con el final del concierto, el aplauso y el hachazo del árbol, otro símbolo importante en el cuento. Así, al final del relato se unifica el mundo subjetivo de Brígida con el mundo objetivo que le rodea. Además de la música, el agua evocada, en sus múltiples formas, ayuda a estimular la memoria de la mujer. Con la música de Mozart, asume la forma de una fuente; con Beethoven, el mar; y con Chopin, la lluvia y una cascada. El concierto de música y la imaginería líquida forman una especie de contrapunto al drama personal de la protagonista.

El árbol

El pianista se sienta, tose por prejuicio y se concentra un instante. Las luces en racimo que alumbran la sala declinan lentamente hasta detenerse en un resplandor mortecino de brasa, al tiempo que una frase musical comienza a subir en el silencio, a desenvolverse, clara, estrecha y juiciosamente caprichosa.

«Mozart, tal vez», piensa Brígida. Como de costumbre se ha olvidado de pedir el programa. «Mozart, tal vez, o Scarlatti...» ¡Sabía tan poca música! Y no era porque no tuviese oído ni afición. De niña fue ella quien reclamó lecciones de piano; nadie necesitó imponérselas, como a sus hermanas. Sus hermanas, sin embargo, tocaban ahora correctamente y descifraban a primera vista, en tanto que ella... Ella había abandonado los estudios al año de iniciarlos. La razón de su inconsecuencia era tan sencilla como vergonzosa: jamás había conseguido

---

fluir de conciencia *stream of consciousness*
refleja *reflects*
apasionados *passionate*
insatisfechos *unsatisfied*
tempestades *storms*
otoñales *autumnal*
hachazo *blow with an axe*
fuente *fountain*
cascada *waterfall*
imaginería *imagery*
contrapunto *counterpoint*

tose por prejuicio *he coughs affectedly*
Las luces en racimo *The cluster of lights*
resplandor mortecino de brasa *dim glow of hot coals*
desenvolverse *to develop*
afición *inclination, liking*
reclamó *demanded*
descifraban a primera vista *they could sight-read music*
al año de iniciarlos *a year after she began them*

aprender la llave de Fa, jamás. «No comprendo, no me alcanza la memoria más que para la llave de Sol.» ¡La indignación de su padre! «¡A cualquiera le doy esta carga de un infeliz viudo con varias hijas que educar! ¡Pobre Carmen! Seguramente habría sufrido por Brígida. Es retardada esta criatura».

Brígida era la menor de seis niñas todas diferentes de carácter. Cuando el padre llegaba por fin a su sexta hija, lo hacía tan perplejo y agotado por las cinco primeras que prefería simplificarse el día declarándola retardada. «No voy a luchar más, es inútil. Déjenla. Si no quiere estudiar, que no estudie. Si le gusta pasarse en la cocina, oyendo cuentos de ánimas, allá ella. Si le gustan las muñecas a los dieciséis años, que juegue». Y Brígida había conservado sus muñecas y permanecido totalmente ignorante.

¡Qué agradable es ser ignorante! ¡No saber exactamente quién fue Mozart, desconocer sus orígenes, sus influencias, las particularidades de su técnica! Dejarse solamente llevar por él de la mano, como ahora.

Y Mozart la lleva, en efecto. La lleva por un puente suspendido sobre un agua cristalina que corre en un lecho de arena rosada. Ella está vestida de blanco, con un quitasol de encaje, complicado y fino como una telaraña, abierto sobre el hombro.

—Estás cada día más joven, Brígada. Ayer encontré a tu marido, a tu exmarido, quiero decir. Tiene todo el pelo blanco.

Pero ella no contesta, no se detiene, sigue cruzando el puente que Mozart le ha tendido hacia el jardín de sus años juveniles.

Altos surtidores en los que el agua canta. Sus dieciocho años, sus trenzas castañas que desatadas le llegaban hasta los tobillos, su tez dorada, sus ojos oscuros tan abiertos y como interrogantes. Una pequeña boca de labios carnosos, una sonrisa dulce y el cuerpo más liviano y gracioso del mundo. ¿En qué pensaba, sentada al borde de la fuente? En nada. «Es tan tonta como linda», decían. Pero a ella nunca le importó ser tonta ni «planchar» en los bailes. Una a una iban pidiendo en matrimonio a sus hermanas. A ella no la pedía nadie.

¡Mozart! Ahora le brinda una escalera de mármol azul por donde ella baja

---

la llave de Fa   *the key of F*
¡A cualquiera le doy esta carga de un infeliz viudo con varias hijas que educar!   *I would gladly give to anyone who wants it this job of being a widower with several daughters to bring up!*
agotado   *tired out*
cuentos de ánimas   *ghost stories*
allá ella   *let her do it*
muñecas   *dolls*
lecho de arena rosada   *bed of rose colored sand*
quitasol de encaje   *lace parasol*
telaraña   *spider's web*
hombro   *shoulder*
surtidores   *fountains*
trenzas castañas   *light brown braids*
tobillos   *ankles*
«planchar»   *to be unsought after*
A ella no la pedía nadie   *No one proposed to her*
escalera de mármol azul   *staircase of blue marble*

entre una doble fila de lirios de hielo. Y ahora le abre una verja de barrotes con puntas doradas para que ella pueda echarse al cuello de Luis, el amigo íntimo de su padre. Desde muy niña, cuando todos la abandonaban, corría hacia Luis. Él la alzaba y ella le rodeaba el cuello con los brazos, entre risas que eran como pequeños gorjeos y besos que le disparaba aturdidamente sobre los ojos, la frente y el pelo ya entonces canoso (¿es que nunca había sido joven?) como una lluvia desordenada. «Eres un collar —le decía Luis—. Eres como un collar de pájaros.»

Por eso se había casado con él. Porque al lado de aquel hombre solemne y taciturno no se sentía culpable de ser tal cual era: tonta, juguetona y perezosa. Sí, ahora que han pasado tantos años comprende que no se había casado con Luis por amor; sin embargo, no atina a comprender por qué, por qué se marchó ella un día, de pronto...

Pero he aquí que Mozart la toma nerviosamente de la mano y, arrastrándola en un ritmo segundo a segundo más apremiante, la obliga a cruzar el jardín en sentido inverso, a retomar el puente en una carrera que es casi una huida. Y luego de haberla despojado del quitasol y de la falda transparente, le cierra la puerta de su pasado con un acorde dulce y firme a la vez, y la deja en una sala de conciertos, vestida de negro, aplaudiendo maquinalmente en tanto crece la llama de las luces artificiales.

De nuevo la penumbra y de nuevo el silencio precursor.

Y ahora Beethoven empieza a remover el oleaje tibio de sus notas bajo una luna de primavera. ¡Qué lejos se ha retirado el mar! Brígida se interna playa adentro hacia el mar contraído allá lejos, refulgente y manso, pero entonces el mar se levanta, crece tranquilo, viene a su encuentro, la envuelve, y con suaves olas la va empujando, empujando por la espalda hasta hacerle recostar la mejilla sobre el cuerpo de un hombre. Y se aleja, dejándola olvidada sobre el pecho de Luis.

---

doble fila de lirios de hielo *double row of ice lilies*
verja de barrotes con puntas doradas *gate of iron bars with gilded tips*
gorjeos *warbling sounds*
aturdidamente *recklessly*
canoso *gray-haired*
collar *necklace*
juguetona *playful*
atina *succeed in*
apremiante *urgent*

retomar el puente en una carrera *to recross the bridge in a run*
huida *flight*
despojado *deprived*
acorde *chord*
penumbra *semi-darkness*
remover el oleaje tibio *to stir up the warm waves*
se interna playa adentro *advances across the beach*
recostar la mejilla *to rest her cheek*

—No tienes corazón, no tienes corazón —solía decirle a Luis. Latía tan adentro el corazón de su marido que no pudo oírlo sino rara vez y de modo inesperado—. Nunca estás conmigo cuando estás a mi lado —protestaba en la alcoba, cuando antes de dormirse él abría ritualmente los periódicos de la tarde—. ¿Por qué te has casado conmigo?

—Porque tienes ojos de venadito asustado —contestaba él y la besaba. Y ella, súbitamente alegre, recibía orgullosa sobre su hombro el peso de su cabeza cana. ¡Oh, ese pelo plateado y brillante de Luis!

—Luis, nunca me has contado de qué color era exactamente tu pelo cuando eras chico, y nunca me has contado tampoco lo que dijo tu madre cuando te empezaron a salir canas a los quince años. ¿Qué dijo? ¿Se rió? ¿Lloró? ¿Y tú estabas orgulloso o tenías vergüenza? Y en el colegio, tus compañeros, ¿qué decían? Cuéntame, Luis, cuéntame...

—Mañana te contaré. Tengo sueño, Brígida, estoy muy cansado. Apaga la luz.

Inconscientemente él se apartaba de ella para dormir, y ella inconscientemente, durante la noche entera, perseguía el hombro de su marido, buscaba su aliento, trataba de vivir bajo su aliento, como una planta encerrada y sedienta que alarga sus ramas en busca de un clima propicio.

Por las mañanas, cuando la mucama abría las persianas, Luis ya no estaba a su lado. Se había levantado sigiloso y sin darle los buenos días, por temor al collar de pájaros que se obstinaba en retenerlo fuertemente por los hombros. «Cinco minutos, cinco minutos nada más. Tu estudio no va a desaparecer porque te quedes cinco minutos más conmigo, Luis.»

Sus despertares. ¡Ah, qué tristes sus despertares! Pero —era curioso— apenas pasaba a su cuarto de vestir, su tristeza se disipaba como por encanto.

Un oleaje bulle, bulle muy lejano, murmura como un mar de hojas. ¿Es Beethoven? No.

Es el árbol pegado a la ventana del cuarto de vestir. Le bastaba entrar para que sintiese circular en ella una gran sensación bienhechora. ¡Qué calor hacía siempre en el dormitorio por las mañanas! ¡Y qué luz cruda! Aquí, en cambio, en el cuarto de vestir, hasta la vista descansaba, se refrescaba. Las cretonas desvaídas, el árbol que desenvolvía sombras como de agua agitada y fría por las paredes,

---

Latía Beat, Throbbed
alcoba bedroom
venadito asustado frightened little doe
aliento breath
persianas blinds
sigiloso stealthily
despertares awakenings

su tristeza se disipaba como por encanto her sadness vanished as if by magic
Un oleaje bulle A swell ripples, stirs
Le bastaba entrar It was enough for her to enter
bienhechora pleasant
luz cruda glaring light
cretonas desvaídas drab or dull drapes

los espejos que doblaban el follaje y se ahuecaban en un bosque infinito y verde. ¡Qué agradable era ese cuarto! Parecía un mundo sumido en un acuario. ¡Cómo parloteaba ese inmenso gomero! Todos los pájaros del barrio venían a refugiarse en él. Era el único árbol de aquella estrecha calle en pendiente que, desde un costado de la ciudad, se despeñaba directamente al río.

—«Estoy ocupado. No puedo acompañarte... Tengo mucho que hacer, no alcanzo a llegar para el almuerzo... Hola, sí, estoy en el club. Un compromiso. Come y acuéstate... No. No sé. Más vale que no me esperes, Brígida.»

—¡Si tuviera amigas! —suspiraba ella. Pero todo el mundo se aburría con ella. ¡Si tratara de ser un poco menos tonta! ¿Pero cómo ganar de un tirón tanto terreno perdido? Para ser inteligente hay que empezar desde chica, ¿no es verdad?

A sus hermanas, sin embargo, los maridos las llevaban a todas partes, pero Luis —¿por qué no había de confesárselo a sí misma?— se avergonzaba de ella, de su ignorancia, de su timidez y hasta de sus dieciocho años. ¿No le había pedido acaso que dijera que tenía por lo menos veintiuno, como si su extrema juventud fuera en ellos una tara secreta?

Y de noche, ¡qué cansado se acostaba siempre! Nunca la escuchaba del todo. Le sonreía, eso sí, le sonreía con una sonrisa que ella sabía maquinal. La colmaba de caricias de las que él estaba ausente. ¿Por qué se había casado con ella? Para continuar una costumbre, tal vez para estrechar la vieja relación de amistad con su padre.

Tal vez la vida consistía para los hombres en una serie de costumbres consentidas y continuas. Si alguna llegaba a quebrarse, probablemente se producía el desbarajuste, el fracaso. Y los hombres empezaban entonces a errar por las calles de la ciudad, a sentarse en los bancos de las plazas, cada día peor vestidos y con la barba más crecida. La vida de Luis, por lo tanto, consistía en llenar con una ocupación cada minuto del día. ¡Cómo no haberlo comprendido antes! Su padre tenía razón al declararla retardada.

—Me gustaría ver nevar alguna vez, Luis.

—Este verano te llevaré a Europa y como allá es invierno podrás ver nevar.

—Ya sé que es invierno en Europa cuando aquí es verano. ¡Tan ignorante no soy!

---

se ahuecaban *receded*
sumido *sunken*
parloteaba *chattered*
gomero *rubber tree*
se despeñaba *plunged*
Más vale que *It would be better*
de un tirón *all at once*
se avergonzaba de ella *he was ashamed of her*
tara *defect*
La colmaba de caricias *He showered her with caresses*
estrechar la vieja relación de amistad *to strengthen their old friendship*
quebrarse *to break*
desbarajuste *confusion*
errar *to wander*

A veces, como para despertarlo al arrebato del verdadero amor, ella se echaba sobre su marido y lo cubría de besos, llorando, llamándolo:

—Luis, Luis, Luis...
—¿Qué? ¿Qué te pasa? ¿Qué quieres?
—Nada.
—¿Por qué me llamas de ese modo, entonces?
—Por nada, por llamarte. Me gusta llamarte.

Y él sonreía, acogiendo con benevolencia aquel nuevo juego.

Llegó el verano, su primer verano de casada. Nuevas ocupaciones impidieron a Luis ofrecerle el viaje prometido.

—Brígida, el calor va a ser tremendo este verano en Buenos Aires. ¿Por qué no te vas a la estancia con tu padre?
—¿Sola?
—Yo iría a verte todas las semanas, de sábado a lunes.

Ella se había sentado en la cama, dispuesta a insultar. Pero en vano buscó palabras hirientes que gritarle. No sabía nada, nada. Ni siquiera insultar.

—¿Qué te pasa? ¿En qué piensas, Brígida?

Por primera vez Luis había vuelto sobre sus pasos y se inclinaba sobre ella, inquieto, dejando pasar la hora de llegada a su despacho.

—Tengo sueño... —había replicado Brígida puerilmente, mientras escondía la cara en las almohadas.

Por primera vez él la había llamado desde el club a la hora del almuerzo. Pero ella había rehusado salir al teléfono, esgrimiendo rabiosamente el arma aquella que había encontrado sin pensarlo: el silencio.

Esa misma noche comía frente a su marido sin levantar la vista, contraídos todos sus nervios.

—¿Todavía estás enojada, Brígida?

Pero ella no quebró el silencio.

—Bien sabes que te quiero, collar de pájaros. Pero no puedo estar contigo a toda hora. Soy un hombre muy ocupado. Se llega a mi edad hecho un esclavo de mil compromisos.

...

—¿Quieres que salgamos esta noche?...

...

---

arrebato *rapture, ecstasy*
acogiendo con benevolencia *taking kindly to*
estancia *farm*
hirientes *wounding, cutting*
había vuelto sobre sus pasos *had retraced his steps*
despacho *office*
puerilmente *childishly*
había rehusado salir al teléfono *she had refused to answer the telephone*
esgrimiendo *wielding*

—¿No quieres? Paciencia. Dime, ¿llamó Roberto desde Montevideo?
...
—¡Qué lindo traje ¿Es nuevo?
...
—¿Es nuevo, Brígida? Contesta, contéstame...
Pero ella tampoco esta vez quebró el silencio.

Y en seguida lo inesperado, lo asombroso, lo absurdo. Luis que se levanta de su asiento, tira violentamente la servilleta sobre la mesa y se va de la casa dando portazos.

Ella se había levantado a su vez, atónita, temblando de indignación por tanta injusticia. «Y yo, y yo —murmura desorientada—, yo que durante casi un año... cuando por primera vez me permito un reproche... ¡Ah, me voy, me voy esta misma noche! No volveré a pisar nunca más esta casa...» Y abría con furia los armarios de su cuarto de vestir, tiraba desatinadamente la ropa al suelo.

Fue entonces cuando alguien o algo golpeó en los cristales de la ventana.

Había corrido, no supo cómo ni con qué insólita valentía, hacia la ventana. La había abierto. Era el árbol, el gomero que un gran soplo de viento agitaba, el que golpeaba con sus ramas los vidrios, el que la requería desde afuera como para que lo viera retorcerse hecho una impetuosa llamarada negra bajo el cielo encendido de aquella noche de verano.

Un pesado aguacero no tardaría en rebotar contra sus frías hojas. ¡Qué delicia! Durante toda la noche, ella podría oír la lluvia azotar, escurrirse por las hojas del gomero como por los canales de mil goteras fantasiosas. Durante toda la noche oiría crujir y gemir el viejo tronco del gomero contándole de la intemperie, mientras ella se acurrucaría, voluntariamente friolenta, entre las sábanas del amplio lecho, muy cerca de Luis.

Puñados de perlas que llueven a chorros sobre un techo de plata. Chopin. *Estudios* de Federico Chopin.

¿Durante cuántas semanas se despertó de pronto, muy temprano, apenas sentía que su marido, ahora también él obstinadamente callado, se había escurrido del lecho?

---

lo inesperado *the unexpected*
lo asombroso *the astonishing*
dando portazos *slamming doors*
atónita *astounded*
desatinadamente *wildly*
golpeó *knocked*
retorcerse *writhing*
llamarada *flare-up, outburst*
aguacero *rain shower*
rebotar *beating*
azotar *whipping*

escurrirse *trickling*
canales *ducts*
goteras fantasiosas *fanciful gutters*
crujir y gemir *creak and grown*
intemperie *storm*
se acurrucaría *she would snuggle up*
voluntariamente friolenta *willfully cold*
Puñados *Handfuls*
llueven a chorros *rain buckets*
se había escurrido del lecho *he had slipped out of bed*

El cuarto de vestir: la ventana abierta de par en par, un olor a río y a pasto flotando en aquel cuarto bienhechor, y los espejos velados por un halo de neblina.

Chopin y la lluvia que resbala por las hojas del gomero con ruido de cascada secreta, y parece empapar hasta las rosas de las cretonas, se entremezclan en su agitada nostalgia.

¿Qué hacer en verano cuando llueve tanto? ¿Quedarse el día entero en el cuarto fingiendo una convalecencia o una tristeza? Luis había entrado tímidamente una tarde. Se había sentado muy tieso. Hubo un silencio.

—Brígida, ¿entonces es cierto? ¿Ya no me quieres?

Ella se había alegrado de golpe, estúpidamente. Puede que hubiera gritado: «No, no; te quiero, Luis, te quiero», si él le hubiera dado tiempo, si no hubiese agregado, casi de inmediato, con su calma habitual:

—En todo caso, no creo que nos convenga separarnos, Brígida. Hay que pensarlo mucho.

En ella los impulsos se abatieron tan bruscamente como se habían precipitado. ¡A qué exaltarse inútilmente! Luis la quería con ternura y medida; si alguna vez llegara a odiarla la odiaría con justicia y prudencia. Y eso era la vida. Se acercó a la ventana, apoyó la frente contra el vidrio glacial. Allí estaba el gomero recibiendo serenamente la lluvia que lo golpeaba, tranquilo y regular. El cuarto se inmovilizaba en la penumbra, ordenado y silencioso. Todo parecía detenerse, eterno y muy noble. Eso era la vida. Y había cierta grandeza en aceptarla así, mediocre, como algo definitivo, irremediable. Mientras del fondo de las cosas parecía brotar y subir una melodía de palabras graves y lentas que ella se quedó escuchando: «Siempre.» «Nunca»...

Y así pasan las horas, los días y los años. ¡Siempre! ¡Nunca! ¡La vida, la vida!

Al recobrarse cayó en cuenta que su marido se había escurrido del cuarto.

¡Siempre! ¡Nunca!... Y la lluvia, secreta e igual, aún continuaba susurrando en Chopin.

El verano deshojaba su ardiente calendario. Caían páginas luminosas y enceguecedoras como espadas de oro, y páginas de una humedad malsana como el aliento de los pantanos, caían páginas de furiosa y breve tormenta, y páginas de

---

abierta de par en par *wide open*
neblina *mist*
empapar *to soak*
tieso *stiffly*
se abatieron *subsided*
Todo parecía detenerse *Everything seemed to stand still*

Al recobrarse cayó en cuenta *Upon collecting herself, she realized*
deshojaba *she tore the pages off*
enceguecedoras *blinding*
humedad malsana *unwholesome dampness*
pantanos *swamps*

viento caluroso, del viento que trae el «clavel del aire» y lo cuelga del inmenso gomero.

Algunos niños solían jugar al escondite entre las enormes raíces convulsas que levantaban las baldosas de la acera, y el árbol se llenaba de risas y de cuchicheos. Entonces ella se asomaba a la ventana y golpeaba las manos; los niños se dispersaban asustados, sin reparar en su sonrisa de niña que a su vez desea participar en el juego.

Solitaria, permanecía largo rato acodada en la ventana mirando el oscilar del follaje—siempre corría alguna brisa en aquella calle, que se despeñaba directamente hasta el río—y era como hundir la mirada en un agua movediza o en el fuego inquieto de una chimenea. Una podía pasarse así las horas muertas, vacía de todo pensamiento, atontada de bienestar.

Apenas el cuarto empezaba a llenarse del humo del crepúsculo ella encendía la primera lámpara, y la primera lámpara resplandecía en los espejos, se multiplicaba como una luciérnaga deseosa de precipitar la noche.

Y noche a noche dormitaba junto a su marido, sufriendo por rachas. Pero cuando su dolor se condensaba hasta herirla como un puntazo, cuando la asediaba un deseo demasiado imperioso de despertar a Luis para pegarle o acariciarlo, se escurría de puntillas hacia el cuarto de vestir y abría la ventana. El cuarto se llenaba instantáneamente de discretos ruidos y discretas presencias, de pisadas misteriosas, de aleteos, de sutiles chasquidos vegetales, del dulce gemido de un grillo escondido bajo la corteza del gomero sumido en las estrellas de una calurosa noche estival.

Su fiebre decaía a medida que sus pies desnudos se iban helando poco a poco sobre la estera. No sabía por qué le era tan fácil sufrir en aquel cuarto.

Melancolía de Chopin engranando un estudio tras otro, engranando una melancolía tras otra, imperturbable.

«clavel del aire» *a plant like Spanish moss*
solían jugar al escondite *used to play hide-and-seek*
las baldosas de la acera *the paving stones from the sidewalk*
cuchicheos *whispering*
permanecía largo rato acodada *she would lean on her elbows for a long time*
agua movediza *shifting waters*
horas muertas *idle hours*
atontada de bienestar *silly with well-being*
luciérnaga *firefly*
dormitaba *she dozed*

por rachas *at intervals*
puntazo *stab, jab*
asediaba *beset*
se escurría de puntillas *she slipped away on tiptoes*
discretos ruidos *unobtrusive sounds*
aleteos *fluttering of wings*
chasquidos *crackling noises*
gemido de un grillo *chirping of a cricket*
corteza *bark*
estera *matting*
engranando *linking*

Y vino el otoño. Las hojas secas revoloteaban un instante antes de rodar sobre el césped del estrecho jardín, sobre la acera de la calle en pendiente. Las hojas se desprendían y caían... La cima del gomero permanecía verde, pero por debajo el árbol enrojecía, se ensombrecía como el forro gastado de una suntuosa capa de baile. Y el cuarto parecía ahora sumido en una copa de oro triste.

Echada sobre el diván, ella esperaba pacientemente la hora de la cena, la llegada improbable de Luis. Había vuelto a hablarle, había vuelto a ser su mujer, sin entusiasmo y sin ira. Y no lo quería. Pero ya no sufría. Por el contrario, se había apoderado de ella una inesperada sensación de plenitud, de placidez. Ya nadie ni nada podría herirla. Puede que la verdadera felicidad esté en la convicción de que se ha perdido irremediablemente la felicidad. Entonces empezamos a movernos por la vida sin esperanzas ni miedos, capaces de gozar por fin todos los pequeños goces, que son los más perdurables.

Un estruendo feroz, luego una llamarada blanca que le echa hacia atrás toda temblorosa.

¿Es el entreacto? No. Es el gomero, ella lo sabe.

Lo habían abatido de un solo hachazo. Ella no pudo oír los trabajos que empezaron muy de mañana. «Las raíces levantaban las baldosas de la acera y entonces, naturalmente, la comisión de vecinos...»

Encandilada se ha llevado las manos a los ojos. Cuando recobra la vista se incorpora y mira a su alrededor. ¿Qué mira?

¿La sala de concierto bruscamente iluminada, la gente que se dispersa?

No. Ha quedado aprisionada en las redes de su pasado, no puede salir del cuarto de vestir. De su cuarto de vestir invadido por una luz blanca aterradora. Era como si hubieran arrancado el techo de cuajo; una luz cruda entraba por todos lados, se le metía por los poros, la quemaba de frío. Y todo lo veía a la luz de esa fría luz. Luis, su cara arrugada, sus manos que surcan gruesas venas desteñidas, y las cretonas de colores chillones.

Despavorida ha corrido hacia la ventana. La ventana abre ahora directamente sobre una calle estrecha, tan estrecha que su cuarto se estrella casi contra la fachada de un rascacielos deslumbrante. En la planta baja, vidrieras y más vi-

---

revoloteaban *fluttered about*
forro gastado *worn-out lining*
se había apoderado de ella *had overcome her*
perdurables *lasting*
Un estruendo feroz *A ferocious din*
Lo habían abatido de un solo hachazo *They had chopped it down with one stroke of the axe*
Encandilada *Dazzled*
redes *nets*

Era como si hubieran arrancado el techo de cuajo *It was as if they had ripped off the roof*
sus manos que surcan gruesas venas desteñidas *his hands crisscrossed by thick discolored veins*
Despavorida *Terrified*
la fachada de un rascacielos deslumbrante *the façade of a dazzling skyscraper*

drieras llenas de frascos. En la esquina de la calle, una hilera de automóviles alineados frente a una estación de servicio pintada de rojo. Algunos muchachos, en mangas de camisa, patean una pelota en medio de la calzada.

Y toda aquella fealdad había entrado en sus espejos. Dentro de sus espejos había ahora balcones de níquel y trapos colgados y jaulas con canarios.

Le habían quitado su intimidad, su secreto; se encontraba desnuda en medio de la calle, desnuda junto a un marido viejo que le volvía la espalda para dormir, que no le había dado hijos. No comprende cómo hasta entonces no había deseado tener hijos, cómo había llegado a conformarse a la idea de que iba a vivir sin hijos toda su vida. No comprende cómo pudo soportar durante un año esa risa de Luis, esa risa demasiado jovial, esa risa postiza de hombre que se ha adiestrado en la risa porque es necesario reír en determinadas ocasiones.

¡Mentira! Eran mentiras su resignación y su serenidad; quería amor, sí, amor, y viajes y locuras, y amor, amor...

—Pero, Brígida, ¿por qué te vas? ¿por qué te quedabas? —había preguntado Luis.

Ahora habría sabido contestarle:

—¡El árbol, Luis, el árbol! Han derribado el gomero.

I. Práctica de vocabulario

A. Empareje las palabras o expresiones en la Columna A con la definición apropiada en la Columna B.

A	B
1. avergonzarse	a. deslizarse, escaparse
2. agotado	b. artificial, fingido
3. postizo	c. sentir vergüenza
4. hachazo	ch. cansado
5. apremiante	d. de una vez
6. adiestrarse	e. instruirse
7. escurrirse	f. árbol que chorrea goma
8. gomero	g. urgente
9. cuchicheos	h. embriaguez, éxtasis
10. de un tirón	i. halago, demostración de cariño
11. caricias	j. golpe dado con un hacha
12. desbarajuste	k. susurros

---

vidrieras llenas de frascos *store windows filled with bottles*
en mangas de camisa *in shirt sleeves*
calzada *road, roadway*
trapos colgados *hanging rags*
risa postiza *fake laughter*
se ha adiestrado *has become skilled*
Han derribado el gomero. *They have chopped down the rubber tree*

El árbol • 127

13. arrebato
14. penumbra

l. sombra
ll. confusión

B. Complete las oraciones siguientes con la forma apropiada de una palabra o expresión en la Columna A del ejercicio anterior.

1. Anoche ellos estaban ____. Tan pronto como llegaron a la casa se acostaron a dormir.
2. Cuando los niños jugaban al escondite, la calle se llenaba de risas y ____.
3. Brígida ____ de lo poco que sabía.
4. ¡Cómo parloteaba ese inmenso ____! Todos los pájaros del barrio venían a refugiarse en él.
5. Manejamos ____ desde Rhode Island hasta Tennessee. Fue un viaje de dieciséis horas.
6. Cuando cambie su rutina diaria, es posible que se produzca un ____ en su vida.
7. A veces como para despertarlo al ____ del verdadero amor, ella se echaba sobre su marido y lo colmaba de besos y ____.
8. Para poder ____ en el uso de la espada, ellos practican un rato todos los días.
9. La infeliz esposa sentía la ____ necesidad de hacer algo. No podía resistir más.
10. En la ____ de la sala de conciertos, no se veía casi nada.
11. Han derribado el árbol de un solo ____.
12. Y noche a noche ella ____ en puntillas para el cuarto de vestir y abría la ventana.
13. Ese candidato para la presidencia tiene una risa demasiado jovial. Parece una risa ____.

II. Ejercicios de comprensión

Complete cada oración con la palabra o expresión apropiada, según la lectura.

1. El cuento se desarrolla durante...
2. Brígida había abandonado los estudios de piano porque...
3. Ella se había casado con Luis porque...
4. Luis se avergonzaba de...

5. Las múltiples ocupaciones de Luis le impedían...
6. A ella le gustaba el cuarto de vestir porque...
7. La música de Mozart se asocia con...
8. La música de Chopin se asocia con...
9. Cuando cortan el árbol, Brígida ve desde la ventana de su cuarto...
10. Al final del cuento, Brígida se da cuenta de que quiere...

III. Preguntas sobre la lectura

1. ¿Qué movimiento literario y artístico de los años veinte influye en la obra de María Luisa Bombal? ¿Qué intentaba expresar este movimiento?
2. ¿Cuáles son los temas más importantes en la obra de María Luisa Bombal?
3. ¿Qué hace el pianista al sentarse?
4. ¿En qué piensa Brígida mientras escucha la música de Mozart?
5. ¿Cómo fue su infancia y su situación familiar? ¿Cuántas hermanas tenía?
6. ¿Cuál era la actitud del padre hacia ella?
7. ¿Qué reputación tenía ella en su familia?
8. ¿Cómo era Brígida cuando tenía dieciocho años?
9. ¿Con quién se casó? ¿Cómo era su esposo? ¿Por qué se había casado con él?
10. ¿En qué piensa al escuchar a Beethoven?
11. Según Luis, ¿por qué se había casado él con ella?
12. ¿Conversaban ellos mucho?
13. ¿Cómo se sentía ella al despertarse por la mañana? ¿Por qué eran tristes los despertares?
14. ¿Cuándo se disipaba su tristeza?
15. ¿Dónde estaba el árbol? ¿Qué efecto tenía sobre el cuarto? ¿Qué clase de árbol era? ¿Qué tenía de singular?
16. ¿Cómo era la vida de Luis?
17. ¿Qué le prometió Luis a ella? ¿Cumplió con su promesa?
18. ¿Por qué quería Luis que ella fuera a la estancia de su padre? ¿Cómo reaccionó Brígida?
19. ¿Qué «nueva arma» había descubierto Brígida para usar contra su esposo?
20. ¿Cómo fue la conversación de los esposos esa noche? ¿Qué cosa inesperada hizo Luis durante la cena? ¿Cómo reaccionó ella? ¿Quién golpeó en los cristales de la ventana?
21. ¿Qué ideas o actitudes se asocian con la música de Chopin?
22. ¿Qué opinión acerca del futuro expresó Luis? ¿Cómo la expresó?
23. ¿Quiénes jugaban debajo del gomero en el verano?
24. ¿Qué hacía ella por la noche cuando se condensaba su dolor?
25. ¿Cómo cambió el árbol en el otoño?
26. ¿Cómo cambió su actitud hacia el marido? ¿Hacia la vida?

27. ¿Qué pasó con el gomero? ¿Cómo cambió la luz en la sala de concierto? ¿En su cuarto de vestir? ¿Qué puede significar este cambio de luz?
28. ¿Cómo ve la realidad ahora? ¿Cómo ha cambiado su actitud hacia la calle? ¿Hacia su marido?

IV. Análisis del texto

1. ¿Qué imágenes evocan la música de Mozart, Beethoven y Chopin para la protagonista?
2. ¿Cómo se diferencian las personalidades de Luis y Brígida? ¿Por qué cree Ud. que ellos se habían casado?
3. ¿Cómo cambia la actitud de Brígida hacia la vida a través de sus recuerdos? ¿Cómo se puede resumir la evolución o el desarrollo que se ve en ella?
4. ¿En qué parece basarse la frustración de la protagonista?
5. ¿Qué parece significar el árbol en la vida de Brígida? ¿De qué se da cuenta cuando la luz entra al cuarto, después que han derribado el árbol?
6. ¿Qué diferentes formas toma el agua en el cuento? ¿Tiene alguna relación con el cambio en Brígida?
7. ¿Cómo se mide el pasar del tiempo? ¿Qué tiempos verbales predominan en el relato?
8. ¿Qué metáforas o imágenes originales se encuentran en el cuento?
9. ¿Cree Ud. que «El árbol» es un cuento surrealista? Explique su opinión.

V. Temas de conversación y composición

1. ¿Qué piensa Ud. de la protagonista de este cuento? ¿A Ud. le cae bien? ¿Qué cualidades admirables tiene? ¿Cuáles son sus cualidades exasperantes? ¿Es Brígida víctima de un papel estereotipado de la mujer? ¿Cómo se pueden explicar la pasividad, el recato y la resignación de su juventud? ¿De qué se da cuenta ella al final del cuento? ¿Le parece a Ud. la experiencia de Brígida típica en la vida de la mujer? ¿Qué normas o valores sociales critica María Luisa Bombal en este cuento? Compare a la protagonista del cuento «La abnegación» con Brígida.
2. En este cuento, la música sirve para captar épocas distintas en la vida de la protagonista. Por ejemplo, Mozart se asocia con la frivolidad de su adolescencia, Beethoven con el período tempestuoso y apasionado de su matrimonio, y

---

recato *shyness, demureness*   **tempestuoso** *stormy*
captar *capture*

Chopin con la melancolía del último período de su matrimonio. ¿Hay composiciones musicales que le recuerdan a Ud. ciertos períodos de su vida? ¿Cuáles son? ¿Qué le recuerdan?

3. En la literatura moderna, el desarrollo psicológico del individuo ha llegado a ser uno de los motivos principales. En «El árbol», vemos este proceso en la protagonista que poco a poco se da cuenta de la infelicidad y frustración en su vida. ¿Puede Ud. nombrar otra obra que ha leído que trata de esta cuestión? Compárela con «El árbol».

Bibliografía selecta

Agosín, Marjorie. "La mimesis de la interioridad: 'Soledad de sangre' de Marta Brunet y 'El árbol' de María Luisa Bombal." *Neophilologus 68.3 (1984): 380–388.*

Debicki, Andrew P. "Structure, Imagery, and Experience in Maria Luisa Bombal's 'The Tree'." *Studies in Short Fiction* 8 (1971): 123–129.

Scott, Nina M. "Verbal and Nonverbal Messages in María Luisa Bombal's 'El árbol'." *Modern Language Studies* 17.3 (1987): 3–9.

Valdivieso, Mercedes. "Social Denunciation in the Language of 'El árbol' by María Luisa Bombal." *Latin American Literary Review* 9 (1976): 70–75.

---

infelicidad *unhappiness*

IV

De cara a la muerte

Virgilio Piñera

(*Cuba, 1912–1980*)

Dramaturgo, cuentista, novelista y poeta, Virgilio Piñera nació en Cárdenas (Matanzas). Después de residir en varias partes de Cuba, se trasladó a La Habana en 1940. Allí estudió en la Universidad, se doctoró en Filosofía y Letras y colaboró desde temprano en revistas literarias. Fundó una, *Poeta*, en 1942, que no duró mucho tiempo. Publicó sus primeras colecciones de poemas y cuentos—*Las furias* (1941), *El conflicto* (1942), *La isla en peso* (1943) y *Poesía y prosa* (1944)—e inició su actividad dramática al estrenar, en 1945, *Electra Garrigó*, obra que inauguró el absurdo en el teatro cubano. En 1946, fue a vivir en Buenos Aires, donde continuó escribiendo—obras teatrales; *La carne de René* (1952), su primera novela; *Cuentos fríos* (1956)—, y se ganó la vida como traductor, corrector de pruebas y empleado del consulado cubano. De regreso a Cuba, en 1958, fue secretario de redacción de *Ciclón*, importante revista literaria por aquellos años. Posteriormente fue asesor literario y director de una casa editorial. El resto de su producción literaria comprende los títulos siguientes: *Teatro completo* (1960); *Pequeñas maniobras* (1963), novela; *Cuentos* (1964); *Presiones y diamantes* (1967), su tercera novela; *Dos viejos pánicos*, su obra teatral más conocida; *La vida entera* (1969), libro de poemas; y *El que vino a salvarme* (1970), colección de todos sus cuentos, más el relato que da el título al conjunto, que aquí se incluye.

Piñera es uno de los exponentes de la literatura del absurdo en Latinoamérica. Lo más destacado de su obra literaria—apenas estudiada y poco conocida a pesar de su singular valor—es tal vez su producción teatral y su narrativa. Su visión del mundo es sombría, angustiosa y profundamente pesimista, aunque a veces hace sonreír al lector con su sutil ironía, su sarcasmo y su humor negro. Algunos de los temas y procupaciones frecuentes en su producción son: la incomunicabilidad del hombre con el mundo que lo rodea, su angustia existencial frente a la incógnita de la muerte, sus obsesiones, miedos y pesadillas, la absurdidad de la vida moderna y la anormalidad de lo cotidiano. En «El que vino a salvarme»—uno de los mejores cuentos de Piñera—, el narrador es un viejo obsesionado por la imperiosa necesidad de saber, con toda exactitud, el momento de su muerte. Como en otros relatos suyos, el cuentista cubano aquí fusiona lo real, lo posible, lo onírico, lo fantástico, lo absurdo y lo grotesco.

Filosofía y Letras *Humanities*
corrector de pruebas *proofreader*
asesor *consultant*
salvarme *to save me*

sombría *gloomy*
incógnita *mystery*
pesadillas *nightmares*

133

El que vino a salvarme

Siempre tuve un gran miedo: no saber cuándo moriría. Mi mujer afirmaba que la culpa era de mi padre; mi madre estaba agonizando, él me puso frente a ella y me obligó a besarla. Por esa época yo tenía diez años y ya sabemos todo eso de que la presencia de la muerte deja una profunda huella en los niños... No digo que la aseveración sea falsa, pero en mi caso, es distinto. Lo que mi mujer ignora es que yo vi ajusticiar a un hombre, y lo vi por pura casualidad. Justicia irregular, es decir dos hombres le tienden un lazo a otro hombre en el servicio sanitario de un cine y lo degüellan. ¿Cómo? Yo estaba encerrado haciendo caca y ellos no podían verme; estaban en los mingitorios. Yo hacía caca plácidamente y de pronto oí: «Pero no van a matarme...» Miré por el enrejillado, y entonces vi una navaja cortando un pescuezo, sentí un alarido, sangre a borbotones y piernas que se alejaban a toda prisa. Cuando la policía llegó al lugar del hecho me encontró desmayado, casi muerto, con eso que le dicen «shock nervioso». Estuve un mes entre la vida y la muerte.

Bueno, no vayan a pensar que, en lo sucesivo, iba a tener miedo de ser degollado. Bueno, pueden pensarlo, están en su derecho. Si alguien ve degollar a un hombre, es lógico que piense que también puede ocurrirle lo mismo a él, pero también es lógico pensar que no va a dar la maldita casualidad de que el destino, o lo que sea, lo haya escogido a uno para que tenga la misma suerte del hombre que degollaron en el servicio sanitario del cine.

No, no era ese mi miedo; el que yo sentí, justo en el momento en que degollaban al tipo, se podía expresar con esta frase: ¿Cuál es la hora? Imaginemos a un viejo de ochenta años, listo ya para enfrentarse a la muerte; pienso que su idea fija no puede ser otra que preguntarse: ¿será esta noche...? ¿será mañana...? ¿será a las tres de la madrugada de pasado mañana? ¿Va a ser ahora mismo en que estoy pensando que será pasado mañana a las tres de la madrugada...? Como sabe y siente que el tiempo de vida que le queda es muy reducido, estima que sus cálculos sobre la «hora fatal» son bastante precisos, pero, al mismo tiempo, la impotencia en que se encuentra para fijar «el

---

culpa *fault*
agonizando *dying*
profunda huella *deep impression*
aseveración *assertion*
ajusticiar *executed*
pura casualidad *sheer coincidence*
tienden un lazo *set a trap*
lo degüellan *cut his throat*
mingitorios *urinals*

enrejillado *lattice (on the door)*
navaja *razor*
pescuezo *neck (vulgar, used to refer to animals, as opposed to* cuello)
alarido *shriek*
sangre a borbotones *blood gushing out*
lugar del hecho *scene of the crime*
desmayado *unconscious*
fijar *to set*

momento» los reduce a cero. En cambio, el tipo asesinado en el servicio sanitario supo, así de pronto, cuál sería su hora. En el momento de proferir: «Pero no van a matarme...», ya sabía que le llegaba su hora. Entre su exclamación desesperada y la mano que accionaba la navaja para cercenarle el cuello, supo el minuto exacto de su muerte. Es decir que si la exclamación se produjo, por ejemplo, a las nueve horas, cuatro minutos y cinco segundos de la noche y la degollación a las nueve, cuatro minutos y ocho segundos, él supo exactamente su hora de morir con una anticipación de tres segundos.

En cambio, aquí, echado en la cama, solo (mi mujer murió el año pasado y, por otra parte, no sé la pobre en qué podría ayudarme en lo que se refiere a lo de la hora de mi muerte), estoy devanándome los pocos sesos que me quedan. Es sabido que cuando se tiene noventa años (y es ésa mi edad) se está, como el viajero, pendiente de la hora, con la diferencia de que el viajero la sabe y uno la ignora. Pero no anticipemos.

Cuando lo del tipo degollado en el servicio sanitario yo tenía apenas veinte años. El hecho de estar «lleno» de vida en ese entonces y además, tenerla por delante casi como una eternidad, borró pronto aquel cuadro sangriento y aquella pregunta angustiosa. Cuando se está lleno de vida sólo se tiene tiempo para vivir y «vivirse». Uno «se vive» y se dice: «¡Qué saludable estoy, respiro salud por todos mis poros, soy capaz de comerme un buey, copular cinco veces por día, trabajar sin desfallecer veinte horas seguidas!...», y entonces uno no puede tener noción de lo que es morir y «morirse». Cuando a los veintidós años me casé, mi mujer, viendo mis «ardores» me dijo una noche: «¿Vas a ser conmigo el mismo cuando seas un viejito?» Y le contesté: «¿Qué es un viejito? ¿Acaso tú lo sabes?»

Ella, naturalmente, tampoco lo sabía. Y como ni ella ni yo podíamos, por el momento, configurar a un viejito, pues nos echamos a reír y fornicamos de lo lindo.

Pero recién cumplidos los cincuenta, empecé a vislumbrar lo de ser un viejito, y también empecé a pensar en eso de la hora... Por supuesto, proseguía viviendo, pero al mismo tiempo empezaba a morirme, y una curiosidad, enfermiza y devoradora, me ponía por delante el momento fatal. Ya que tenía que morir, al menos saber en qué instante sobrevendría mi muerte, como sé, por ejemplo, el instante preciso en que me lavo los dientes...

---

proferir   *to utter*
le llegaba su hora   *his time had come*
cercenarle el cuello   *to cut his neck*
echado en la cama   *lying in bed*
devanándome los pocos sesos que me quedan   *wracking the few brains I have left*
pendiente de la hora   *hanging, waiting in suspense*

borró   *erased*
«vivirse»   *"to enjoy life"*
desfallecer   *to weaken*
configurar   *to imagine*
de lo lindo   *much, a great deal*
vislumbrar   *to catch a glimpse*

Y a medida que me hacía más viejo, este pensamiento se fue haciendo más obsesivo hasta llegar a lo que llamamos fijación. Allá por los setenta hice, de modo inesperado, mi primer viaje en avión. Recibí un cablegrama de la mujer de mi único hermano avisándome que éste se moría. Tomé pues el avión. A las dos horas de vuelo se produjo mal tiempo. El avión era una pluma en la tempestad, y todo eso que se dice de los aviones bajo los efectos de una tormenta: pasajeros aterrados, idas y venidas de las aeromozas, objetos que se vienen al suelo, gritos de mujeres y de niños mezclados con padrenuestros y avemarías, en fin ese «memento mori» que es más «memento» a cuarenta mil pies de altura.

—Gracias a Dios —me dije—, gracias a Dios que por vez primera me acerco a una cierta precisión en lo que se refiere al momento de mi muerte. Al menos, en esta nave en peligro de estrellarse, ya puedo ir calculando el momento. ¿Diez, quince, treinta y ocho minutos...? No importa, estoy cerca, y tú, muerte, no lograrás sorprenderme. Confieso que gocé salvajemente. Ni por un instante se me ocurrió rezar, pasar revista a mi vida, hacer acto de contrición o simplemente esa función fisiológica que es vomitar. No, sólo estaba atento a la inminente caída del avión para saber, mientras nos íbamos estrellando, que ése era el momento de mi muerte.

Pasado el peligro, una pasajera me dijo: «Oiga, lo estuve viendo mientras estábamos por caernos, y usted como si nada...» Me sonreí, no le contesté; ella, con su angustia aún reflejada en su cara, ignoraba «mi angustia» que, por una sola vez en mi vida, se había transformado a esos cuarenta mil pies de altura en un estado de gracia comparable al de los santos más calificados de la Iglesia.

Pero a cuarenta mil pies de altura en un avión azotado por la tormenta—único paraíso entrevisto en mi larga vida—no se está todos los días; por el contrario se habita el infierno que cada cual se construye: sus paredes son pensamientos, su techo terrores y sus ventanas abismos... Y dentro, uno helándose a fuego lento, quiero decir perdiendo vida en medio de llamas que adoptan formas singulares, «a qué hora», «un martes o un sábado», «en el otoño o en la primavera»...

Y yo me hielo y me quemo cada vez más. Me he convertido en un acabado espécimen de un museo de teratología y al mismo tiempo soy la viva imagen de la desnutrición. Tengo por seguro que por mis venas no corre sangre sino pus;

---

padrenuestros y avemarías *Our Fathers and Hail Marys*
memento mori *"remember that you must die" from a Latin poem*
me acerco *I am approaching, drawing close*
estrellarse *to crash*
pasar revista a mi vida *to review my life*
usted como si nada *you acted as if nothing were happening*
azotado *lashed about*
entrevisto *glimpsed*
helándose *freezing*

hay que ver mis escaras—purulentas, cárdenas—, y mis huesos, que parecen haberle conferido a mi cuerpo una muy otra anatomía. Los de las caderas, como un río, se han salido de madre; las clavículas, al descarnarme, parecen anclas pendiendo del costado de un barco; los occipitales hacen de mi cabeza un coco aplastado de un mazazo.

Sin embargo, lo que la cabeza contiene sigue pensando, y pensando en su idea fija; ahora mismo, en este instante, en mi cuarto, tirado en la cama, con la muerte encima, con la muerte, que puede ser esa foto de mi padre muerto, que me mira y me dice: «Te voy a sorprender, no podrás saber, me estás viendo pero ignoras cuándo te asestaré el golpe...»

Por mi parte, miré más fijamente la foto de mi padre y le dije: «no te vas a salir con la tuya, sabré el momento en que me echarás el guante y antes gritaré: ¡Es ahora! y no te quedará otro remedio que confesarte vencido».

Y justo en ese momento, en ese momento que participa de la realidad y de la irrealidad, sentí unos pasos que, a su vez, participaban de esa misma realidad e irrealidad. Desvié la vista de la foto e inconscientemente la puse en el espejo del ropero que está frente a mi cama. En él vi reflejada la cara de un hombre joven, sólo su cara ya que el resto del cuerpo se sustraía a mi vista debido a un biombo colocado entre los pies de la cama y el espejo. Pero no le di mayor importancia; sería incomprensible que no se la diera teniendo otra edad, es decir, la edad en que uno está realmente vivo y la inopinada presencia de un extraño en nuestro cuarto nos causaría desde sorpresa hasta terror. Pero a mi edad y en el estado de languidez en que me hallaba, un extraño y su rostro es sólo parte de la realidad-irrealidad que se padece. Es decir, que ese extraño y su cara era, o un objeto más de los muchos que pueblan mi cuarto, o un fantasma de los muchos que pueblan mi cabeza. En consecuencia volví a poner la vista en la foto de mi padre, y cuando volví a mirar el espejo la cara del extraño había desaparecido. Volví de

---

escaras *scabs that discharge pus*
cárdenas *purple*
huesos *bones*
Los de las caderas, como un río, se han salido de madre *The hip bones, like a river, have run over*
las clavículas, al descarnarme, parecen anclas pendiendo del costado de un barco *the collar bones, as I lose my flesh, look like anchors hanging from the side of a boat*
los occipitales hacen de mi cabeza un coco aplastado de un mazazo *the bones in the back part of my skull make my head look like a coconut crushed by the blow of a club*

asestaré *I will deliver*
no te vas a salir con la tuya *you are not going to get your way*
me echarás el guante *you will seize me*
no te quedará otro remedio *there will be nothing you can do*
se sustraía *eluded*
biombo *folding screen*
inopinada *unexpected*
languidez *languor*
se padece *one suffers*

nuevo a mirar la foto y creí advertir que la cara de mi padre estaba como enfurruñada, es decir la cara de mi padre por ser la de él, pero al mismo tiempo con una cara que no era la suya, sino como si se la hubiera maquillado para hacer un personaje de tragedia. Pero vaya usted a saber… En ese linde entre realidad e irrealidad todo es posible, y más importante, todo ocurre y no ocurre. Entonces cerré los ojos y empecé a decir en voz alta: ahora, ahora… De pronto sentí ruido de pisadas muy cerca del respaldar de la cama; abrí los ojos y allí estaba, frente a mí, el extraño, con todo su cuerpo largo como un kilómetro. Pensé: «Bah, lo mismo del espejo…» y volví a mirar la foto de mi padre. Pero algo me decía que volviera a mirar al extraño. No desobedecí mi voz interior y lo miré. Ahora esgrimía una navaja e iba inclinando lentamente el cuerpo mientras me miraba fijamente. Entonces comprendí que ese extraño era el que venía a salvarme. Supe con una anticipación de varios segundos el momento exacto de mi muerte. Cuando la navaja se hundió en mi yugular, miré a mi salvador y, entre borbotones de sangre, le dije: «Gracias por haber venido».

I. Práctica de vocabulario

A. Empareje las palabras o expresiones en la Columna A con la definición apropiada en la Columna B.

A

1. fijar
2. pasar revista
3. cercenar
4. linde
5. presenciar
6. maquillado
7. vislumbrar
8. pescuezo
9. inopinado
10. estrellarse
11. como si nada
12. proferir

B

a. imperturbable, inconmovible
b. cuello
c. precisar definitivamente
ch. hallarse presente a un acontecimiento
d. caerse brutalmente
e. inesperado
f. cortar
g. entrever
h. examinar, revisar
i. con el rostro pintado
j. decir
k. frontera

---

enfurruñada *disgruntled*
maquillado *made-up*
linde *boundary*
respaldar *back*
esgrimía *he was wielding*

B. Complete las oraciones siguientes con la forma apropiada de una palabra o expresión en la Columna A del ejercicio anterior.
1. El actor tenía la cara ____ y se preparaba para salir al escenario.
2. Parecía que el avión estaba a punto de ____. Algunos pasajeros gritaban. Otros ____ a su vida y rezaban. El protagonista del cuento era el único que estaba ____. Él gozaba salvajemente.
3. Debemos ____ la fecha para la boda.
4. La presencia ____ del presidente en la fiesta produjo una gran conmoción porque nadie lo esperaba.
5. Miré por el enrejillado, y entonces vi una navaja ____ un ____. Acababa de ____ un crimen.
6. Cuando cumplí los cincuenta años empecé a ____ lo de ser un viejito.
7. En el momento de ____: «Gracias por haber venido», ya sabía que le llegaba su hora.
8. En ese ____ entre realidad e irrealidad todo es posible, y más importante, todo ocurre y no ocurre.

II. Ejercicios de comprensión

Escoja la respuesta apropiada para completar las oraciones siguientes, según la lectura.
1. El narrador siempre tuvo un gran miedo a...
    a. viajar en avión.
    b. no saber cuándo moriría.
    c. los besos de la esposa.
2. Cuando él tenía veinte años, vio en el servicio sanitario de un cine...
    a. a dos hombres cortándole el pescuezo a otro.
    b. la foto del padre.
    c. a muchos pasajeros aterrados.
3. Poco después de presenciar el crimen, el protagonista...
    a. no estaba muy saludable.
    b. se olvidó del suceso porque se sentía lleno de vida y todavía no tenía noción de lo que era morir.
    c. pensaba que la esposa lo iba a degollar a él.

4. Recién cumplidos los cincuenta años...
   a. empezó a vislumbrar lo que era ser un anciano y también comenzó a pensar en el momento final.
   b. se echaba a reír con la mujer.
   c. trabajó en un museo.

5. Cuando tenía más o menos setenta años...
   a. volvió al servicio sanitario del cine.
   b. compró una navaja.
   c. hizo su primer viaje en avión.

6. Pasado el peligro de la tormenta, una pasajera le dijo que...
   a. él había gritado más que nadie.
   b. él había estado como si nada.
   c. su angustia aún estaba reflejada en su cara.

7. En el presente, el narrador se describe...
   a. como un anciano muy activo, saludable y feliz.
   b. como un acabado espécimen de un museo de teratología y obsesionado por su idea fija.
   c. como un loco asesino.

8. Al final del cuento...
   a. un desconocido entra al cuarto del narrador y éste muere como el hombre en el cine.
   b. el narrador reconoce en el asesino al hermano.
   c. el narrador no logra fijar con precisión el momento de su muerte.

III. Preguntas sobre la lectura

1. ¿De qué se considera exponente a Piñera?
2. ¿Cuáles son algunos de los temas y preocupaciones frecuentes en la obra literaria del escritor cubano?
3. Según la esposa del narrador, ¿quién tenía la culpa del miedo del marido? ¿Qué ignoraba ella?
4. ¿Cómo fue que el protagonista vio ajusticiar a un hombre? Describa lo que vio y oyó.
5. ¿Cómo encontró la policía al narrador?
6. ¿Tuvo miedo él de ser degollado en lo sucesivo? Explique qué tipo de miedo sentía.
7. En el presente, ¿dónde y cómo está el narrador?
8. ¿Cuánto tiempo hace que murió su mujer?
9. ¿Cuántos años tiene él en el presente?

10. ¿Cómo explica él que haya olvidado por un poco de tiempo la pregunta angustiosa que lo obsesiona? ¿Cuándo comienza «a morirse»?
11. Según el narrador, ¿qué aventura casi lo salva?
12. ¿Cómo reaccionaron los pasajeros en el avión bajo los efectos de la tormenta? ¿Cómo reaccionó el narrador? ¿Por qué?
13. ¿Con quién hablaba él cuando dijo en el avión: «no lograrás sorprenderme»?
14. ¿Cómo se describe el narrador en el presente? ¿Cuál es su estado físico y su estado de ánimo?
15. ¿A quién le dice el narrador: «no te vas a salir con la tuya»? ¿Qué sintió en ese momento?
16. ¿Qué vio reflejada en el espejo?
17. ¿Le da importancia el narrador a la presencia de un extraño en su cuarto? Explique.
18. ¿Qué cambios advirtió el narrador en la foto del padre? ¿Tiene alguna relación con el desenlace del cuento?

IV. Análisis del texto

1. ¿Cómo interpreta Ud. el final del cuento? ¿De qué se salva el protagonista?
2. Analice al personaje principal. Tenga en cuenta su aspecto físico, su carácter y su personalidad.
3. La descripción física que el narrador protagonista da de sí mismo es evidentemente grotesca. ¿Qué propósito cree Ud. que sirve en el texto?
4. Analice la significación o importancia del padre del protagonista.
5. Analice la significación del título del cuento. ¿Cree Ud. que es apropiado? ¿Es irónico?
6. ¿Cuáles son los temas principales que sugiere la lectura?
7. En el cuento, el narrador afirma: «...se habita el infierno que cada cual se construye: sus paredes son pensamientos, su techo temores y sus ventanas abismos...» ¿Qué sugiere Piñera en el citado fragmento?
8. ¿Cree Ud. que Piñera acierta al valerse de un narrador en primera persona? Explique su opinión. Compare el uso de esta técnica en este cuento y en «Más allá».

V. Temas de conversación y composición

1. ¿Ha tenido Ud. alguna experiencia personal con la muerte? ¿Cómo se enfrentó a ella? ¿Ha pensado alguna vez en cuándo y cómo será su hora final? ¿Opina que hay algo después de la muerte? ¿Cree Ud. que en la cultura norteamericana la muerte se acepta de una forma realista? ¿Cree Ud. que se trata de confrontar el hecho de la muerte? ¿Cuál es la actitud del hispano hacia la muerte? ¿Es distinta a la del norteamericano?

2. Si Ud. fuera un psicólogo o un psiquiatra y el personaje del cuento fuera su paciente, ¿qué le aconsejaría Ud.?
3. Si Ud. hubiera presenciado el crimen en el servicio sanitario, ¿habría reaccionado como el protagonista del cuento? Explique su reacción. ¿Habría ayudado Ud. a la policía? ¿Habría servido Ud. de testigo? ¿Cree Ud. que es peligroso ser testigo de un crimen?

Bibliografía selecta

Gilgen, Read G. "Virgilio Piñera and the Short Story of the Absurd." *Hispania* 63.2 (1980): 348–355.

Ortega, Julio. "Sobre narrativa cubana actual." *Nueva Narrativa Hispanoamericana* 2.1 (1972): 65–87.

Juan Rulfo

(*México, 1918–1986*)

Juan Rulfo es uno de los maestros de las letras mexicanas. Nació en Sayula, pequeño y pobre pueblo de la provincia de Jalisco, en una región con una tierra seca, dura y desolada, que durante las revoluciones sufrió el hambre, la violencia y la muerte. Según ha contado Rulfo, su infancia fue «muy dura, muy difícil». Durante la revolución cristera su familia se arruinó; y su padre, su madre y todos los tíos paternos fueron asesinados. Terminó su infancia en un orfanato de Guadalajara, donde hizo sus estudios de primaria. En 1933 se fue a vivir en la ciudad de México, donde estudió para contador. Luego tuvo una serie de empleos que tienen poco que ver con su vida y fama de escritor.

Durante los años que trabajaba para el Departamento de Inmigración (1935–1945), Rulfo comenzó su producción literaria. Escribió una novela que nunca fue editada, y redactó varios cuentos en que experimentó con distintos estilos en un esfuerzo por encontrar su propia voz. En 1951 escribió «¡Diles que no me maten!», cuento aquí incluido, que se publicó dos años después en su colección de relatos *El llano en llamas*. Su novela *Pedro Páramo* apareció en 1955. Esta obra se considera un buen ejemplo de la «nueva novela» mexicana que se opone a la tradicional novela realista. La «nueva novela» se distingue de la tradicional por su ambigüedad, su dialéctica irónica y su tensión metafísica.

Aunque Rulfo ha indicado que su obra no contiene elementos autobiográficos, entran en la temática de su narrativa la desintegración de la familia y la devastación geográfica de Jalisco. Rulfo retrata al campesino jalisciense como un ser hermético y desconfiado, con una actitud fatalista hacia la vida. En su obra ha captado la voz del campesino, con el lenguaje hablado de Jalisco. Es un lenguaje lleno de giros coloquiales. El vocabulario es sencillo, pero su expresión es intensa y directa. No obstante, a pesar del regionalismo del

la revolución cristera *The conservative Cristero rebellion, which caused at least fifty thousand deaths, occurred between 1926 and 1929. Its name was derived from the rebels' rallying cry,* **¡Viva Cristo Rey!** *This armed movement by fanatic Catholics took place primarily in the northern and western states of Jalisco, Colima, Guanajuato, Durango, Zacatecas, and Michoacán. There the guerrilla forces destroyed schools, murdered teachers, and committed many other violent acts.*

contador *accountant*
orfanato *orphanage*
redactó *he wrote*
esfuerzo *effort*
retrata *portrays*
campesino *peasant, farmer*
jalisciense *from Jalisco*
desconfiado *distrustful*
giros *expressions*

ambiente, de los personajes y de su lenguaje, la temática de Rulfo tiene un significado universal. Algunos de los temas y preocupaciones en su obra literaria son los relacionados con la soledad del individuo, la incomunicación entre los hombres, la injusticia, la violencia de la miseria y los sentimientos amargos del rencor, el dolor y la culpabilidad. Su visión del oprimido y desamparado es siempre humana y compasiva como en el cuento «¡Diles que no me maten!».

En este relato, el protagonista se encuentra en una situación límite: lo van a matar y él lucha desesperadamente por su vida. La trama del cuento es sencilla, pero su estructura es relativamente compleja por la simultaneidad de escenas y la combinación de puntos de vista que se presentan. La súplica desesperada que da el título al cuento representa la rebelión del individuo contra su destino y contra el ambiente de inmovilidad que lo rodea. La lucha del personaje fracasa al final. La violencia aparece aquí como una paradoja: el asesino es ahora víctima del rencor y de la venganza del hijo del asesinado. En la realidad hostil y brutal de este mundo narrativo, el individuo no puede escapar de su culpabilidad y no puede ser perdonado.

¡Diles que no me maten!

—¡Diles que no me maten, Justino! Anda, vete a decirles eso. Que por caridad. Así diles. Diles que lo hagan por caridad.

—No puedo. Hay allí un sargento que no quiere oír hablar nada de ti.

—Haz que te oiga. Date tus mañas y dile que para sustos ya ha estado bueno. Dile que lo haga por caridad de Dios.

—No se trata de sustos. Parece que te van a matar de a de veras. Y yo ya no quiero volver allá.

—Anda otra vez. Solamente otra vez, a ver qué consigues.

—No, No tengo ganas de ir. Según eso, yo soy tu hijo. Y, si voy mucho con ellos, acabarán por saber quién soy y les dará por afusilarme a mí también. Es mejor dejar las cosas de este tamaño.

—Anda, Justino. Diles que tengan tantita lástima de mí. Nomás eso diles.

---

incomunicación *lack of communication*
miseria *poverty*
amargos *bitter*
culpabilidad *guilt*
desamparado *helpless one*
compasiva *compassionate*
súplica *plea*
rodea *surrounds*
asesino *murderer*
venganza *revenge*

asesinado *murder victim*
caridad *charity*
Date tus mañas *Use your wits*
sustos *fright, scare*
a de veras *really, truly*
les dará por afusilarme *they will decide to shoot me*
de este tamaño *the way they are*
tantita lástima *a little pity*
Nomás eso diles. *Just tell them that.*

Justino apretó los dientes y movió la cabeza diciendo:

—No.

Y siguió sacudiendo la cabeza durante mucho rato.

—Dile al sargento que te deje ver al coronel. Y cuéntale lo viejo que estoy. Lo poco que valgo. ¿Qué ganancia sacará con matarme? Ninguna ganancia. Al fin y al cabo él debe de tener un alma. Dile que lo haga por la bendita salvación de su alma.

Justino se levantó de la pila de piedras en que estaba sentado y caminó hasta la puerta del corral. Luego se dio vuelta para decir:

—Voy, pues. Pero si de perdida me afusilan a mí también, ¿quién cuidará de mi mujer y de los hijos?

—La Providencia, Justino. Ella se encargará de ellos. Ocúpate de ir allá y ver qué cosas haces por mí. Eso es lo que urge.

Lo habían traído de madrugada. Y ahora era ya entrada la mañana y él seguía todavía allí, amarrado a un horcón, esperando. No se podía estar quieto. Había hecho el intento de dormir un rato para apaciguarse, pero el sueño se le había ido. También se le había ido el hambre. No tenía ganas de nada. Sólo de vivir. Ahora que sabía bien a bien que lo iban a matar, le habían entrado unas ganas tan grandes de vivir como sólo las puede sentir un recién resucitado.

Quién le iba a decir que volvería aquel asunto tan viejo, tan rancio, tan enterrado como creía que estaba. Aquel asunto de cuando tuvo que matar a don Lupe. No nada más por nomás, como quisieron hacerle ver los de Alima, sino porque tuvo sus razones. Él se acordaba:

Don Lupe Terreros, el dueño de la Puerta de Piedra, por más señas su compadre. Al que él, Juvencio Nava, tuvo que matar por eso; por ser el dueño de la Puerta de Piedra y que, siendo también su compadre, le negó el pasto para su animales.

Primero se aguantó por puro compromiso. Pero después, cuando la sequía, en que vio cómo se le morían uno tras otro sus animales hostigados por el hambre

---

apretó *gritted*
¿Qué ganancia sacará con matarme? *What will he gain by killing me?*
Al fin y al cabo *When all is said and done*
si de perdida me afusilan a mí *if on top of it they shoot me*
se encargará de *will look after*
Eso es lo que urge. *That's what matters.*
madrugada *dawn, daybreak*
amarrado a un horcón *tied to a post*
apaciguarse *to calm down*
rancio *old, stale*

enterrado *buried*
No nada más por nomás *He didn't do it just because*
por más señas su compadre *the godfather of his child to boot*
pasto *pasture*
se aguantó *he restrained himself*
por puro compromiso *out of good manners*
cuando la sequía *when the drought came*
hostigados *plagued*

y que su compadre don Lupe seguía negándole la yerba de sus potreros, entonces fue cuando se puso a romper la cerca y a arrear la bola de animales flacos hasta las paraneras para que se hartaran de comer. Y eso no le había gustado a don Lupe, que mandó tapar otra vez la cerca, para que él, Juvencio Nava, le volviera a abrir otra vez el agujero. Así, de día se tapaba el agujero y de noche se volvía a abrir, mientras el ganado estaba allí, siempre pegado a la cerca, siempre esperando; aquel ganado suyo que antes nomás se vivía oliendo el pasto sin poder probarlo.

Y él y don Lupe alegaban y volvían a alegar sin llegar a ponerse de acuerdo.

Hasta que una vez don Lupe le dijo:

—Mira, Juvencio, otro animal más que metas al potrero y te lo mato.

Y él le contestó:

—Mire, don Lupe, yo no tengo la culpa de que los animales busquen su acomodo. Ellos son inocentes. Ahí se lo haiga si me los mata.

«Y me mató un novillo.

»Esto pasó hace treinta y cinco años, por marzo, porque ya en abril andaba yo en el monte, corriendo del exhorto. No me valieron ni las diez vacas que le di al juez, ni el embargo de mi casa para pagarle la salida de la cárcel. Todavía después se pagaron con lo que quedaba nomás por no perseguirme, aunque de todos modos me perseguían. Por eso me vine a vivir junto con mi hijo a este otro terrenito que yo tenía y que se nombra Palo de Venado. Y mi hijo creció y se casó con la nuera Ignacia y tuvo ya ocho hijos. Así que la cosa ya va para viejo, y según eso debería estar olvidada. Pero, según eso, no lo está.

»Y entonces calculé que con unos cien pesos quedaba arreglado todo. El difunto don Lupe era solo, solamente con su mujer y los dos muchachitos todavía de a gatas. Y la viuda pronto murió también dizque de pena. Y a los muchachitos se los llevaron lejos, donde unos parientes. Así que, por parte de ellos, no había que tener miedo.

»Pero los demás se atuvieron a que yo andaba exhortado y enjuiciado para asustarme y seguir robándome. Cada que llegaba alguien al pueblo me avisaban:

---

potreros *pastures*
arrear la bola *to drive the herd*
paraneras *grasslands*
se hartaran de comer *they could get their fill*
mandó tapar otra vez la cerca *ordered to have the fence fixed again*
agujero *hole*
alegaban *argued*
no tengo la culpa *it's not my fault*
busquen su acomodo *they look out for themselves*

Ahí se lo haiga si me los mata. *You'll have to pay for it if you kill them.*
novillo *young bull*
exhorto *summons*
embargo *seizure*
la cosa ya va para viejo *it's an old story*
todavía de a gatas *still crawling*
dizque de pena *they say from grief*
se atuvieron a *took the position*
exhortado y enjuiciado *summoned to be tried*

»—Por ahí andan unos fuereños, Juvencio.

»Y yo echaba pal monte, entreverándome entre los madroños y pasándome los días comiendo sólo verdolagas. A veces tenía que salir a la medianoche, como si me fueran correteando los perros. Eso duró toda la vida. No fue un año ni dos. Fue toda la vida.»

Y ahora habían ido por él, cuando no esperaba ya a nadie, confiado en el olvido en que lo tenía la gente; creyendo que al menos sus últimos días los pasaría tranquilo. «Al menos esto —pensó— conseguiré con estar viejo. Me dejarán en paz.»

Se había dado a esta esperanza por entero. Por eso era que le costaba trabajo imaginar morir así, de repente, a estas alturas de su vida, después de tanto pelear para librarse de la muerte; de haberse pasado su mejor tiempo tirando de un lado para otro arrastrado por los sobresaltos y cuando su cuerpo había acabado por ser un puro pellejo correoso curtido por los malos días en que tuvo que andar escondiéndose de todos.

Por si acaso, ¿no había dejado hasta que se le fuera su mujer? Aquel día en que amaneció con la nueva de que su mujer se le había ido, ni siquiera le pasó por la cabeza la intención de salir a buscarla. Dejó que se fuera sin indagar para nada ni con quién ni para dónde, con tal de no bajar al pueblo. Dejó que se fuera como se le había ido todo lo demás, sin meter las manos. Ya lo único que le quedaba para cuidar era la vida, y ésta la conservaría a como diera lugar. No podía dejar que lo mataran. No podía. Mucho menos ahora.

Pero para eso lo habían traído de allá, de Palo de Venado. No necesitaron amarrarlo para que los siguiera. Él anduvo solo, únicamente maniatado por el miedo. Ellos se dieron cuenta de que no podía correr con aquel cuerpo viejo, con aquellas piernas flacas como sicuas secas, acalambradas por el miedo de morir. Porque a eso iba. A morir. Se lo dijeron.

Desde entonces lo supo. Comenzó a sentir esa comezón en el estómago, que le llegaba de pronto siempre que veía de cerca la muerte y que le sacaba el ansia por los ojos, y que le hinchaba la boca con aquellos buches de agua agria que

---

fuereños *strangers*
entreverándome entre los madroños *hiding among the madrone trees*
verdolagas *herbs, edible weeds*
correteando *chasing*
a estas alturas *at this stage*
tirando de un lado para otro arrastrado por los sobresaltos *running from one place to another because of the alarms*
un puro pellejo correoso curtido por los malos días *a dried up and leathery hide hardened by the bad days*

amaneció *he woke up*
sin indagar para nada *without even asking about*
sin meter las manos *without putting up a fight*
a como diera lugar *at any cost*
maniatado *handcuffed*
acalambradas *cramped*
comezón *tingling sensation*
hinchaba *would swell*
buches de agua agria *mouthfuls of bile*

tenía que tragarse sin querer. Y esa cosa que le hacía los pies pesados mientras su cabeza se le ablandaba y el corazón le pegaba con todas sus fuerzas en las costillas. No, no podía acostumbrarse a la idea de que lo mataran.

Tenía que haber alguna esperanza. En algún lugar podría aún quedar alguna esperanza. Tal vez ellos se hubieran equivocado. Quizá buscaban a otro Juvencio Nava y no al Juvencio Nava que era él.

Caminó entre aquellos hombres en silencio, con los brazos caídos. La madrugada era oscura, sin estrellas. El viento soplaba despacio, se llevaba la tierra seca y traía más, llena de ese olor como de orines que tiene el polvo de los caminos.

Sus ojos, que se habían apeñuscado con los años, venían viendo la tierra, aquí, debajo de sus pies, a pesar de la oscuridad. Allí en la tierra estaba toda su vida. Sesenta años de vivir sobre de ella, de encerrarla entre sus manos, de haberla probado como se prueba el sabor de la carne. Se vino largo rato desmenuzándola con los ojos, saboreando cada pedazo como si fuera el último, sabiendo casi que sería el último.

Luego, como queriendo decir algo, miraba a los hombres que iban junto a él. Iba a decirles que lo soltaran, que lo dejaran que se fuera: «Yo no le he hecho daño a nadie, muchachos», iba a decirles, pero se quedaba callado. «Más adelantito se lo diré», pensaba. Y sólo los veía. Podía hasta imaginar que eran sus amigos; pero no quería hacerlo. No lo eran. No sabía quiénes eran. Los veía a su lado ladeándose y agachándose de vez en cuando para ver por dónde seguía el camino.

Los había visto por primera vez al pardear de la tarde, en esa hora desteñida en que todo parece chamuscado. Habían atravesado los surcos pisando la milpa tierna. Y él había bajado a eso: a decirles que allí estaba comenzando a crecer la milpa. Pero ellos no se detuvieron.

Los había visto con tiempo. Siempre tuvo la suerte de ver con tiempo todo. Pudo haberse escondido, caminar unas cuanta horas por el cerro mientras ellos se iban y después volver a bajar. Al fin y al cabo la milpa no se lograría de ningún modo. Ya era tiempo de que hubieran venido las aguas y las aguas no aparecían y la milpa comenzaba a marchitarse. No tardaría en estar seca del todo.

Así que ni valía la pena de haber bajado; haberse metido entre aquellos hombres como en un agujero, para ya no volver a salir.

---

tragarse *to swallow*
ablandaba *softened*
soplaba *was blowing*
orines *urine*
se habían apeñuscado *had become squinty*
desmenuzándola *crumbling it*
Más adelantito *A little further along*
ladeándose y agachándose *leaning and bending down*

al pardear de la tarde *at nightfall*
desteñida *dusky*
chamuscado *scorched*
surcos *furrows*
milpa tierna *tender corn*
cerro *hill*
marchitarse *to wither*

Y ahora seguía junto a ellos, aguantándose las ganas de decirles que lo soltaran. No les veía la cara; sólo veía los bultos que se repegaban o se separaban de él. De manera que cuando se puso a hablar, no supo si lo habían oído. Dijo:

—Yo nunca le he hecho daño a nadie —eso dijo. Pero nada cambió. Ninguno de los bultos pareció darse cuenta. Las caras no se volvieron a verlo. Siguieron igual, como si hubieran venido dormidos.

Entonces pensó que no tenía nada más que decir, que tendría que buscar la esperanza en algún otro lado. Dejó caer otra vez los brazos y entró en las primeras casas del pueblo en medio de aquellos cuatro hombres oscurecidos por el color negro de la noche.

—Mi coronel, aquí está el hombre.

Se habían detenido delante del boquete de la puerta. Él, con el sombrero en la mano, por respeto, esperando ver salir a alguien. Pero sólo salió la voz:

—¿Cuál hombre? —preguntaron.

—El de Palo de Venado, mi coronel, El que usted nos mandó a traer.

—Pregúntale que si ha vivido alguna vez en Alima —volvió a decir la voz de allá adentro.

—¡Ey, tú! ¿Que si has habitado en Alima? —repitió la pregunta el sargento que estaba frente a él.

—Sí. Dile al coronel que de allá mismo soy. Y que allí he vivido hasta hace poco.

—Pregúntale que si conoció a Guadalupe Terreros.

—Que dizque si conociste a Guadalupe Terreros.

—¿A don Lupe? Sí. Dile que sí lo conocí. Ya murió.

Entonces la voz de allá adentro cambió de tono:

—Ya sé que murió —dijo. Y siguió hablando como si platicara con alguien allá, al otro lado de la pared de carrizos.

«—Guadalupe Terreros era mi padre. Cuando crecí y lo busqué me dijeron que estaba muerto. Es algo difícil crecer sabiendo que la cosa de donde podemos agarrarnos para enraizar está muerta. Con nosotros, eso pasó.

»Luego supe que lo habían matado a machetazos, clavándole después una pica de buey en el estómago. Me contaron que duró más de dos días perdido y que, cuando lo encontraron, tirado en un arroyo, todavía estaba agonizando y pidiendo el encargo de que le cuidaran a su familia.

---

bultos *vague shapes*
se repegaban *came nearer, got closer*
Se habían detenido *They had stopped*
boquete *opening*
como si platicara *as if he were talking*
la pared de carrizos *reed wall*
agarrarnos *to hang on to*

enraizar *to take roots from*
lo habían matado a machetazos *they had chopped him up with a machete*
pica de buey *ox goad*
arroyo *brook*
estaba agonizando *he was dying*
pidiendo el encargo *requesting the favor*

»Esto, con el tiempo, parece olvidarse. Uno trata de olvidarlo. Lo que no se olvida es llegar a saber que el que hizo aquello está aún vivo, alimentando su alma podrida con la ilusión de la vida eterna. No podría perdonar a ése, aunque no lo conozco; pero el hecho de que se haya puesto en el lugar donde yo sé que está, me da ánimos para acabar con él. No puedo perdonarle que siga viviendo. No debía haber nacido nunca.»

Desde acá, desde afuera, se oyó bien claro cuanto dijo. Después ordenó:

—¡Llévenselo y amárrenlo un rato, para que padezca, y luego fusílenlo!

—¡Mírame, coronel! —pidió él—. Ya no valgo nada. No tardaré en morirme solito, derrengado de viejo. ¡No me mates...!

—¡Llévenselo! —volvió a decir la voz de adentro.

—...Ya he pagado, coronel. He pagado muchas veces. Todo me lo quitaron. Me castigaron de muchos modos. Me he pasado cosa de cuarenta años escondido como un apestado, siempre con el pálpito de que en cualquier rato me matarían. No merezco morir así, coronel. Déjame que, al menos, el Señor me perdone. ¡No me mates! ¡Diles que no me maten!

Estaba allí, como si lo hubieran golpeado, sacudiendo su sombrero contra la tierra. Gritando.

En seguida la voz de allá adentro dijo:

—Amárrenlo y denle algo de beber hasta que se emborrache para que no le duelan los tiros.

Ahora, por fin, se había apaciguado. Estaba allí arrinconado al pie del horcón. Había venido su hijo Justino y su hijo Justino se había ido y había vuelto y ahora otra vez venía.

Lo echó encima del burro. Lo apretaló bien apretado al aparejo para que no se fuese a caer por el camino. Le metió su cabeza dentro de un costal para que no diera mala impresión. Y luego le hizo pelos al burro y se fueron, arrebiatados, de prisa, para llegar a Palo de Venado todavía con tiempo para arreglar el velorio del difunto.

---

alimentando *feeding*
me da ánimos *makes me feel like*
para que padezca *so he will suffer*
fusílenlo *shoot him*
derrengado de viejo *crippled by old age*
apestado *leper*
pálpito *fear, presentiment*
sacudiendo *beating*

arrinconado *forgotten*
Lo apretaló bien apretado al aparejo *He cinched him up tight against the saddle*
costal *sack*
le hizo pelos al burro *he made the burro gallop*
arrebiatados *resolutely*
velorio *wake*

—Tu nuera y los nietos te extrañarán —iba diciéndole—. Te mirarán a la cara y creerán que no eres tú. Se les afigurará que te ha comido el coyote, cuando te vean con esa cara tan llena de boquetes por tanto tiro de gracia como te dieron.

I. Práctica de vocabulario

A. Empareje las palabras o expresiones en la Columna A con la definición apropiada en la Columna B.

A	B
1. darse maña	a. atar
2. horcón	b. azotado, acosado
3. hostigado	c. matar con un fusil
4. compadre	ch. temporada seca
5. amarrar	d. usar la destreza o astucia
6. fusilar	e. saciar el apetito
7. sequía	f. abertura, boquete, hueco
8. agujero	g. madero fijo en el suelo
9. milpa	h. hierba que come el ganado
10. hartarse	i. padrino, amigo
11. pasto	j. tranquilizarse
12. apaciguarse	k. planta de maíz

B. Complete las oraciones siguientes con la forma apropiada de una palabra o expresión en la Columna A del ejercicio anterior.

1. Juvencio no se puede mover. Está ____ a un ____ .
2. Él había intentado dormir un poco para ____ , pero el sueño se le había ido.
3. Por la ____ la tierra estaba árida. La tierra ____ se quemaba en las huertas y los animales morían ____ por el hambre.
4. Don Lupe no quería que los animales de Juvencio se comieran el ____ de sus potreros. No obstante, Juvencio rompía la cerca y dejaba que su ganado ____ de comer.
5. Anoche unos ladrones abrieron un ____ en la pared de la cocina, entraron a mi casa y se llevaron todo mi dinero.

Se les afigurará *They will figure*
boquetes *gaping holes*
tanto tiro de gracia *so many shots to finish you off*

6. Él quiere que su hijo ____ para convencer al coronel.
7. El coronel llamó a sus soldados y ordenó que ____ a Juvencio.
8. Esta noche viene mi ____ para cenar con nosotros.

II. Ejercicios de comprensión

Lea las oraciones siguientes y decida si son ciertas o falsas. Cuando sean falsas, cámbielas para hacer una frase verdadera, según la lectura.

1. Juvencio quiere que lo maten.
2. Justino se ofreció inmediatamente a interceder por su padre.
3. Juvencio había matado a don Lupe porque éste le había negado el pasto para sus animales.
4. El asesinato de don Lupe ocurrió hace veinticinco años.
5. Don Lupe no tenía familia.
6. Juvencio ha pasado su vida huyendo.
7. Cuando Juvencio supo que su mujer se le había ido, salió a buscarla y la mató.
8. El coronel es el compadre de don Lupe.
9. El coronel manda que fusilen a Juvencio para vengar la muerte de su padre.
10. Justino piensa que su mujer y sus hijos van a reconocer a Juvencio tan pronto como lleguen.

III. Preguntas sobre la lectura

1. ¿Cuáles son las obras principales de Juan Rulfo?
2. ¿Qué temas trata la obra de Juan Rulfo?
3. ¿Qué le ruega Juvencio a Justino?
4. Según Juvencio, ¿por qué no lo deben matar?
5. ¿Cómo reacciona Juvencio ante la posibilidad de su muerte?
6. ¿Quién era don Lupe Terreros?
7. ¿Cómo reaccionó don Lupe cuando Juvencio metió su ganado en el potrero?
8. ¿Por qué lo mató Juvencio?
9. ¿Cómo pudo salir de la cárcel?
10. ¿Adónde fue a vivir Juvencio? ¿Cómo era su vida ahí?
11. ¿Por qué no necesitaron amarrar a Juvencio los que fueron a buscarlo?
12. ¿Cómo es el diálogo entre Juvencio y el coronel?
13. ¿Cuál es la relación entre el coronel y don Lupe?
14. ¿Qué manda a hacer el coronel al final?
15. ¿Quién viene a recoger el cadáver de Juvencio?
16. ¿Qué le dice Justino a su padre muerto?

IV. Análisis del texto

1. Describa la estructura del cuento. ¿Cuántos puntos de vista se presentan? ¿De quiénes son? ¿Cuál es el efecto de las múltiples perspectivas narrativas en el cuento?
2. Describa la dimensión temporal del cuento. ¿Cuál es el efecto de los saltos del presente al pasado en la narración?
3. ¿Cómo se puede resumir la situación dramática del cuento? ¿Cuál es el conflicto central?
4. ¿Cómo es el lenguaje de los personajes y del narrador anónimo? ¿Qué vocabulario usan los personajes en su diálogo? ¿Logran una verdadera comunicación en su diálogo?
5. ¿Qué emociones predominan en el cuento? Por ejemplo, ¿qué siente Juvencio? ¿Justino? ¿El coronel? ¿Cómo manifiestan estas emociones?
6. ¿Cómo se mantiene el elemento de tensión a través del cuento? ¿Se relaciona con la múltiple perspectiva narrativa del cuento?
7. Compare la actitud de los hijos (Justino y el coronel) ante la muerte de sus padres respectivos.

V. Temas de conversación y composición

1. ¿Cómo se presenta el concepto de justicia en el cuento? ¿Le parece a Ud. sólo una manifestación de la fuerza de la venganza? ¿Merece el protagonista el castigo que le dieron? ¿Cree Ud. que Juvencio ha sido víctima en algún sentido?
2. ¿Cómo retrata Rulfo la vida del campesino mexicano en este cuento? Describa la relación entre los terratenientes o dueños de la tierra y los pobres que no poseen tierra. ¿Qué efecto tuvo la revolución mexicana en el reparto de la propiedad en el país?
3. La violencia se manifiesta en muchos niveles en este cuento. En su opinión, ¿cuál es la causa principal de esta violencia que caracteriza las relaciones humanas en el cuento?

Bibliografía selecta

Brower, Gary L. "'Diles que no me maten': Aproximación a su estructura y significado". *Nueva Narrativa Hispanoamericana* 3.2 (1973): 231–235.

González Boixo, J. C. *Claves narrativas de Juan Rulfo.* León: Universidad de León, 1983.

Portal, Marta. *Rulfo: Dinámica de la violencia.* Madrid: Ediciones Cultura Hispánica, 1984.

---

venganza *revenge*
merece *Does ... deserve*
castigo *punishment*
sentido *sense*
terratenientes *landowners*

dueños *owners*
reparto *distribution*
propiedad *property*
niveles *levels*

Jorge Luis Borges

(*Argentina, 1899–1986*)

Jorge Luis Borges, generalmente considerado el maestro del cuento fantástico hispanoamericano, nació en Buenos Aires en 1899. Como el héroe del cuento que incluimos aquí, Borges tuvo antepasados que lucharon valientemente por la independencia de la Argentina. Su padre, profesor de psicología, se interesaba mucho por la literatura y en parte inspiró a Borges en su vocación literaria. Entre 1914 y 1918 Borges hizo sus estudios secundarios en Ginebra, Suiza. Luego por una temporada, residió en España donde se interesó por el ultraísmo, movimiento poético vanguardista que ponía énfasis en los efectos mágicos de la imaginería. En 1921 regresó a Buenos Aires donde formó un grupo de poetas que desarrolló una forma argentina del ultraísmo. En 1923 volvió a Europa y ahí viajó por Francia, España e Inglaterra donde perfeccionó su inglés en Cambridge. Sus obras poéticas de los años veinte son: *Fervor de Buenos Aires* (1923), *Luna de enfrente* (1925) y *Cuaderno de San Martín* (1929). Al principio de los años treinta empezó a cultivar el cuento. Su primera colección de cuentos es *Historia universal de la infamia* (1935). En 1938 Borges tuvo un accidente parecido al del protagonista de «El Sur» y pasó quince días entre la vida y la muerte, agonizando con septicemia. Después de este accidente casi fatal empezó a cultivar el cuento fantástico. Sus dos libros de cuentos más importantes datan de los años cuarenta: *Ficciones* (1944) y *El aleph* (1949), obra que ganó el premio nacional de literatura. Otras obras de ficción son *El jardín de los senderos que se bifurcan* (1941), *La muerte y la brújula* (1951) y *El hacedor* (1960).

Al caer la dictadura de Perón en 1955, se le nombró director de la Biblioteca Nacional y profesor de literatura inglesa en la Universidad de Buenos Aires. Su ceguera progresiva puso fin a gran parte de su actividad creativa en las dos décadas siguientes. Sus cuentos de los años setenta se recogieron en *El informe de Brodie* (1970) y *El libro de arena* (1975).

En los cuentos de Borges, encontramos una mezcla de motivos realistas y fantásticos. Su ficción no trata de problemas sociales específicos, sino temas universales y filosóficos como el tiempo y el espacio, el infinito y el eterno retorno, la libertad y el destino, la

antepasados *ancestors*
imaginería *imagery*
septicemia *septicemia, "blood poisoning"*
El jardín de los senderos que se bifurcan The Garden of the Forking Paths (*Labyrinth*)
La muerte y la brújula Death and the Compass
El hacedor The Maker
ceguera *blindness*
El informe de Brodie Brodie's Report
El libro de arena The Book of Sand

relación entre la literatura y la vida, la cuestión de la identidad, la muerte, la magia, el valor y el sentido del universo. En muchos de sus relatos, que son como juegos de fantasía, todo lo soñado e imaginable parece caber dentro de lo posible. El cuento que pretende ser biografía, ensayo y artículo crítico es uno de los rasgos característicos de la ficción borgeana.

Una idea que surge constantemente en su ficción es que el universo es un laberinto o un caos sin sentido en que se pierde el ser humano. En el laberinto del universo predominan el azar y el elemento irracional. El individuo que trata de descifrar el enigma del universo no puede tener éxito porque nada tiene sentido en el destino humano. Muchos de sus cuentos subrayan las limitaciones del individuo, que sólo a través de la imaginación o los sueños puede superar esa condición humana.

Muchas de estas ideas se encuentran en «El Sur», que Borges denominó «acaso mi mejor cuento». Su protagonista aspira a hacerse dueño de su propio destino. Quisiera escoger una muerte noble y digna bajo el código varonil de los gauchos, pero está limitado por las circunstancias reales de la vida. Sólo puede superar estas limitaciones con la imaginación y el sueño. El viaje que hace el protagonista no es sólo un viaje por el espacio, sino que es un viaje por el tiempo y la imaginación. La línea entre el sueño y la realidad se borra imperceptiblemente. Este cuento se puede leer en varios niveles: en relación con el autor y su vida, como una búsqueda de identidad o como un relato de autodescubrimiento.

El Sur

El hombre que desembarcó en Buenos Aires en 1871 se llamaba Johannes Dahlmann y era pastor de la iglesia evangélica; en 1939, uno de sus nietos, Juan Dahlmann, era secretario de una biblioteca municipal en la calle Córdoba y se sentía hondamente argentino. Su abuelo materno había sido aquel Francisco Flores, del 2 de infantería de línea, que murió en la frontera de Buenos Aires, lanceado por indios de Catriel; en la discordia de sus dos linajes, Juan Dahlmann (tal vez a impulso de la sangre germánica) eligió el de ese antepasado romántico, o de muerte romántica. Un estuche con el daguerrotipo de un hombre inexpresivo y barbado, una vieja espada, la dicha y el coraje de ciertas músicas, el hábito

---

rasgos *traits, features*
laberinto *labyrinth*
azar *chance, fate*
tener éxito *to be successful*
superar *transcend*
denominado *named, called*
código varonil *manly code*
se borra *is erased*
niveles *levels*

autodescubrimiento *self-discovery*
hondamente *profoundly*
lanceado *speared*
estuche *leather frame or case*
barbado *bearded*
espada *sword*
dicha *happiness*

de estrofas del *Martín Fierro*, los años, el desgano y la soledad, fomentaron ese criollismo algo voluntario, pero nunca ostentoso. A costa de algunas privaciones, Dahlmann había logrado salvar el casco de una estancia en el Sur, que fue de los Flores; una de las costumbres de su memoria era la imagen de los eucaliptos balsámicos y de la larga casa rosada que alguna vez fue carmesí. Las tareas y acaso la indolencia lo retenían en la ciudad. Verano tras verano se contentaba con la idea abstracta de posesión y con la certidumbre de que su casa estaba esperándolo, en un sitio preciso de la llanura. En los últimos días de febrero de 1939, algo le aconteció.

Ciego a las culpas, el destino puede ser despiadado con las mínimas distracciones. Dahlmann había conseguido, esa tarde, un ejemplar descabalado de las *Mil y Una Noches* de Weil; ávido de examinar ese hallazgo, no esperó que bajara el ascensor y subió con apuro las escaleras; algo en la oscuridad le rozó la frente, ¿un murciélago, un pájaro? En la cara de la mujer que le abrió la puerta vio grabado el horror, y la mano que se pasó por la frente salió roja de sangre. La arista de un batiente recién pintado que alguien se olvidó de cerrar le habría hecho esa herida. Dahlmann logró dormir, pero a la madrugada estaba despierto y desde aquella hora el sabor de todas las cosas fue atroz. La fiebre lo gastó y las ilustraciones de las *Mil y Una Noches* sirvieron para decorar pesadillas. Amigos y parientes lo visitaban y con exagerada sonrisa le repetían que lo hallaban muy bien. Dahlmann los oía con una especie de débil estupor y le maravillaba que no supieran que estaba en el infierno. Ocho días pasaron, como ocho siglos. Una tarde, el médico habitual se presentó con un médico nuevo y lo condujeron a un sanatorio de la calle Ecuador, porque era indispensable sacarle una radiografía. Dahlmann, en el coche de plaza que los llevó, pensó que en una habitación que no fuera la suya podría, al fin, dormir. Se sintió feliz y conversador; en cuanto llegó, lo desvistieron, le raparon la cabeza, lo sujetaron con metales a una camilla,

---

Martín Fierro *long narrative poem by the Argentine José Hernández, which is divided into two parts:* The Gaucho Martín Fierro (1872) *and* The Return of Martín Fierro (1879)
desgano *reluctance*
criollismo *South American nationalism; taste for indigenous Argentine culture in this instance*
A costa de *At the expense of*
el casco de una estancia *part of an estate*
carmesí *crimson*
llanura *plain*
algo le aconteció *something happened to him*
despiadado *cruel, merciless*
descabalado *incomplete*

las Mil y Una Noches A Thousand and One Nights, *a series of stories in Arabic, strung together by the story of Scheherazade who kept her sultan husband from killing her by telling these tales over 1,001 nights*
hallazgo *find*
murciélago *bat*
La arista de un batiente *The edge of a door jamb*
La fiebre lo gastó *Fever consumed him*
radiografía *X-ray*
coche de plaza *taxi*
camilla *stretcher*

lo iluminaron hasta la ceguera y el vértigo, lo auscultaron y un hombre enmascarado le clavó una aguja en el brazo. Se despertó con náuseas, vendado, en una celda que tenía algo de pozo y, en los días y noches que siguieron a la operación pudo entender que apenas había estado, hasta entonces, en un arrabal del infierno. El hielo no dejaba en su boca el menor rastro de frescura. En esos días, Dahlmann minuciosamente se odió; odió su identidad, sus necesidades corporales, su humillación, la barba que le erizaba la cara. Sufrió con estoicismo las curaciones, que eran muy dolorosas, pero cuando el cirujano le dijo que había estado a punto de morir de una septicemia, Dahlmann se echó a llorar, condolido de su destino. Las miserias físicas y la incesante previsión de las malas noches no le habían dejado pensar en algo tan abstracto como la muerte. Otro día, el cirujano le dijo que estaba reponiéndose y que, muy pronto, podría ir a convalecer a la estancia. Increíblemente, el día prometido llegó.

A la realidad le gustan las simetrías y los leves anacronismos; Dahlmann había llegado al sanatorio en un coche de plaza y ahora un coche de plaza lo llevaba a Constitución. La primera frescura del otoño, después de la opresión del verano, era como un símbolo natural de su destino rescatado de la muerte y la fiebre. La ciudad, a las siete de la mañana, no había perdido ese aire de casa vieja que le infunde la noche; las calles eran como largos zaguanes, las plazas como patios. Dahlmann la reconocía con felicidad y con un principio de vértigo; unos segundos antes de que las registraran sus ojos, recordaba las esquinas, las carteleras, las modestas diferencias de Buenos Aires. En la luz amarilla del nuevo día, todas las cosas regresaban a él.

Nadie ignora que el Sur empieza del otro lado de Rivadavia. Dahlmann solía repetir que ello no es una convención y que quien atraviesa esa calle entra en un mundo más antiguo y más firme. Desde el coche buscaba entre la nueva edificación, la ventana de rejas, el llamador, el arco de la puerta, el zaguán, el íntimo patio.

En el *hall* de la estación advirtió que faltaban treinta minutos. Recordó bruscamente que en un café de la calle Brasil (a pocos metros de la casa de Yrigoyen)

---

lo auscultaron *they examined him with a stethoscope*
vendado *bandaged*
un arrabal del infierno *the outskirts of hell*
la barba que le erizaba la cara *his beard that irritated his face*
reponiéndose *recovering*
Constitución *principal train station in Buenos Aires*
rescatado *rescued*
infunde *instills*
zaguanes *vestibules (in a colonial Spanish American style)*
carteleras *billboards*
Rivadavia *principal avenue in Buenos Aires*
edificación *construction*
rejas *bars, grills*
llamador *doorknocker*
Yrigoyen *Argentine politician (1852–1933), President of the Republic (1916–1922), reelected in 1928, and ousted in 1930 by a revolution led by José Félix Uriburu*

había un enorme gato que se dejaba acariciar por la gente, como una divinidad desdeñosa. Entró. Ahí estaba el gato, dormido. Pidió una taza de café, la endulzó lentamente, la probó (ese placer le había sido vedado en la clínica) y pensó, mientras alisaba el negro pelaje, que aquel contacto era ilusorio y que estaban como separados por un cristal, porque el hombre vive en el tiempo, en la sucesión, y el mágico animal, en la actualidad, en la eternidad del instante.

A lo largo del penúltimo andén el tren esperaba. Dahlmann recorrió los vagones y dio con uno casi vacío. Acomodó en la red la valija; cuando los coches arrancaron, la abrió y sacó, tras alguna vacilación, el primer tomo de las *Mil y Una Noches*. Viajar con este libro, tan vinculado a la historia de su desdicha, era una afirmación de que esa desdicha había sido anulada y un desafío alegre y secreto a las frustradas fuerzas del mal.

A los lados del tren, la ciudad se desgarraba en suburbios; esta visión y luego la de los jardines y quintas demoraron el principio de la lectura. La verdad es que Dahlmann leyó poco; la montaña de piedra imán y el genio que ha jurado matar a su bienhechor eran, quién lo niega, maravillosos, pero no mucho más que la mañana y que el hecho de ser. La felicidad lo distraía de Shahrazad y de sus milagros superfluos; Dahlmann cerraba el libro y se dejaba simplemente vivir.

El almuerzo (con el caldo servido en boles de metal reluciente, como en los ya remotos veraneos de la niñez) fue otro goce tranquilo y agradecido.

Mañana me despertaré en la estancia, pensaba, y era como si a un tiempo fuera dos hombres: el que avanzaba por el día otoñal y por la geografía de la patria, y el otro, encarcelado en un sanatorio y sujeto a metódicas servidumbres. Vio casas de ladrillo sin revocar, esquinadas y largas, infinitamente mirando pasar los trenes; vio jinetes en los terrosos caminos; vio zanjas y lagunas y haciendas; vio largas nubes luminosas que parecían de mármol, y todas estas cosas eran casuales, como sueños de la llanura. También creyó reconocer árboles y sembrados que no hubiera podido nombrar, porque su directo conocimiento de la campaña era harto inferior a su conocimiento nostálgico y literario.

Alguna vez durmió y en sus sueños estaba el ímpetu del tren. Ya el blanco sol intolerable de las doce del día era el sol amarillo que precede al anochecer y no

---

vedado *forbidden*
alisaba el negro pelaje *he petted the black fur*
andén *platform*
Acomodó en la red la valija *He put his suitcase in the luggage rack*
desdicha *misfortune*
desafío *challenge*
se desgarraba *broke up*
quintas *villas, country houses*
demoraron *delayed*
piedra imán *loadstone*

genio *genie*
bienhechor *benefactor*
Shahrazad *Scheherazade, protagonist of A Thousand and One Nights*
encarcelado *imprisoned*
casas de ladrillo sin revocar *brick houses without stucco*
jinetes en los terrosos caminos *riders on the dirt roads*
zanjas *ditches*
campaña *countryside*
harto *quite*

tardaría en ser rojo. También el coche era distinto; no era el que fue en Constitución, al dejar el andén: la llanura y las horas lo habían atravesado y transfigurado. Afuera la móvil sombra del vagón se alargaba hacia el horizonte. No turbaban la tierra elemental ni poblaciones ni otros signos humanos. Todo era vasto, pero al mismo tiempo era íntimo y, de alguna manera, secreto. En el campo desaforado, a veces no había otra cosa que un toro. La soledad era perfecta y tal vez hostil, y Dahlmann pudo sospechar que viajaba al pasado y no sólo al Sur. De esa conjetura fantástica lo distrajo el inspector que al ver su boleto, le advirtió que el tren no lo dejaría en la estación de siempre sino en otra, un poco anterior y apenas conocida por Dahlmann. (El hombre añadió una explicación que Dahlmann no trató de entender ni siquiera de oír, porque el mecanismo de los hechos no le importaba.)

El tren laboriosamente se detuvo, casi en medio del campo. Del otro lado de las vías quedaba la estación, que era poco más que un andén con un cobertizo. Ningún vehículo tenían, pero el jefe opinó que tal vez pudiera conseguir uno en un comercio que le indicó a unas diez, doce, cuadras.

Dahlmann aceptó la caminata como una pequeña aventura. Ya se había hundido el sol, pero un resplandor final exaltaba la viva y silenciosa llanura, antes de que la borrara la noche. Menos para no fatigarse que para hacer durar esas cosas, Dahlmann caminaba despacio, aspirando con grave felicidad el olor del trébol.

El almacén, alguna vez, había sido punzó, pero los años habían mitigado para su bien ese color violento. Algo en su pobre arquitectura le recordó un grabado en acero, acaso de una vieja edición de *Pablo y Virginia*. Atados al palenque había unos caballos. Dahlmann, adentro, creyó reconocer al patrón; luego comprendió que lo había engañado su parecido con uno de los empleados del sanatorio. El hombre, oído el caso, dijo que le haría atar la jardinera; para agregar otro hecho a aquel día, y para llenar ese tiempo, Dahlmann resolvió comer en el almacén.

En una mesa comían y bebían ruidosamente unos muchachones, en los que Dahlmann, al principio, no se fijó. En el suelo, apoyado en el mostrador, se acurrucaba, inmóvil como una cosa, un hombre muy viejo. Los muchos años lo habían reducido y pulido como las aguas a una piedra o las generaciones de los

---

atravesado *passed through, crossed over*
turbaban *disturbed*
desaforado *huge, enormous*
cobertizo *shelter*
caminata *walk*
resplandor *radiance, afterglow*
el olor del trébol *the smell of clover*
almacén *store*
punzó *bright red*

un grabado en acero *a steel engraving*
Pablo y Virginia *prose idyll (1788) written by the French writer, Jacques Henri Bernardin de Saint-Pierre (1737–1814), who was strongly influenced by Rousseau*
palenque *tethering post*
oído el caso *having heard his story*
jardinera *light two-wheeled cart*
se acurrucaba *squatted*

hombres a una sentencia. Era oscuro, chico y reseco, y estaba como fuera del tiempo, en una eternidad. Dahlmann registró con satisfacción la vincha, el poncho de bayeta, el largo chiripá y la bota de potro y se dijo, rememorando inútiles discusiones con gente de los partidos del Norte o con entrerrianos, que gauchos de esos ya no quedan más que en el Sur.

Dahlmann se acomodó junto a la ventana. La oscuridad fue quedándose con el campo, pero su olor y sus rumores aún le llegaban entre los barrotes de hierro. El patrón le trajo sardinas y después carne asada. Dahlmann las empujó con unos vasos de vino tinto. Ocioso, paladeaba el áspero sabor y dejaba errar la mirada por el local, ya un poco soñolienta. La lámpara de kerosén pendía de uno de los tirantes; los parroquianos de la otra mesa eran tres: dos parecían peones de chacra; otro, de rasgos achinados y torpes, bebía con el chambergo puesto. Dahlmann, de pronto, sintió un leve roce en la cara. Junto al vaso ordinario de vidrio turbio, sobre una de las rayas del mantel, había una bolita de miga. Eso era todo, pero alguien se la había tirado.

Los de la otra mesa parecían ajenos a él. Dahlmann, perplejo, decidió que nada había ocurrido y abrió el volumen de las *Mil y Una Noches*, como para tapar la realidad. Otra bolita lo alcanzó a los pocos minutos, y esta vez los peones se rieron. Dahlmann se dijo que no estaba asustado, pero que sería un disparate que él, un convaleciente, se dejara arrastrar por desconocidos a una pelea confusa. Resolvió salir; ya estaba de pie cuando el patrón se le acercó y lo exhortó con voz alarmada:

—Señor Dahlmann, no les haga caso a esos mozos, que están medio alegres.

Dahlmann no se extrañó de que el otro, ahora, lo conociera, pero sintió que estas palabras conciliadoras agravaban, de hecho, la situación. Antes, la provocación de los peones era a una cara accidental, casi a nadie; ahora iba contra él y contra su nombre y lo sabrían los vecinos. Dahlmann hizo a un lado al patrón, se enfrentó con los peones y les preguntó qué andaban buscando.

El compadrito de la cara achinada se paró, tambaleándose. A un paso de Juan Dahlmann, lo injurió a gritos, como si estuviera muy lejos. Jugaba a exagerar su borrachera y esa exageración era una ferocidad y una burla. Entre malas palabras

---

sentencia *proverb*
reseco *skinny, lean*
vincha *headband*
poncho de bayeta *woolen poncho*
chiripá *a kind of blanket worn as trousers*
bota de potro *riding boots*
entrerrianos *inhabitants of the province of Entre Ríos in Argentina*
las empujó *washed them down*
paladeaba *tasted*
tirantes *beams*

parroquianos *customers*
peones de chacra *farmhands*
chambergo *wide-brimmed soft hat*
roce *graze*
bolita de miga *a crumb ball*
tapar *to cover up*
disparate *absurd thing to do, mistake*
cara accidental *face of a stranger*
hizo a un lado *moved aside*
tambaleándose *staggering*
injurió *insulted*

y obscenidades, tiró al aire un largo cuchillo, lo siguió con los ojos, lo barajó, e invitó a Dahlmann a pelear, El patrón objetó con trémula voz que Dahlmann estaba desarmado. En ese punto, algo imprevisible ocurrió.

Desde un rincón, el viejo gaucho extático, en el que Dahlmann vio una cifra del Sur (del Sur que era suyo), le tiró una daga desnuda que vino a caer a sus pies. Era como si el Sur hubiera resuelto que Dahlmann aceptara el duelo. Dahlmann se inclinó a recoger la daga y sintió dos cosas. La primera, que ese acto casi instintivo lo comprometía a pelear. La segunda, que el arma, en su mano torpe, no serviría para defenderlo, sino para justificar que lo mataran. Alguna vez había jugado con un puñal, como todos los hombres, pero su esgrima no pasaba de una noción de que los golpes deben ir hacia arriba y con el filo para adentro. *No hubieran permitido en el sanatorio que me pasaran estas cosas*, pensó.

—Vamos saliendo —dijo el otro.

Salieron, y si en Dahlmann no había esperanza, tampoco había temor. Sintió, al atravesar el umbral, que morir en una pelea a cuchillo, a cielo abierto y acometiendo, hubiera sido una liberación para él, una felicidad y una fiesta, en la primera noche del sanatorio, cuando le clavaron la aguja. Sintió que si él, entonces, hubiera podido elegir o soñar su muerte, ésta es la muerte que hubiera elegido o soñado.

Dahlmann empuña con firmeza el cuchillo, que acaso no sabrá manejar, y sale a la llanura.

I. Práctica de vocabulario

A. Empareje las palabras o expresiones en la Columna A con la definición apropiada en la Columna B.

A	B
1. desgano	a. sin compasión
2. disparate	b. vestíbulo de una casa
3. despiadado	c. apatía
4. hallazgo	ch. prohibido
5. arrabal	d. atrocidad, desatino
6. cartelera	e. interrumpir, alterar
7. zaguán	f. asir con la mano

---

barajó *caught*
daga *dagger*
duelo *duel*
torpe *clumsy*
puñal *dagger*
esgrima *swordsmanship*
filo *cutting edge, blade*
al atravesar el umbral *upon crossing the threshold*
acometiendo *attacking*
empuña *grabs*

8. vedado
9. turbar
10. acurrucarse
11. paladear
12. injuriar
13. empuñar
14. miga

g. saborear
h. cosa encontrada
i. afueras
j. ofender
k. agacharse
l. parte interior del pan
ll. cartel anunciador de funciones teatrales o de algunos otros espectáculos

B. Complete las oraciones siguientes con la forma apropiada de una palabra o expresión en la Columna A del ejercicio anterior.

1. Los médicos le habían ____ el placer de fumar; por eso, él ____ tanto el cigarrillo que yo le ofrecí.
2. No se debe ____ la paz de la iglesia.
3. El niño era muy cruel. Era especialmente ____ con los animales.
4. Al tirarle una ____ de pan, los gauchos ____ a Juan Dahlmann.
5. No quería comer, ni beber, ni hacer nada; sentía ____ por todo.
6. En los ____ de la ciudad, hay muchas casas nuevas.
7. Antes de salir a la llanura, Juan ____ el cuchillo.
8. En el suelo del almacén, apoyado en el mostrador, ____, inmóvil como una cosa, un hombre muy viejo.
9. Para entrar en la casa hay que pasar por el ____.
10. Creo que sería un verdadero ____ pelear con el hombre porque tiene un puñal.
11. Desde el coche Dahlmann veía las ____ que anunciaban las nuevas películas europeas.
12. El manuscrito que encontró en la biblioteca es muy valioso. ¡Qué gran ____!

II. Ejercicios de comprensión

Complete cada oración con la palabra o la expresión apropiada, según la lectura.

1. Juan Dahlmann era secretario de...
2. Su abuelo materno murió...
3. En los últimos días de febrero de 1939, Juan Dahlmann...
4. Lo condujeron a un sanatorio de la calle Ecuador porque...

5. Un cirujano le dijo que había estado a punto de morir de...
6. En un café de la calle Brasil había...
7. El libro que lleva Juan Dahlmann en el viaje en tren es...
8. Juan Dahlmann sospechó que no sólo viajaba al Sur, sino...
9. El inspector le advirtió que el tren...
10. Mientras Juan Dahlmann comía en el almacén, sintió...
11. El compadrito de la cara achinada invitó a Juan Dahlmann a...
12. El viejo gaucho le tiró a Juan Dahlmann...
13. Juan Dahlmann sintió que morir en una pelea a cuchillo hubiera sido...
14. Al final del cuento, Juan Dahlmann empuña el cuchillo y...

III. Preguntas sobre la lectura

1. ¿Dónde hizo Borges sus estudios? ¿Qué sabe Ud. de su formación literaria?
2. ¿Qué idea surge constantemente en la ficción de Borges?
3. ¿Quiénes eran los abuelos de Juan Dahlmann?
4. ¿Qué había logrado salvar Juan Dahlmann?
5. ¿Qué quería examinar cuando le ocurrió el accidente?
6. ¿Adónde lo llevaron después de ocho días? ¿Qué hicieron ahí?
7. ¿Qué le dijo el cirujano al principio? ¿Y después?
8. ¿Adónde lo llevó el coche de plaza la segunda vez?
9. ¿Qué estación era?
10. Según el narrador, ¿dónde empieza el Sur?
11. ¿Adónde fue mientras esperaba el tren?
12. ¿En qué pensaba al alisar el pelaje del gato?
13. ¿Qué hacía durante el viaje? ¿Qué leía? ¿En qué pensaba? ¿Qué veía desde el tren?
14. ¿En dónde se detuvo el tren?
15. ¿Qué hora del día era?
16. ¿Cómo era el almacén?
17. ¿A quién se parecía el patrón?
18. ¿Quiénes estaban en el almacén?
19. ¿Cómo era el viejo gaucho?
20. ¿Cómo reaccionó Juan Dahlmann cuando le tiraron una bolita de miga?
21. ¿Qué le dijo el patrón? ¿Por qué agravaron sus palabras la situación?
22. ¿Cómo se comportó el compadrito de la cara achinada ante Juan Dahlmann? ¿A qué le invitó?
23. ¿Qué hizo el viejo gaucho entonces?
24. ¿Qué sentía Juan Dahlmann al salir del almacén?
25. ¿Tenía miedo de la muerte?

IV. Análisis del texto

1. ¿Cómo se podría resumir en dos o tres oraciones la trama de «El Sur»?
2. ¿Cuáles son las obras literarias que se mencionan en el cuento? ¿Tienen alguna relación con la temática del cuento?
3. ¿Qué parece significar el viaje que hace Juan Dahlmann al Sur? ¿Qué representa el Sur para Juan Dahlmann?
4. ¿Recuerda la descripción del gato otra descripción en el cuento? ¿En qué sentido? ¿Qué paralelismos o repeticiones se encuentran en el cuento?
5. ¿Cuáles son los planos temporales que se presentan en el cuento? ¿Qué efecto causa el uso del tiempo presente en la última oración del cuento?
6. ¿Cómo interpreta Ud. el cuento? ¿Cree Ud. que Dahlmann sólo soñaba con su muerte? ¿Cree Ud. que todo lo que sucede en el cuento puede interpretarse como una alucinación de Dahlmann en el momento de morir de la septicemia? ¿Qué otras interpretaciones se podrían dar?

V. Temas de conversación y composición

1. ¿Qué significado parece tener el Sur y los gauchos para el argentino? ¿Qué valores representa el gaucho en la cultura argentina? ¿Tenemos un tipo como el gaucho en la cultura norteamericana? ¿Cuáles son sus características y qué representa en la cultura norteamericana?
2. En este cuento el protagonista escoge para sí una muerte violenta y varonil. Si Ud. pudiera escoger la manera en que va a morir, ¿qué muerte escogería?
3. Imagínese que Ud. es un director del cine y que va a montar una película basada en este cuento de Borges. ¿A qué actor escogería para hacer el papel de Juan Dahlmann? ¿En cuántas escenas se podría dividir el cuento? ¿Dónde la filmaría?

Bibliografía selecta

Gertel, Zunilda. "'El Sur' de Borges: Búsqueda de identidad en el laberinto." *Nueva Narrativa Hispanoamericana* 1.2 (1971): 35–55.

Phillips, Allen. "'El Sur' de Borges." *Revista Hispánica Moderna* 29 (1963): 140–147.

Shaw, Donald L. *Borges: Ficciones*. London: Grant & Cutler, 1976.

---

valores *values*
escoge *chooses*
montar una película *to put together or make a film*

V

*Entre el misterio
y lo maravilloso*

Julio Cortázar

(*Argentina, 1914–1984*)

Julio Cortázar nació en Bruselas, de padres argentinos. Cuando tenía cuatro años, su familia regresó a la Argentina, donde se crió en Banfield, un suburbio de Buenos Aires. Después de terminar sus estudios, trabajó de maestro de escuela secundaria y luego como profesor en la universidad de Cuyo, en Mendoza. En protesta contra la dictadura de Perón renunció a su cátedra y volvió a Buenos Aires. En 1951, se fue a vivir a París, donde trabajó como traductor independiente para la UNESCO y varias casas editoriales. Además, Cortázar escribió estudios de crítica literaria sobre las literaturas francesa, inglesa e hispanoamericana. Siempre fue un ávido lector de la ficción moderna de los Estados Unidos, Inglaterra, Francia e Hispanoamérica. Le interesó también el surrealismo. Estas influencias son reconocibles en su obra, cuyo espíritu cosmopolita recuerda la obra de su compatriota, Jorge Luis Borges.

En la obra de Cortázar se destacan sus colecciones de cuentos: *Bestiario* (1951), *Final del juego* (1956), *Las armas secretas* (1958) y *Todos los fuegos el fuego* (1966). En estas primeras colecciones de cuentos se ve claramente su afición por lo fantástico y por el surrealismo. En su novela *Los premios* (1960), Cortázar indaga la realidad psicológica y social del hombre. *Rayuela* (1963), su novela más larga y ambiciosa, se considera una de las obras más importantes de la literatura hispanoamericana de los años sesenta. En esta novela de limitada acción externa y mucha reflexión, Cortázar se burla de las ideas y valores convencionales de la sociedad y literatura occidentales. Su protagonista, Horacio Oliveira, es una especie de anti-héroe que trata de superar el aislamiento total en que vive buscando lograr comunicación con los otros. Anda en busca de una amada, la Maga, una mujer ingenua e infantil, que puede servirle como puente de comunicación. Él trata constantemente de razonar la sinrazón de la condición humana, pero al final se tiene que refugiar en el «no ser de la locura».

Perón, Juan Domingo
   (**1895–1974**) *Argentine general and politician, elected president in 1946, overthrown by a military coup in 1955 and forced into exile, elected president again in 1973*
cátedra *professorship*
reconocibles *recognizable*

se destacan *stand out*
Final del juego End Game
indaga *investigates*
Rayuela Hopscotch
se burla de *makes fun of*
aislamiento *isolation*
sinrazón *absurdity, injustice*

Estos mismos temas de la falta de comunicación, del aislamiento en que vive el hombre, de la sinrazón o lo ilógico de la vida surgen en el cuento de Cortázar que se incluye aquí. «Casa tomada», que apareció por primera vez en *Los anales de Buenos Aires* (1946), es un cuento de trama aparentemente muy sencilla, pero que al analizarlo por su simbolismo adquiere mayor complicación. Se puede considerar como una alegoría y se presta a varias interpretaciones. Se encuentran en este cuento los elementos irracionales y metafísicos presentes en toda la obra de Cortázar. La situación de los dos hermanos del cuento es esencialmente absurda. Viven acosados por fuerzas ocultas que les privan de las cosas que más aman en la vida. La suya parece ser una situación arbitraria en que no pueden levantar la más mínima protesta. Su situación podría simbolizar la realidad sociopolítica de una nueva generación que reemplaza a la antigua adinerada al caer la dictadura de Perón. En otro nivel, este cuento trata de la cuestión de la mente asediada por misteriosas fuerzas desconocidas que se aceptan como la realidad y que prohíben una vida libre y tranquila. Cortázar mismo consideraba este cuento como el fruto de una extraña pesadilla que tuvo. Como a Borges, a Cortázar le encantan los juegos intelectuales y literarios. También le gusta jugar con su lector. Le corresponde a un lector despierto y activo interpretar el significado de este cuento enigmático.

Casa tomada

Nos gustaba la casa porque aparte de espaciosa y antigua (hoy que las casas antiguas sucumben a la más ventajosa liquidación de sus materiales) guardaba los recuerdos de nuestros bisabuelos, el abuelo paterno, nuestros padres y toda la infancia.

Nos habituamos Irene y yo a persistir solos en ella, lo que era una locura pues en esa casa podían vivir ocho personas sin estorbarse. Hacíamos la limpieza por la mañana, levantándonos a las siete, y a eso de las once yo le dejaba a Irene las últimas habitaciones por repasar y me iba a la cocina. Almorzábamos a mediodía, siempre puntuales; ya no quedaba nada por hacer fuera de unos pocos platos sucios. Nos resultaba grato almorzar pensando en la casa profunda y silenciosa y cómo nos bastábamos para mantenerla limpia. A veces llegamos a creer que era ella la que no nos dejó casarnos. Irene rechazó dos pretendientes sin mayor motivo, a mí se me murió María Esther antes que llegáramos a comprometernos.

---

acosados *badgered*
asediada *besieged*
desconocidas *unknown*
pesadilla *nightmare*
ventajosa *advantageous*
Nos habituamos *We got used to*
sin estorbarse *without disturbing each other*
Nos resultaba grato *It was pleasant*
nos bastábamos para mantenerla limpia *we managed to keep it clean on our own*
pretendientes *suitors*
antes que llegáramos a comprometernos *before we got engaged*

Entramos en los cuarenta años con la inexpresada idea de que el nuestro, simple y silencioso matrimonio de hermanos, era necesaria clausura de la genealogía asentada por los bisabuelos en nuestra casa. Nos moriríamos allí algún día, vagos y esquivos primos se quedarían con la casa y la echarían al suelo para enriquecerse con el terreno y los ladrillos; o mejor, nosotros mismos la voltearíamos justicieramente antes de que fuese demasiado tarde.

Irene era una chica nacida para no molestar a nadie. Aparte de su actividad matinal se pasaba el resto del día tejiendo en el sofá de su dormitorio. No sé por qué tejía tanto, yo creo que las mujeres tejen cuando han encontrado en esa labor el gran pretexto para no hacer nada. Irene no era así, tejía cosas siempre necesarias, tricotas para el invierno, medias para mí, mañanitas y chalecos para ella. A veces tejía un chaleco y después lo destejía en un momento porque algo no le agradaba; era gracioso ver en la canastilla el montón de lana encrespada resistiéndose a perder su forma de algunas horas. Los sábados iba yo al centro a comprarle lana; Irene tenía fe en mi gusto, se complacía con los colores y nunca tuve que devolver madejas. Yo aprovechaba esas salidas para dar una vuelta por las librerías y preguntar vanamente si había novedades en literatura francesa. Desde 1939 no llegaba nada valioso a la Argentina.

Pero es de la casa que me interesa hablar, de la casa y de Irene, porque yo no tengo importancia. Me pregunto qué hubiera hecho Irene sin el tejido. Uno puede releer un libro, pero cuando un pullover está terminado no se puede repetirlo sin escándalo. Un día encontré el cajón de abajo de la cómoda de alcanfor lleno de pañoletas blancas, verdes, lila. Estaban con naftalina, apiladas como en una mercería; no tuve valor de preguntarle a Irene qué pensaba hacer con ellas. No necesitábamos ganarnos la vida, todos los meses llegaba la plata de los campos y el dinero aumentaba. Pero a Irene solamente la entretenía el tejido, mostraba una destreza maravillosa y a mí se me iban las horas viéndole las

---

clausura de la geneología *end of the family line*
vagos y esquivos primos *obscure and distant cousins*
la echarían al suelo *they would have it torn down*
la voltearíamos *we would topple it*
matinal *morning* (adjective)
tejiendo *knitting*
tricotas *sweaters*
medias *socks*
mañanitas *bed jackets*
chalecos *vests*
destejía *unraveled, unwove*

canastilla *basket*
lana *wool*
encrespada *curly, tangled*
madejas *skeins*
dar una vuelta *make the rounds*
novedades *anything new*
cajón *drawer*
cómoda de alcanfor *chest of drawers with mothballs*
pañoletas *shawls*
naftalina *mothballs*
apiladas *piled up*
mercería *store, haberdashery*
destreza *dexterity*

manos como erizos plateados, agujas yendo y viniendo y una o dos canastillas en el suelo donde se agitaban constantemente los ovillos. Era hermoso.

Cómo no acordarme de la distribución de la casa. El comedor, una sala con gobelinos, la biblioteca y tres dormitorios grandes quedaban en la parte más retirada, la que mira hacia Rodríguez Peña. Solamente un pasillo con su maciza puerta de roble aislaba esa parte del ala delantera donde había un baño, la cocina, nuestros dormitorios y el living central, al cual comunicaban los dormitorios y el pasillo. Se entraba a la casa por un zaguán con mayólica, y la puerta cancel daba al living. De manera que uno entraba por el zaguán, abría la cancel y pasaba al living; tenía a los lados las puertas de nuestros dormitorios, y al frente el pasillo que conducía a la parte más retirada; avanzando por el pasillo se franqueaba la puerta de roble y más allá empezaba el otro lado de la casa, o bien se podía girar a la izquierda justamente antes de la puerta y seguir por un pasillo más estrecho que llevaba a la cocina y el baño. Cuando la puerta estaba abierta advertía uno que la casa era muy grande; si no, daba la impresión de un departamento de los que se edifican ahora, apenas para moverse; Irene y yo vivíamos siempre en esta parte de la casa, casi nunca íbamos más allá de la puerta de roble, salvo para hacer la limpieza, pues es increíble cómo se junta tierra en los muebles. Buenos Aires será una ciudad limpia, pero eso lo debe a sus habitantes y no a otra cosa. Hay demasiada tierra en el aire, apenas sopla una ráfaga se palpa el polvo en los mármoles de las consolas y entre los rombos de las carpetas de macramé; da trabajo sacarlo bien con plumero, vuela y se suspende en el aire, un momento después se deposita de nuevo en los muebles y los pianos.

Lo recordaré siempre con claridad porque fue simple y sin circunstancias inútiles. Irene estaba tejiendo en su dormitorio, eran las ocho de la noche y de repente se me ocurrió poner al fuego la pavita del mate. Fui por el pasillo hasta enfrentar la entornada puerta de roble, y daba la vuelta al codo que llevaba a la

---

erizos plateados *silver sea urchins*
agujas *needles*
ovillos *balls of yarn*
distribución *layout*
gobelinos *tapestries*
pasillo *corridor*
roble *oak*
ala delantera *front wing*
zaguán con mayólica *vestibule with enameled tiles*
puerta cancel *wrought iron grated door*
se franqueaba *one opened*
departamento *apartment*

cómo se junta tierra *how dust collects*
apenas sopla una ráfaga *when the slightest breeze blows*
mármoles de las consolas *marble console tops*
rombos *diamond patterns*
carpetas de macramé *macramé table covers*
plumero *feather duster*
poner al fuego *heat on the stove*
pavita del mate *pot for making **mate**, a tea-like South American drink*
entornada *ajar*

cocina cuando escuché algo en el comedor o la biblioteca. El sonido venía impreciso y sordo, como un volcarse de silla sobre la alfombra o un ahogado susurro de conversación. También lo oí, al mismo tiempo o un segundo después, en el fondo del pasillo que traía desde aquellas piezas hasta la puerta. Me tiré contra la puerta antes de que fuera demasiado tarde, la cerré de golpe apoyando el cuerpo; felizmente la llave estaba puesta de nuestro lado y además corrí el gran cerrojo para más seguridad.

Fui a la cocina, calenté la pavita, y cuando estuve de vuelta con la bandeja del mate le dije a Irene:

—Tuve que cerrar la puerta del pasillo. Han tomado la parte del fondo.

Dejó caer el tejido y me miró con sus graves ojos cansados.

—¿Estás seguro?

Asentí.

—Entonces —dijo recogiendo las agujas— tendremos que vivir en este lado.

Yo cebaba el mate con mucho cuidado, pero ella tardó un rato en reanudar su labor. Me acuerdo que tejía un chaleco gris; a mí me gustaba ese chaleco.

Los primeros días nos pareció penoso porque ambos habíamos dejado en la parte tomada muchas cosas que queríamos. Mis libros de literatura francesa, por ejemplo, estaban todos en la biblioteca. Irene extrañaba unas carpetas, un par de pantuflas que tanto la abrigaban en invierno. Yo sentía mi pipa de enebro y creo que Irene pensó en una botella de Hesperidina de muchos años. Con frecuencia (pero esto solamente sucedió los primeros días) cerrábamos algún cajón de las cómodas y nos mirábamos con tristeza.

—No está aquí.

Y era una cosa más de todo lo que habíamos perdido al otro lado de la casa.

Pero también tuvimos ventajas. La limpieza se simplificó tanto que aun levantándose tardísimo, a las nueve y media por ejemplo, no daban las once y ya estábamos de brazos cruzados. Irene se acostumbró a ir conmigo a la cocina y ayudarme a preparar el almuerzo. Lo pensamos bien, y se decidió esto: mientras yo preparaba el almuerzo, Irene cocinaría platos para comer fríos de noche. Nos alegramos porque siempre resulta molesto tener que abandonar los dormitorios

---

impreciso y sordo   *muted and indistinct*
un volcarse de silla   *a chair being turned over*
un ahogado susurro   *a muffled whisper*
Me tiré   *I threw myself*
corrí el gran cerrojo   *I ran the great bolt into place*
cebaba   *prepared, brewed*
reanudar   *to begin again, renew*

pantuflas   *slippers*
abrigaban   *kept warm*
pipa de enebro   *pipe made of juniper wood*
Hesperidina   *hesperidin, a glucoside found in the peel of citrus fruits*
de brazos cruzados   *with our arms folded*
resulta molesto   *it's a bother*

al atardecer y ponerse a cocinar. Ahora nos bastaba con la mesa en el dormitorio de Irene y las fuentes de comida fiambre.

Irene estaba contenta porque le quedaba más tiempo para tejer. Yo andaba un poco perdido a causa de los libros, pero por no afligir a mi hermana me puse a revisar la colección de estampillas de papá, y eso me sirvió para matar el tiempo. Nos divertíamos mucho, cada uno en sus cosas, casi siempre reunidos en el dormitorio de Irene que era más cómodo. A veces Irene decía:

—Fíjate este punto que se me ha ocurrido. ¿No da un dibujo de trébol?

Un rato después era yo el que le ponía ante los ojos un cuadradito de papel para que viese el mérito de algún sello de Eupen y Malmédy. Estábamos bien, y poco a poco empezábamos a no pensar. Se puede vivir sin pensar.

Cuando Irene soñaba en alta voz yo me desvelaba en seguida. Nunca pude habituarme a esa voz de estatua o papagayo, voz que viene de los sueños y no de la garganta. Irene decía que mis sueños consistían en grandes sacudones que a veces hacían caer el cobertor. Nuestros dormitorios tenían el living de por medio, pero de noche se escuchaba cualquier cosa en la casa. Nos oíamos respirar, toser, presentíamos el ademán que conduce a la llave del velador, los mutuos y frecuentes insomnios.

Aparte de eso todo estaba callado en la casa. De día eran los rumores domésticos, el roce metálico de las agujas de tejer, un crujido al pasar las hojas del álbum filatélico. La puerta de roble, creo haberlo dicho, era maciza. En la cocina y el baño, que quedaban tocando la parte tomada, nos poníamos a hablar en voz más alta o Irene cantaba canciones de cuna. En una cocina hay demasiado ruido de loza y vidrios para que otros sonidos irrumpan en ella. Muy pocas veces permitíamos allí el silencio, pero cuando tornábamos a los dormitorios y al living, entonces la casa se ponía callada y a media luz, hasta pisábamos más despacio para no molestarnos. Yo creo que era por eso que de noche, cuando Irene empezaba a soñar en alta voz, me desvelaba en seguida.

---

fuentes de comida fiambre *platters of cold food*
revisar *to reorganize*
punto *stitch*
dibujo de trébol *clover design*
cuadradito *small square*
sello *stamp*
Eupen y Malmédy *region of Belgium*
me desvelaba *I would wake up*
papagayo *parrot*
sacudones *violent shakes, flailing about*
cobertor *bedspread*

toser *cough*
presentíamos el ademán que conduce a la llave del velador *we could feel each other reaching for the light switch*
el roce metálico *the metallic clicking*
crujido *rustle*
álbum filatélico *stamp album*
canciones de cuna *lullabies*
loza *china*
tornábamos *we would return*
pisábamos más despacio *we would step around more slowly*

Es casi repetir lo mismo salvo las consecuencias. De noche siento sed, y antes de acostarnos le dije a Irene que iba hasta la cocina a servirme un vaso de agua. Desde la puerta del dormitorio (ella tejía) oí ruido en la cocina; tal vez en la cocina o tal vez en el baño porque el codo del pasillo apagaba el sonido. A Irene le llamó la atención mi brusca manera de detenerme, y vino a mi lado sin decir palabra. Nos quedamos escuchando los ruidos, notando claramente que eran de este lado de la puerta de roble, en la cocina y el baño, o en el pasillo mismo donde empezaba el codo casi al lado nuestro.

No nos miramos siquiera. Apreté el brazo de Irene y la hice correr conmigo hasta la puerta cancel, sin volvernos hacia atrás. Los ruidos se oían más fuerte pero siempre sordos, a espaldas nuestras. Cerré de un golpe la cancel y nos quedamos en el zaguán. Ahora no se oía nada.

—Han tomado esta parte —dijo Irene. El tejido le colgaba de las manos y las hebras iban hasta la cancel y se perdían debajo. Cuando vio que los ovillos habían quedado del otro lado, soltó el tejido sin mirarlo.

—¿Tuviste tiempo de traer alguna cosa? —le pregunté inútilmente.

—No, nada.

Estábamos con lo puesto. Me acordé de los quince mil pesos en el armario de mi dormitorio. Ya era tarde ahora.

Como me quedaba el reloj pulsera, vi que eran las once de la noche. Rodeé con mi brazo la cintura de Irene (yo creo que ella estaba llorando) y salimos así a la calle. Antes de alejarnos tuve lástima, cerré bien la puerta de entrada y tiré la llave a la alcantarilla. No fuese que a algún pobre diablo se le ocurriera robar y se metiera en la casa, a esa hora y con la casa tomada.

I. Práctica de vocabulario

A. Empareje las palabras o expresiones en la Columna A con la definición apropiada en la Columna B.

A	B
1. pretendiente	a. proteger del frío
2. tejer	b. padre del abuelo o de la abuela
3. madeja	c. poner el pie sobre alguna cosa
4. aguja	ch. hacer punto

---

apagaba *dulled*
a espaldas nuestras *just behind us*
hebras *strands of yarn*
Estábamos con lo puesto. *We were left with what we were wearing.*

armario *wardrobe*
reloj pulsera *wrist watch*
cintura *waist*
alcantarilla *sewer*

5. abrigar
6. armario
7. bisabuelo
8. lana
9. afligir
10. desvelarse
11. pisar
12. roble

d. pelo suave de algunos animales, que se hila y sirve para hacer paños y otros tejidos
e. perder el sueño, no poder dormirse
f. enamorado, galanteador
g. manojillo de lana
h. causar congoja, entristecer
i. utensilio que sirve para tejer
j. árbol parecido a la encina
k. ropero, cómoda

B. Complete las oraciones siguientes con la forma apropiada de una palabra o expresión en la Columna A del ejercicio anterior.

1. Los hermanos guardaron la ropa en el ____ .
2. Los suéteres de ____ nos ____ en el invierno.
3. Cuando tornábamos a los dormitorios, la casa se ponía callada y a media luz, hasta ____ más despacio para no molestarnos.
4. El padre de mi abuelo es mi ____ .
5. Los muebles antiguos eran de ____ .
6. Ella no toma café después de las nueve por miedo de ____ .
7. Irene pasaba las tardes ____ en el sofá de su cuarto.
8. Para tejer se necesitan unas ____ y una ____ de lana.
9. No te queríamos ____ con las malas noticias.
10. Irene rechazó muchos ____ sin mayor motivo. Parece que no quería casarse.

II. Ejercicios de comprensión

Escoja la respuesta apropiada para completar las oraciones siguientes, según la lectura.

1. Al narrador y a su hermana les gustaba la casa porque...
    a. tenía un precioso jardín.
    b. aparte de espaciosa y antigua, guardaba muchos recuerdos familiares.
    c. era pequeña.

2. Irene pasaba el día...
    a. cocinando para sus pretendientes.
    b. tejiendo en el sofá de su dormitorio.
    c. comprando lana.

3. El hermano pasaba los sábados...
    a. comprándole lana a la hermana y dando una vuelta por las librerías.
    b. trabajando en una librería francesa.
    c. tejiendo con su hermana.

4. Una noche cuando el hermano va a la cocina para calentar una pavita de mate...
    a. abrió la puerta del comedor.
    b. encontró un chaleco gris en la cocina.
    c. escuchó un sonido impreciso y cerró la puerta del pasillo.

5. Los hermanos habían dejado en la parte tomada...
    a. unos libros de literatura francesa, una pipa de enebro, un par de pantuflas y muchas cosas más.
    b. una pavita de mate y una bandeja.
    c. un reloj y una llave de la casa.

6. Irene estaba contenta porque...
    a. podía revisar la colección de estampillas del padre.
    b. le daba más tiempo para tejer.
    c. podía estudiar sus libros de francés.

7. Cuando Irene soñaba en voz alta, el hermano...
    a. se desvelaba en seguida.
    b. pasaba las hojas del álbum filatélico.
    c. cantaba canciones de cuna.

8. Al final del cuento, los hermanos...
    a. salen a comprar más lana.
    b. apagan la luz y se acuestan a dormir.
    c. abandonan la casa porque oyen ruidos.

III. Preguntas sobre la lectura

1. ¿A qué otro escritor argentino le recuerda Cortázar? Explique su opinión.
2. ¿Por qué les gustaba la casa al narrador y a su hermana?
3. Según el narrador, ¿por qué no se casaron nunca los hermanos?
4. ¿Cómo es Irene? ¿Cómo se entretiene durante el día?

5. ¿Adónde iba el narrador los sábados? ¿Para qué?
6. ¿Cómo es la casa? ¿Cuántas habitaciones tiene?
7. ¿Qué pasó la noche que el narrador ponía al fuego la pavita de mate?
8. ¿Cuál es el resultado de cerrar parte de la casa? ¿Cuáles son las ventajas y las desventajas de esto?
9. ¿Cómo pasan el día los hermanos?
10. ¿Cómo duermen ellos?
11. ¿Qué ocurre la noche que el narrador siente sed y va a la cocina?
12. ¿Cómo termina el cuento?

IV. Análisis del texto

1. Describa la actitud del narrador hacia lo que pasa en la casa. ¿Qué tono usa para narrar los extraños sucesos que ocurren?
2. ¿Qué clase de vida llevan los dos hermanos? ¿Se puede describir como una vida rutinaria?
3. ¿Cómo parece ser la relación entre los dos hermanos? ¿Se llevan bien? ¿Cómo se ayudan mutuamente?
4. ¿Qué significado puede tener el constante tejer de Irene? ¿Cuáles son los pasatiempos de su hermano?
5. En su opinión, ¿a quiénes se refiere el narrador al decir «Han tomado la parte del fondo»?
6. ¿Qué significado tiene el silencio que se impone en la casa?
7. ¿Qué elementos absurdos se encuentran en este cuento?
8. ¿Qué representa la casa para los dos hermanos? ¿Qué valor simbólico puede tener «la casa tomada»?

V. Temas de conversación y composición

1. En este cuento el narrador dice: «Se puede vivir sin pensar». ¿Qué opina Ud. de esto? ¿Cuál cree Ud. es la opinión de Cortázar? ¿Qué le puede pasar al individuo que se someta a una situación arbitraria en que no se atreva a levantar la más mínima protesta?
2. En este relato se pueden percibir la fuerza de la tradición, la rutina y la costumbre en la vida cotidiana de los dos personajes. ¿En qué sentido dominan la tradición y las costumbres rutinarias la vida de Ud.? ¿Cree Ud. que son necesarias para llevar una vida bien ordenada?

---

no se atreva a *doesn't dare to*

3. Cortázar dijo que este cuento fue inspirado por una pesadilla que él tuvo. ¿Cree Ud. que los sueños nos pueden enseñar verdades nuevas e insospechadas? ¿Ha tenido Ud. un sueño interesante recientemente? ¿Con qué soñó Ud.?

Bibliografía selecta

Brandt Rojas, José H. "Asedios a 'Casa tomada' por Julio Cortázar." *Revista de Estudios Hispánicos* (Río Piedras, Puerto Rico) 7 (1980): 75–84.

Garfield, Evelyn Picon. *Julio Cortázar*. New York: Ungar, 1975.

Fouques, Bernard. "'Casa tomada' o la autosignificación del relato." *Revista Iberoamericana* 42 (1976): 527–533.

Planells, Antonio. "'Casa tomada' o la parábola del limbo." *Revista Iberoamericana* 135–136 (1986): 591–603.

---

insospechadas   *unsuspected*

Rosario Ferré

(Puerto Rico, 1940)

Rosario Ferré, nacida en Ponce, Puerto Rico, está reconocida hoy día como uno de los escritores puertorriqueños de más promesa. Cursó estudios universitarios en Wellesley College y Manhattanville College, y obtuvo su maestría en literatura hispánica de la Universidad de Puerto Rico y su doctorado de la Universidad de Maryland. Ha cultivado varios géneros literarios: la poesía, el ensayo y el cuento. Empezó a publicar sus primeros escritos en revistas literarias. Entre 1972 y 1974 dirigió *Zona Carga y Descarga*, una revista dedicada a la renovación literaria. Su primer libro, *Papeles de Pandora*, fue premiado por el Ateneo de Puerto Rico en 1976. Es una colección de catorce cuentos y seis poemas narrativos. En otros libros suyos, Ferré ha escrito cuentos para niños: *El medio pollito* (1976), *Los cuentos de Juan Bobo* (1981) y *La mona que le pisaron la cola* (1981). Estas colecciones contienen recreaciones artísticas de narraciones infantiles de la tradición folklórica de Puerto Rico. En *Sitio a Eros* (1980) Ferré ha recogido trece ensayos dedicados a literatas, artistas femeninas y cuestiones feministas. Otra obra suya, *Fábulas de la garza desangrada* (1982) es una colección de fábulas poéticas sobre la condición de la mujer.

Las obras de Ferré abarcan las cuestiones de clase, raza y el estado de la mujer en la sociedad puertorriqueña. La temática de su narrativa gira alrededor del mundo de la burguesía, clase social a la que pertenece la autora. Es un mundo en un estado avanzado de descomposición moral, desprovisto de valores espirituales, en que todos rinden culto al dinero y a las apariencias sociales. En este mundo narrativo, la mujer lleva una aburrida vida rutinaria. El único objetivo de su vida es casarse, y no por amor, sino por cuestiones de conveniencia social y económica. Los cuentos de Ferré retratan la opresión que sufre la mujer y su reacción rencorosa y resentida ante una educación que la deshumaniza y la reduce a juguete o delicado objeto decorativo. En «La muñeca menor», cuento que

---

reconocida *known*
Cursó estudios *She took courses*
Zona Carga y Descarga *Loading and Unloading Zone*
fue premiado *was awarded a prize*
El medio pollito *The Half Chickie*
La mona que le pisaron la cola *The Monkey that had her Tail Stepped on*
Sitio a Eros *Eros Besieged*
Fábulas de la garza desangrada *Fables of the Heron Bled White*
abarcan *include, cover*
gira alrededor *revolves around*
desprovisto de *devoid of*
rinden culto *worship, pay homage*
educación *upbringing*
deshumaniza *dehumanizes*
«La muñeca menor» *"The Youngest Doll"*

aparece por primera vez en *Zona Carga y Descarga* en 1972 y que luego se incluyó en *Papeles de Pandora*, se presentan muchos de estos temas y preocupaciones de una manera original, inquietante y metafórica. La escritora puertorriqueña ha confesado que el cuento está inspirado en una historia que le contó una tía suya cuando ella era una niña. No obstante, ha creado un cuento simbólico y metafórico, en el que se mezclan elementos realistas con los fantásticos y maravillosos. «La muñeca menor» se presta a múltiples interpretaciones por sus imágenes cargadas de simbolismo.

La muñeca menor

La tía vieja había sacado desde muy temprano el sillón al balcón que daba al cañaveral como hacía siempre que se despertaba con ganas de hacer una muñeca. De joven se bañaba a menudo en el río, pero un día en que la lluvia había recrecido la corriente en cola de dragón había sentido en el tuétano de los huesos una mullida sensación de nieve. La cabeza metida en el reverbero negro de las rocas, había creído escuchar, revolcados con el sonido del agua, los estallidos del salitre sobre la playa y pensó que sus cabellos habían llegado por fin a desembocar en el mar. En ese preciso momento sintió una mordida terrible en la pantorrilla. La sacaron del agua gritando y se la llevaron a la casa en parihuelas retorciéndose de dolor.

El médico que la examinó aseguró que no era nada, probablemente había sido mordida por una chágara viciosa. Sin embargo pasaron los días y la llaga no cerraba. Al cabo de un mes el médico había llegado a la conclusión de que la chágara se había introducido dentro de la carne blanda de la pantorrilla, donde había evidentemente comenzado a engordar. Indicó que le aplicaran un sinapismo para que el calor la obligara a salir. La tía estuvo una semana con la pierna rígida, cubierta de mostaza desde el tobillo hasta el muslo, pero al finalizar el tratamiento se descubrió que la llaga se había abultado aún más, recubriéndose de una substancia pétrea y limosa que era imposible tratar de remover sin que

---

inquietante *disturbing*
se presta a *lends itself to*
cargadas *filled*
cañaveral *cane fields*
la lluvia había recrecido la corriente en cola de dragón *the heavy rains had fed the dragontail current*
tuétano de los huesos *marrow of her bones*
mullida *fluffy*
reverbero *reflections*
revolcados *rolled up with*

estallidos del salitre *slamming of the salty foam*
pantorrilla *calf (of the leg)*
en parihuelas *on a stretcher*
chágara *river prawn*
llaga *wound*
sinapismo *mustard plaster*
tobillo *ankle*
muslo *thigh*
pétrea *stone-like*
limosa *slimy*

peligrara toda la pierna. Entonces se resignó a vivir para siempre con la chágara enroscada dentro de la gruta de su pantorrilla.

Había sido muy hermosa, pero la chágara que escondía bajo los largos pliegues de gasa de sus faldas la había despojado de toda vanidad. Se había encerrado en la casa rehusando a todos sus pretendientes. Al principio se había dedicado a la crianza de las hijas de su hermana, arrastrando por toda la casa la pierna monstruosa con bastante agilidad. Por aquella época la familia vivía rodeada de un pasado que dejaba desintegrar a su alrededor con la misma impasible musicalidad con que la lámpara de cristal del comedor se desgranaba a pedazos sobre el mantel raído de la mesa. Las niñas adoraban a la tía. Ella las peinaba, las bañaba y les daba de comer. Cuando les leía cuentos se sentaban a su alrededor y levantaban con disimulo el volante almidonado de su falda para oler el perfume de guanábana madura que supuraba la pierna en estado de quietud.

Cuando las niñas fueron creciendo la tía se dedicó a hacerles muñecas para jugar. Al principio eran sólo muñecas comunes, con carne de guata de higüera y ojos de botones perdidos. Pero con el pasar del tiempo fue refinando su arte hasta ganarse el respeto y la reverencia de toda la familia. El nacimiento de una muñeca era siempre motivo de regocijo sagrado, lo cual explicaba el que jamás se les hubiese ocurrido vender una de ellas, ni siquiera cuando las niñas eran ya grandes y la familia comenzaba a pasar necesidad. La tía había ido agrandando el tamaño de las muñecas de manera que correspondieran a la estatura y a las medidas de cada una de las niñas. Como eran nueve y la tía hacía una muñeca de cada niña por año, hubo que separar una pieza de la casa para que la habitasen exclusivamente las muñecas. Cuando la mayor cumplió diez y ocho años había ciento veintiséis muñecas de todas las edades en la habitación. Al abrir la puerta, daba la sensación de entrar en un palomar, o en el cuarto de muñecas del palacio de las tzarinas, o en un almacén donde alguien había puesto a madurar una larga hilera de hojas de tabaco. Sin embargo, la tía no entraba en la habitación por ninguno de estos placeres, sino que echaba el pestillo a la puerta e iba levan-

---

enroscada *curled up*
gruta *cavity*
pliegues de gasa *gauzy folds*
despojado *stripped*
pretendientes *suitors*
crianza *upbringing*
se desgranaba *crumbled*
mantel raído *frayed table cloth*
volante almidonado *starched ruffle*
guanábana madura *ripe soursop (a sweet Caribbean apple)*
supuraba *oozed*

guata de higüera *cotton-like stuffing or filler*
regocijo sagrado *sacred rejoicing*
pasar necesidad *to suffer hardship*
tamaño *size*
estatura *height*
medidas *measurements*
pieza *room*
palomar *pigeon coop*
almacén *warehouse*
hilera *row*
echaba el pestillo a la puerta *she would lock the door*

tando amorosamente cada una de las muñecas canturreándoles mientras las mecía: Así eras cuando tenías un año, así cuando tenías dos, así cuando tenías tres, reviviendo la vida de cada una de ellas por la dimensión del hueco que le dejaban entre los brazos.

El día que la mayor de las niñas cumplió diez años, la tía se sentó en el sillón frente al cañaveral y no se volvió a levantar jamás. Se balconeaba días enteros observando los cambios de agua de las cañas y sólo salía de su sopor cuando la venía a visitar el doctor o cuando se despertaba con ganas de hacer una muñeca. Comenzaba entonces a clamar para que todos los habitantes de la casa viniesen a ayudarla. Podía verse ese día a los peones de la hacienda haciendo constantes relevos al pueblo como alegres mensajeros incas, a comprar cera, a comprar barro de porcelana, encajes, agujas, carretes de hilos de todos los colores. Mientras se llevaban a cabo estas diligencias, la tía llamaba a su habitación a la niña con la que había soñado esa noche y le tomaba las medidas. Luego le hacía una mascarilla de cera que cubría de yeso por ambos lados como una cara viva dentro de dos caras muertas; luego hacía salir un hilillo rubio interminable por un hoyito en la barbilla. La porcelana de las manos era siempre translúcida; tenía un ligero tinte marfileño que contrastaba con la blancura granulada de las caras de biscuit. Para hacer el cuerpo, la tía enviaba al jardín por veinte higüeras relucientes. Las cogía con una mano y con un movimiento experto de la cuchilla las iba rebanando una a una en cráneos relucientes de cuero verde. Luego las inclinaba en hilera contra la pared del balcón, para que el sol y el aire secaran los cerebros algodonosos de guano gris. Al cabo de algunos días raspaba el contenido con una cuchara y lo iba introduciendo con infinita paciencia por la boca de la muñeca.

Lo único que la tía transigía en utilizar en la creación de las muñecas sin que estuviese hecho por ella, eran las bolas de los ojos. Se los enviaban por correo desde Europa en todos los colores, pero la tía los consideraba inservibles hasta no haberlos dejado sumergidos durante un número de días en el fondo de la quebrada para que aprendiesen a reconocer el más leve movimiento de las antenas de las chágaras. Sólo entonces los lavaba con agua de amoniaco y los

---

canturreándoles *humming to them*
mecía *she would rock*
sopor *stupor*
clamar *to shout*
relevos *trips*
cera *wax*
barro de porcelana *porcelain clay*
encajes *lace*
agujas *needles*
carretes de hilos *spools of thread*
yeso *plaster*

hilillo *fine thread*
hoyito en la barbilla *tiny hole on her chin*
marfileño *ivory-like*
higüeras relucientes *glossy gourds*
rebanando *carving*
cráneos relucientes de cuero verde *shiny green leathery skulls*
cerebros algodonosos *cottony brains*
raspaba *she scraped*
inservibles *useless*
quebrada *creek*

guardaba, relucientes como gemas, colocados sobre camas de algodón, en el fondo de una lata de galletas holandesas. El vestido de las muñecas no variaba nunca, a pesar de que las niñas iban creciendo. Vestía siempre a las más pequeñas de tira bordada y a las mayores de broderí, colocando en la cabeza de cada una el mismo lazo abullonado y trémulo de pecho de paloma.

Las niñas empezaron a casarse y a abandonar la casa. El día de la boda la tía les regalaba a cada una la última muñeca dándoles un beso en la frente y diciéndoles con una sonrisa: «Aquí tienes tu Pascua de Resurrección». A los novios los tranquilizaba asegurándoles que la muñeca era sólo una decoración sentimental que solía colocarse sentada, en las casas de antes, sobre la cola del piano. Desde lo alto del balcón la tía observaba a las niñas bajar por última vez las escaleras de la casa sosteniendo en una mano la modesta maleta a cuadros de cartón y pasando el otro brazo alrededor de la cintura de aquella exhuberante muñeca hecha a su imagen y semejanza, calzada con zapatillas de ante, faldas de bordados nevados y pantaletas de valenciennes. Las manos y la cara de estas muñecas, sin embargo, se notaban menos transparentes, tenían la consistencia de la leche cortada. Esta diferencia encubría otra más sutil: la muñeca de boda no estaba jamás rellena de guata, sino de miel.

Ya se habían casado todas las niñas y en la casa quedaba sólo la más joven cuando el doctor hizo a la tía la visita mensual acompañado de su hijo que acababa de regresar de sus estudios de medicina en el norte. El joven levantó el volante de la falda almidonada y se quedó mirando aquella inmensa vejiga abotagada que manaba una esperma perfumada por la punta de sus escamas verdes. Sacó su estetoscopio y la auscultó cuidadosamente. La tía pensó que auscultaba la respiración de la chágara para verificar si todavía estaba viva, y cogiéndole la mano con cariño se la puso sobre un lugar determinado para que palpara el movimiento constante de las antenas. El joven dejó caer la falda y miró fijamente al padre. Usted hubiese podido haber curado esto en sus comienzos, le dijo. Es cierto, contestó el padre, pero yo sólo quería que vinieras a ver la chágara que te había pagado los estudios durante veinte años.

En adelante fue el joven médico quien visitó mensualmente a la tía vieja. Era

---

tira bordada *Swiss embroidery*
broderí *silk guipure*
lazo abullonado y trémulo de pecho de paloma *puffy bow trembling like the breast of a dove*
sobre la cola del piano *on top of the grand piano*
maleta a cuadros de cartón *chequered cardboard suitcase*
cintura *waist*
zapatillas de ante *suede slippers*

bordados nevados *snowy embroidery*
pantaletas de valenciennes *bloomers trimmed with Valenciennes lace*
leche cortada *curdled milk*
en el norte *in the United States*
vejiga abotagada *swollen blister*
manaba *oozed*
escamas *scales*
auscultó *he examined*
palpara *might feel*

evidente su interés por la menor y la tía pudo comenzar su última muñeca con amplia anticipación. Se presentaba siempre con el cuello almidonado, los zapatos brillantes y el ostentoso alfiler de corbata oriental del que no tiene donde caerse muerto. Luego de examinar a la tía se sentaba en la sala recostando su silueta de papel dentro de un marco ovalado, a la vez que le entregaba a la menor el mismo ramo de siemprevivas moradas. Ella le ofrecía galletitas de jengibre y cogía el ramo quisquillosamente con la punta de los dedos como quien coge el estómago de un erizo vuelto al revés. Decidió casarse con él porque le intrigaba su perfil dormido, y porque ya tenía ganas de saber cómo era por dentro la carne de delfín.

El día de la boda la menor se sorprendió al coger la muñeca por la cintura y encontrarla tibia, pero lo olvidó en seguida, asombrada ante su excelencia artística. Las manos y la cara estaban confeccionadas con delicadísima porcelana de Mikado. Reconoció en la sonrisa entreabierta y un poco triste la colección completa de sus dientes de leche. Había, además, otro detalle particular: la tía había incrustado en el fondo de las pupilas de los ojos sus dormilonas de brillantes.

El joven médico se la llevó a vivir al pueblo, a una casa encuadrada dentro de un bloque de cemento. La obligaba todos los días a sentarse en el balcón, para que los que pasaban por la calle supiesen que él se había casado en sociedad. Inmóvil dentro de su cubo de calor, la menor comenzó a sospechar que su marido no sólo tenía el perfil de silueta de papel sino también el alma. Confirmó sus sospechas al poco tiempo. Un día él le sacó los ojos a la muñeca con la punta del bisturí y los empeñó por un lujoso reloj de cebolla con una larga leontina. Desde entonces la muñeca siguió sentada sobre la cola del piano, pero con los ojos bajos.

A los pocos meses el joven médico notó la ausencia de la muñeca y le preguntó a la menor qué había hecho con ella. Una cofradía de señoras piadosas le había ofrecido una buena suma por la cara y las manos de porcelana para hacerle un

---

cuello almidonado *starched collar*
ostentoso alfiler de corbata *showy tie pin*
recostando *leaning*
un marco ovalado *the oval frame of the chair*
siemprevivas *everlasting flowers*
galletitas de jengibre *ginger cookies*
ramo *bouquet*
quisquillosamente *squeamishly*
erizo *sea urchin*
tenía ganas de saber cómo era por dentro la carne de delfín *she was anxious to learn about the ways of the flesh*
tibia *warm*
asombrada *amazed*

de Mikado *Japanese porcelain*
dientes de leche *baby teeth*
incrustado *embedded*
dormilonas de brillantes *diamond stud earrings (traditional small earrings for young girls)*
encuadrada dentro *framed within*
casado en sociedad *married well*
la punta del bisturí *the tip of his scalpel*
empeñó *pawned*
reloj de cebolla *pocket watch*
leontina *watch chain*
una cofradía de señoras piadosas *a sisterhood of pious ladies*

retablo a la Verónica en la próxima procesión de Cuaresma. La menor le contestó que las hormigas habían descubierto por fin que la muñeca estaba rellena de miel y en una sola noche se la habían devorado. «Como las manos y la cara eran de porcelana de Mikado, dijo, seguramente las hormigas las creyeron hechas de azúcar, y en este preciso momento deben de estar quebrándose los dientes, royendo con furia dedos y párpados en alguna cueva subterránea». Esa noche el médico cavó toda la tierra alrededor de la casa sin encontrar nada.

Pasaron los años y el médico se hizo millonario. Se había quedado con toda la clientela del pueblo, a quienes no les importaba pagar honorarios exorbitantes para poder ver de cerca a un miembro legítimo de la extinta aristocracia cañera. La menor seguía sentada en el balcón, inmóvil dentro de sus gasas y encajes, siempre con los ojos bajos. Cuando los pacientes de su marido, colgados de collares, plumachos y bastones, se acomodaban cerca de ella removiendo los rollos de sus carnes satisfechas con un alboroto de monedas, percibían a su alrededor un perfume particular que les hacía recordar involuntariamente la lenta supuración de una guanábana. Entonces les entraban a todos unas ganas irresistibles de restregarse las manos como si fueran patas.

Una sola cosa perturbaba la felicidad del médico. Notaba que mientras él se iba poniendo viejo, la menor guardaba la misma piel aporcelanada y dura que tenía cuando la iba a visitar a la casa del cañaveral. Una noche decidió entrar en su habitación para observarla durmiendo. Notó que su pecho no se movía. Colocó delicadamente el estetoscopio sobre su corazón y oyó un lejano rumor de agua. Entonces la muñeca levantó los párpados y por las cuencas vacías de los ojos comenzaron a salir las antenas furibundas de las chágaras.

I. Práctica de vocabulario

A. Empareje las palabras o expresiones en la Columna A con la definición apropiada en la Columna B.

A	B
1. pantorrilla	a. adormecimiento, modorra
2. despojado	b. voz taína que significa «camarón de río»

---

hormigas *ants*
royendo *gnawing*
párpados *eyelids*
cavó *dug*
honorarios *fees*
aristocracia cañera *sugarcane aristocracy*
colgados de collares, plumachos y bastones *draped in their necklaces, feathers, and canes*
removiendo los rollos de sus carnes satisfechas *shaking their fatty flesh rolls*
alboroto de monedas *jingling of coins*
restregarse las manos *to rub their hands together*
patas *paws*
cuencas vacías de los ojos *empty sockets of her eyes*
furibundas *frenzied, furious*

3. sopor
4. guata
5. clamar
6. canturrear
7. palpar
8. piadoso
9. quisquillosamente
10. perturbar
11. cera
12. chágara

c. cantar a media voz y sin aplicación
ch. relleno de algodón
d. parte carnosa de la pierna debajo de la corva
e. gritar
f. substancia con que las abejas forman las celdillas de los panales
g. tocar con las manos
h. religioso, devoto
i. delicadamente
j. quitado, privado
k. trastornar

B. Complete las oraciones siguientes con la forma apropiada de una palabra o expresión en la Columna A del ejercicio anterior.

1. Un día que la tía vieja se bañaba en el río, sintió una mordida terrible en la ____ .

2. El médico que la examinó dijo que no se preocupara porque probablemente había sido mordida por una ____ viciosa.

3. Ella había sido muy hermosa, pero el accidente la había ____ de toda vanidad.

4. Cuando ella se despertaba con deseos de hacer una muñeca, comenzaba a ____ para que todos vinieran a ayudarla. Su gritería ____ la tranquilidad de la casa.

5. Las muñecas tenían la carne de ____ y eran tan blancas como la ____ .

6. La tía vieja mecía a las muñecas y les ____ como si fueran sus hijas.

7. La enferma se pasaba el día en la cama y no hablaba con nadie. Sólo salía de su ____ cuando le venía a visitar el médico.

8. Una cofradía de señoras ____ le ofreció una buena suma por la cara de la muñeca para usarla en un retablo a la Verónica en la próxima procesión de Cuaresma.

9. La sobrina cogía el ramo de flores ____ con la punta de los dedos como quien coge un erizo.

10. La tía le cogió la mano al médico y se la puso sobre un lugar determinado para que pudiera ____ la inmensa vejiga.

II. Ejercicios de comprensión

Lea las frases siguientes y decida si son ciertas o falsas. Cuando sean falsas, cámbielas para hacer una frase verdadera, según la lectura.
1. Cuando la tía se despertaba con ganas de hacer una muñeca, sacaba su sillón al balcón.
2. El médico que la examinó aconsejó que se operara en seguida.
3. La tía se dedicó a cuidar de sus sobrinas y hacerles muñecas.
4. La tía fabricaba las bolas de los ojos para las muñecas en casa.
5. La muñeca de boda siempre estaba rellena de guata.
6. El médico viejo había curado a la tía para poder pagar los estudios de su hijo.
7. El médico joven empezó a visitar a la tía mensualmente porque sentía interés por la sobrina menor.
8. La muñeca de boda para la sobrina menor era exactamente igual a las otras.
9. El médico joven se casó con la sobrina menor por amor.
10. Nada perturbaba la felicidad del médico.

III. Preguntas sobre la lectura

1. ¿Qué cuestiones explora Rosario Ferré en su obra narrativa?
2. ¿Qué le pasó a la tía un día cuando se bañaba en el río?
3. ¿Qué aseguró el médico? ¿Qué opinó al cabo de un mes? ¿Pudo curarle la pierna?
4. ¿Cómo se resignó a vivir la tía?
5. ¿A qué se dedicó la tía al principio? ¿Y después?
6. ¿Cómo era su relación con sus sobrinas?
7. ¿Cómo eran las muñecas que hacía ella? ¿Vendió alguna de las muñecas cuando la familia comenzó a pasar necesidades?
8. ¿Por qué había ido agrandando el tamaño de las muñecas?
9. ¿Cuántas muñecas había en la casa cuando la hija mayor cumplió dieciocho años?
10. ¿Qué impresión daba entrar en la habitación de las muñecas? ¿Qué hacía la tía después de entrar?
11. ¿Qué hizo la tía el día que la mayor de sus sobrinas cumplió diez años?
12. ¿Qué pasaba cuando la tía tenía ganas de hacer una muñeca?
13. ¿Cómo creaba la cara de las muñecas? ¿Y el cuerpo? ¿Qué era lo único que no estaba hecho por ella?
14. ¿Qué hacía la tía con las bolas de los ojos para hacerlas servibles?
15. ¿Cómo vestía a las muñecas?
16. ¿Qué hacía la tía el día de la boda de las sobrinas? ¿Qué les decía? ¿Cómo interpreta Ud. sus palabras?

17. ¿De qué estaba rellena la muñeca de boda?
18. ¿Qué observó el hijo del médico un día? ¿Qué le dijo al padre?
19. ¿Qué le explicó el padre? ¿Por qué prolongó como incurable la enfermedad de la tía?
20. ¿Quién fue el que en adelante visitaba a la tía? Según el narrador, ¿qué era evidente?
21. ¿Cómo se presentaba el doctor joven? ¿Qué le traía a la sobrina menor?
22. ¿Por qué decidió la joven casarse con el médico?
23. ¿Por qué se sorprendió la menor al coger la muñeca el día de la boda? ¿Cómo era esta última muñeca? ¿Qué había incrustado la tía en el fondo de las pupilas de los ojos?
24. ¿Adónde fueron a vivir los novios? ¿Cómo trataba el médico joven a su esposa?
25. ¿Qué le pasó a la muñeca de la menor?
26. ¿Qué se hizo el médico joven al pasar los años?
27. ¿Por qué se había quedado con toda la clientela del pueblo?
28. ¿Cuál era la única cosa que perturbaba la felicidad del médico?
29. ¿Qué pasó la noche que el médico entró para observar a su esposa durmiendo? ¿Quién dormía en la habitación?
30. ¿Qué ocurrió al final del cuento? ¿Cómo lo interpreta Ud.?

IV. Análisis del texto

1. ¿Cuáles son las imágenes predominantes en este cuento? ¿Tienen algún sentido simbólico? ¿Qué parecen significar «la chágara», «las muñecas» y «la miel»? ¿Qué carácter simbólico podría tener el ramo de «siemprevivas»?
2. ¿Se distinguen los personajes femeninos entre sí? ¿Qué características comparten? ¿Cómo es su relación con los personajes masculinos? Analice la personalidad de la tía, la del médico viejo, la de la sobrina y la de su marido.
3. ¿Cuáles son los valores del mundo burgués que se presentan en este cuento? ¿Cuál es la actitud de Rosario Ferré hacia estos valores?
4. ¿Qué puede significar la desaparición de la muñeca menor? ¿Qué sugiere la fusión de un ser humano con una figura inanimada?
5. ¿En qué otros cuentos o mitos se presenta el tema de la metamorfosis, o sea el cambio de un ser en otro ser de distinta forma? ¿Cómo se compara el tratamiento de este tema en «La muñeca menor» con su presentación en los otros relatos?
6. En una alegoría, los personajes representan cualidades abstractas, y la acción y el escenario muestran las relaciones entre las abstracciones. ¿Cree Ud. que se puede leer este cuento como una alegoría?

7. ¿Cree Ud. que este cuento tiene alguna lección o moraleja? Si la tiene, ¿cuál es?

V. Temas de conversación y composición

1. ¿Cómo se caracteriza la vida de la mujer en el mundo del cuento? ¿Y la vida del hombre? ¿Hace Rosario Ferré alguna crítica de las normas que gobiernan los papeles sexuales en la clase media puertorriqueña? En su opinión, ¿refleja este cuento la realidad de la condición de la mujer en la sociedad?
2. ¿Qué papel desempeñan los dos médicos en el mundo de este cuento? ¿En qué sentido controlan el destino de los personajes femeninos en el cuento? ¿Cree Ud. que en la sociedad actual los médicos disfrutan de demasiado prestigio, dinero y poder? ¿Cree Ud. que los médicos los merecen por lo general?
3. En este cuento la mujer joven se identifica con una muñeca; es decir, se identifica con un juguete u objeto decorativo. ¿Cree Ud. que Ferré critica implícitamente la gran importancia dada a la apariencia física de la mujer en su cultura? ¿Opina Ud. que en la cultura norteamericana se le da demasiado énfasis a la belleza juvenil? Comente. ¿Qué piensa Ud. de los concursos de belleza?

Bibliografía selecta

Chaves, María José. "La alegoría como método en los cuentos y ensayos de Rosario Ferré." *Third Woman* 2.2 (1984): 64–76.

Davis, Lisa E. "La puertorriqueña dócil y rebelde en los cuentos de Rosario Ferré." *Sin Nombre* (San Juan, Puerto Rico) 9.4 (enero–marzo, 1979): 82–88.

Guerra-Cunningham, Lucía. "Tensiones paradójicas de la femineidad en la narrativa de Rosario Ferré." *Chasqui* 13.2–3 (1984): 13–25.

Umpierre, Luz María. "Un manifiesto literario: *Papeles de Pandora* de Rosario Ferré." *Bilingual Review* 9.2 (May–Aug. 1982): 120–125.

Arturo Uslar Pietri

(Venezuela, 1906)

Arturo Uslar Pietri nació en 1906 en Caracas, Venezuela. Se ha destacado en su país no sólo como escritor, sino también como economista, catedrático, ministro y diplomático. En 1929 se doctoró en ciencias políticas y fue nombrado agregado cultural en Francia. Como diplomático y viajero ha recorrido muchos países del mundo y ha servido a su país en numerosos puestos públicos. Fue Secretario de la Presidencia (1941–1943) y en 1963 fue candidato presidencial. Ha desempeñado cátedras de economía y de literatura venezolana en la Universidad Central de su país, y explicó literatura hispanoamericana en Columbia University en Nueva York (1947–1950).

Como escritor, Uslar Pietri ha sobresalido en el ensayo, la novela y el cuento. Sus colecciones de cuentos incluyen *Barrabás y otros cuentos* (1928), *Red* (1936), *Treinta hombres y sus sombras* (1949) y *Tiempos de contar* (1954). Su segunda colección, *Red*, le ganó el premio del Concurso de Cuentos Venezolanos por el cuento que incluimos aquí, «La lluvia». Escribió, además, novelas históricas: *Las lanzas coloradas* (1931), que tiene por tema la guerra de independencia venezolana; *El camino de El Dorado* (1948), biografía novelada del conquistador Lope de Aguirre; y *La isla de Robinson* (1981), sobre el maestro y guía de Simón Bolívar, Simón Rodríguez. También ha escrito obras de crítica literaria y estudios sobre los problemas de Venezuela.

La temática de Uslar Pietri se arraiga en la realidad de su país, pero lo que lo distingue como escritor es su modo de retratar esta realidad. Temprano en su carrera literaria, recibió influencia de los movimientos vanguardistas de Europa que inspiraron un nuevo arte de la metáfora. Por la fuerza poética de su imaginería, la prosa de Uslar Pietri se eleva a la categoría de poesía. En «La lluvia», la vida cotidiana de una pareja vieja está

Se ha destacado   *He has stood out*
catedrático   *professor*
agregado cultural   *cultural attaché*
Ha desempeñado cátedras   *He has occupied chairs, professorships*
Red   *Net*
Las lanzas coloradas   *The Red Spears*
Lope de Aguirre   *(1518–1561) Spanish rebel in colonial South America, noted for his violence and cruelty*

Simón Bolívar   *(1783–1830) Venezuelan general, known as the Liberator of South America. Participating in the revolution against Spain, he helped to liberate the north of South America from Spain. He was elected president of Greater Colombia (present Colombia, Venezuela, Ecuador, Panama) in 1819*
se arraiga en   *is rooted in*
cotidiana   *daily*

envuelta en un ambiente extraño, casi de sueño o fantástico, por el modo subjetivo en que esta realidad se presenta. En breve espacio el relato capta toda la vida difícil de este matrimonio sin hijos. El pesado ambiente de la sequía se siente a través de las descripciones imaginativas. Se presenta al niño del relato de una manera tan sugestiva que parece que él es dueño de algún poder misterioso, casi mágico En este cuento, se observa un paralelo obvio entre la aparición del niño que alivia la aridez de un matrimonio sin hijos, y la llegada de la lluvia a la tierra seca al final. El relato apunta al valor humano que puede superar los fenómenos de la naturaleza. A pesar del ambiente embrutecedor en que el ser humano sufre, los personajes llegan a humanizarse por su contacto con un niño cuya presencia sirve una función simbólica en el cuento.

La lluvia

La luz de la luna entraba por todas las rendijas del rancho y el ruido del viento en el maizal, compacto y menudo como de lluvia. En la sombra acuchillada de láminas claras oscilaba el chinchorro lento del viejo zambo; acompasadamente chirriaba la atadura de la cuerda sobre la madera y se oía la respiración corta y silbosa de la mujer que estaba echada sobre el catre del rincón.

La patinadura del aire sobre las hojas secas del maíz y de los árboles sonaba cada vez más a lluvia poniendo un eco húmedo en el ambiente terroso y sólido.

Se oía en lo hondo, como bajo piedra, el latido de la sangre girando ansiosamente.

La mujer sudorosa e insomne prestó oído, entreabrió los ojos, trató de adivinar por las rayas luminosas, atisbó un momento, miró el chinchorro quieto y pesado, y llamó con voz agria:

—¡Jesuso!

Calmó la voz esperando respuesta y entretanto comentó alzadamente:

---

envuelta *wrapped*
sequía *drought*
alivia *relieves*
apunta al *points to; hints at*
superar *transcend*
embrutecedor *brutalizing*
rendijas del rancho *chinks of the farmhouse*
maizal *cornfield*
menudo *fine*
sombra acuchillada de láminas
  claras *shadow slashed by sheets of light*
oscilaba *swayed*
chinchorro *hammock*
zambo *mulatto*

chirriaba la atadura *the rope was squeaking*
silbosa *whistling*
catre *cot*
patinadura *skidding*
terroso *earthy*
latido *throbbing*
girando *churning*
sudorosa *sweaty*
entreabrió *she half-opened*
adivinar *to guess*
atisbó *she watched*
agria *bitter*
entretanto *meanwhile*
alzadamente *loudly*

—Duerme como un palo. Para nada sirve. Si vive como si estuviera muerto...

El dormido salió a la vida con la llamada, desperezóse y preguntó con voz cansina:

—¿Qué pasa Usebia? ¿Que escándalo es ése? ¡Ni de noche puedes dejar en paz a la gente!

—Cállate, Jesuso, y oye.

—¿Qué?

—Está lloviendo, lloviendo, ¡Jesuso! y ni lo oyes. ¡Hasta sordo te has puesto!

Con esfuerzo, malhumorado, el viejo se incorporó, corrió a la puerta, la abrió violentamente y recibió en la cara y en el cuerpo medio desnudo la plateadura de la luna llena y el soplo ardiente que subía por la ladera del conuco agitando las sombras. Lucían todas las estrellas.

Alargó hacia la intemperie la mano abierta, sin sentir una gota.

Dejó caer la mano, aflojó los músculos y recostóse del marco de la puerta.

—¿Ves, vieja loca, tu aguacero? Ganas de trabajar la paciencia.

La mujer quedóse con los ojos fijos mirando la gran claridad que entraba por la puerta. Una rápida gota de sudor le cosquilleó en la mejilla. El vaho cálido inundaba el recinto.

Jesuso tornó a cerrar, caminó suavemente hasta el chinchorro, estiróse y se volvió a oír el crujido de la madera en la mecida. Una mano colgaba hasta el suelo resbalando sobre la tierra del piso.

La tierra estaba seca como una piel áspera, seca hasta en el extremo de las raíces, ya como huesos; se sentía flotar sobre ella una fiebre de sed, un jadeo, que torturaba los hombres.

Las nubes oscuras como sombra de árbol se habían ido, se habían perdido tras de los últimos cerros más altos, se habían ido como el sueño, como el reposo. El día era ardiente. La noche era ardiente, encendida de luces fijas y metálicas.

Duerme como un palo. *He sleeps like a log.*
desperezóse (se desperezó) *he stretched*
cansina *tired*
sordo *deaf*
se incorporó *got up*
plateadura *silveriness*
soplo ardiente *hot breeze*
conuco *small farm field*
intemperie *inclement weather*
gota *drop*
aflojó *he relaxed*
recostóse (se recostó) del marco de la puerta *he leaned on the door frame*
aguacero *heavy rain*
Ganas de trabajar la paciencia. *You just want to annoy me.*
quedáse (se quedó) *he remained*
le cosquilló en la mejilla *tickled her on the cheek*
vaho cálido *warm steam, smell*
estiróse (se estiró) *he stretched out*
crujido *creaking*
mecida *swinging*
resbalando *slipping*
áspera *rough*
raíces *roots*
fiebre *fever*
jadeo *panting*
cerros *hills*
ardiente *scorching (hot)*

En los cerros y los valles pelados, llenos de grietas como bocas, los hombres se consumían torpes, obsesionados por el fantasma pulido del agua, mirando señales, escudriñando anuncios.

Sobre los valles y los cerros, en cada rancho, pasaban y repasaban las mismas palabras.

—Cantó el carrao. Va a llover...

—¡No lloverá!

Se la daban como santo y seña de la angustia.

—Venteó del abra. Va a llover...

—¡No lloverá!

Se lo repetían como para fortalecerse en la espera infinita.

—Se callaron las chicharras. Va a llover...

—¡No lloverá!

La luz y el aire eran de cal cegadora y asfixiante.

—¿Si no llueve, Jesuso, qué va a pasar?

Miró la sombra que se agitaba fatigosa sobre el catre, comprendió su intención de multiplicar el sufrimiento con las palabras, quiso hablar, pero la somnolencia le tenía tomado el cuerpo, cerró los ojos y se sintió entrando en el sueño.

Con la primera luz de la mañana Jesuso salió al conuco y comenzó a recorrerlo a paso lento. Bajo sus pies descalzos crujían las hojas vidriosas. Miraba a ambos lados las largas hileras del maizal amarillas y tostadas, los escasos árboles desnudos y en lo alto de la colina, verde profundo, un cactus vertical. A ratos deteníase, tomaba en la mano una vaina de frijol reseca y triturábala con lentitud haciendo saltar por entre los dedos los granos rugosos y malogrados.

A medida que subía el sol, la sensación y el color de aridez eran mayores. No se veía nube en el cielo de un azul de llama. Jesuso, como todos los días, iba, sin objeto, porque la siembra estaba ya perdida, recorriendo las veredas del conuco, en parte por inconsciente costumbre, en parte por descansar de la hostil murmuración de Usebia.

---

pelados *bare, bleak*
grietas *cracks*
se consumían torpes *slowly pined away*
pulido *polished*
señales *signals*
escudriñando anuncios *scrutinizing warnings*
carrao *courlan (a long billed bird)*
santo y seña *password*
Venteó del abra *The wind blew up from the gorge.*
chicharras *harvest bugs, cicadas*
cal cegadora *blinding white lime*

se sintió entrando en el sueño *he felt himself falling asleep*
crujían las hojas vidriosas *the brittle leaves rustled*
vaina de frijol reseca *dried bean pod*
triturábala (la trituraba) *he would crush it*
granos rugosos y malogrados *wrinkled and wasted grains*
azul de llama *flame-like blue*
siembra *sowing*
veredas *paths*

Todo lo que se dominaba del paisaje, desde la colina, era una sola variedad de amarillo sediento sobre valles estrechos y cerros calvos, en cuyo flanco una mancha de polvo calcáreo señalaba el camino. No se observaba ningún movimiento de vida, el viento quieto, la luz fulgurante. Apenas si la sombra se iba empequeñeciendo. Parecía aguardarse un incendio.

Jesuso marchaba despacio, deteniéndose a ratos como un animal amaestrado, la vista sobre el suelo, y a ratos conversando consigo mismo.

—¡Bendito y alabado! Qué va a ser de la pobre gente con esta sequía. Este año ni una gota de agua y el pasado fue un inviernazo que se pasó de aguado, llovió más de la cuenta, creció el río, acabó con las vegas, se llevó el puente... Está visto que no hay manera... Si llueve porque llueve... Si no llueve porque no llueve...

Pasaba del monólogo a un silencio desierto y a la marcha perezosa, la mirada por tierra, cuando sin ver sintió algo inusitado en el fondo de la vereda y alzó los ojos.

Era el cuerpo de un niño. Delgado, menudo, de espaldas, en cuclillas, fijo y abstraído mirando hacia el suelo.

Jesuso avanzó sin ruido y sin que el muchacho lo advirtiera vino a colocársele por detrás, dominando con su estatura lo que hacía. Corría por tierra culebreando un delgado hilo de orina, achatado y turbio de polvo en el extremo, que arrastraba algunas pajas mínimas. En ese instante, de entre sus dedos mugrientos el niño dejaba caer una hormiga.

—Y se rompió la represa... y ha venido la creciente... bruuum... bruuuum bruuuuum... y la gente corriendo... y se llevó la hacienda de tío sapo... y después el hato de tía tara... y todos los palos grandes... zaaaas... bruuuuum... y ahora tía hormiga metida en esa aguazón...

---

calvos *barren*
mancha de polvo calcáreo *patch of chalky dust*
fulgurante *bright*
incendio *fire*
amaestrado *trained*
¡Bendito y alabado! *Lord in heaven!*
sequía *drought*
inviernazo que se pasó de aguado *a terrible winter that was excessively wet*
más de la cuenta *too much*
vegas *fertile plain*
se llevó el puente *washed the bridge away*
Está visto que no hay manera. *It's plain to see that there's no way out.*

inusitado *unusual*
alzó *he raised*
en cuclillas *squatting*
culebreando *meandering*
achatado y turbio de polvo *flattened and muddy with dust*
mugrientos *grimy*
hormiga *ant*
represa *dam*
creciente *flood*
sapo *toad*
hato *clothes, possessions*
tara *grasshopper*
aguazón *flood*

198 · Arturo Uslar Pietri

Sintió la mirada, volvióse bruscamente, miró con susto la cara rugosa del viejo y se alzó entre colérico y vergonzoso.

Era fino, elástico, las extremidades largas y perfectas, el pecho angosto, por entre el dril pardo la piel dorada y sucia, la cabeza inteligente, móviles los ojos, la nariz vibrante y aguda, la boca femenina. Lo cubría un viejo sombrero de fieltro, ya humano de uso, plegado sobre las orejas como bicornio, que contribuía a darle expresión de roedor, de pequeño animal inquieto y ágil.

Jesuso terminó de examinarlo en silencio y sonrió.

—¿De dónde sales muchacho?

—De por ahí...

—¿De dónde?

—De por ahí...

Y extendió con vaguedad la mano sobre los campos que se alcanzaban.

—¿Y qué vienes haciendo?

—Caminando.

La impresión de la respuesta dábale cierto tono autoritario y alto, que extrañó al hombre.

—¿Cómo te llamas?

—Como me puso el cura.

Jesuso arrugó el gesto, desagradado por la actitud terca y huraña.

El niño pareció advertirlo y compensó las palabras con una expresión confiada y familiar.

—No seas malcriado, —comenzó el viejo, pero desarmado por la gracia bajó a un tono más íntimo—¿Por qué no contestas?

—¿Para qué pregunta? —replicó con candor extraordinario.

—Tú escondes algo. O te has ido de casa de tu taita.

—No señor.

Preguntaba casi sin curiosidad, monótonamente, como jugando un juego.

—O has echado alguna lavativa.

—No señor.

—O te han botado por maluco.

—No señor.

---

volvióse (se volvió) *he turned*
susto *fright*
rugosa *wrinkled*
dril *denim*
fieltro *felt*
ya humano de uso *almost a part of him from constant wear*
bicornio *two-cornered hat*
roedor *rodent*
dábale (le daba) *gave him*

cura *priest*
arrugó el gesto *wrinkled up his face*
desagradado *displeased*
terca y huraña *stubborn and elusive*
malcriado *spoiled, bratty*
taita *daddy*
O has echado alguna lavativa. *Or you have caused some trouble.*
O te han botado por maluco. *Or they have kicked you out for being naughty.*

Jesuso se rascó la cabeza y agregó con sorna:

—O te empezaron a comer las patas y te fuiste, ¿ah, vagabundito?

El muchacho no respondió, se puso a mecerse sobre los pies, los brazos a la espalda, chasqueando la lengua contra el paladar.

—¿Y para dónde vas ahora?

—Para ninguna parte.

—¿Y qué estás haciendo?

—Lo que usted ve.

—¡Buena cochinada!

El viejo Jesuso no halló más que decir; quedaron callados frente a frente sin que ninguno de los dos se atreviese a mirarse a los ojos. Al rato, molesto por aquel silencio y aquella quietud que no hallaba cómo romper, empezó a caminar lentamente como un animal enorme y torpe, casi como si quisiera imitar el paso de un animal fantástico, advirtió que lo estaba haciendo y lo ruborizó pensar que pudiera hacerlo para divertir al niño.

—¿Vienes? —le preguntó simplemente. Calladamente el muchacho se vino siguiéndolo.

En llegando a la puerta del rancho halló a Usebia atareada encendiendo fuego. Soplaba con fuerza sobre un montoncito de maderas de cajón y papeles amarillos.

—Usebia, mira, —llamó con timidez. —Mira lo que ha llegado.

—Ujú,—gruñó sin tornarse, y continuó soplando.

El viejo tomó al niño y lo colocó ante sí, como presentándolo, las dos manos oscuras y gruesas sobre los hombros finos.

—¡Mira, pues!

Giró agria y brusca y quedó frente al grupo, viendo con esfuerzo por los ojos llorosos de humo.

—¿Ah?

Una vaga dulzura le suavizó lentamente la expresión.

—Ajá. ¿Quién es?

Ya respondía con sonrisa a la sonrisa del niño.

—¿Quién eres?

—Pierdes tu tiempo en preguntarle, porque este sinvergüenza no contesta.

---

con sorna *sarcastically*
O te empezaron a comer las patas... *Or you began to get itchy feet...*
mecerse *to rock back and forth*
chasqueando la lengua contra el paladar *clicking his tongue against the roof of his mouth*
¡Buena cochinada! *What a beastly thing to do!*

frente a frente *facing each other*
se atreviese a *dared*
lo ruborizó *it made him blush*
atareada *busy*
Soplaba *She was blowing*
gruñó *she grumbled*
llorosos de humo *tearful from the smoke*
suavizó *softened*
sinvergüenza *good-for-nothing*

Quedó un rato viéndolo, respirando su aire, sonriéndole, pareciendo comprender algo que escapaba a Jesuso. Luego muy despacio se fue a un rincón, hurgó en el fondo de una bolsa de tela roja y sacó una galleta amarilla, pulida como metal de dura y vieja. La dio al niño y mientras éste mascaba con dificultad la tiesa pasta, continuó contemplándolos, a él y al viejo alternativamente, con aire de asombro, casi de angustia.

Parecía buscar dificultosamente un fino y perdido hilo de recuerdo.

—¿Te acuerdas, Jesuso, de Cacique? El pobre.

La imagen del viejo perro fiel desfiló por sus memorias. Una compungida emoción los acercaba.

—Ca-ci-que... —dijo el viejo como aprendiendo a deletrear.

El niño volvió la cabeza y lo miró con su mirada entera y pura. Miró a su mujer y sonrieron ambos tímidos y sorprendidos.

A medida que el día se hacía grande y profundo la luz situaba la imagen del muchacho dentro del cuadro familiar y pequeño del rancho. El color de la piel enriquecía el tono moreno de la tierra pisada y en los ojos la sombra fresca estaba viva y ardiente.

Poco a poco las cosas iban dejando sitio y organizándose para su presencia. Ya la mano corría fácil sobre la lustrosa madera de la mesa, el pie hallaba el desnivel del umbral, el cuerpo se amoldaba exacto al butaque de cuero y los movimientos cabían con gracia en el espacio que los esperaba.

Jesuso, entre alegre y nervioso, había salido de nuevo al campo y Usebia se atareaba, procurando evadirse de la soledad frente al ser nuevo. Removía la olla sobre el fuego, iba y venía buscando ingredientes para la comida, y a ratos, mientras le volvía la espalda, miraba de reojo al niño.

Desde donde lo vislumbraba quieto, con las manos entre las piernas, la cabeza doblada mirando los pies golpear el suelo, comenzó a llegarle un silbido menudo y libre que no recordaba música.

Al rato preguntó casi sin dirigirse a él:

—¿Quién es el grillo que chilla?

Creyó haber hablado muy suave, porque no recibió respuesta sino el silbido, ahora más alegre y parecido a la brusca exaltación del canto de los pájaros.

---

hurgó *she poked around*
galleta *cookie, cracker*
mascaba *was chewing*
tiesa pasta *hard dough*
asombro *amazement*
desfiló *marched*
compungida *remorseful, contrite*
deletrear *to spell*
enriquecía *enriched*
pisada *trodden*

el desnivel del umbral *the unevenness of the threshold*
butaque de cuero *small leather armchair*
cabían *fit*
olla *pot*
miraba de reojo *she would look out of the corner of her eyes*
vislumbraba *she caught a glimpse of*
silbido *whistle*
el grillo que chilla *the cricket who chirps*

—Cacique, —insinuó casi con vergüenza, —¡Cacique!
Mucho gozo le produjo oír el ¡ah! del niño.
—¿Como que te está gustando el nombre?
Una pausa y añadió:
—Yo me llamo Usebia.
Oyó como un eco apagado:
—Velita de sebo...
Sonrío entre sorprendida y disgustada.
—¿Cómo que te gusta poner nombres?
—Usted fue quien me lo puso a mí.
—Verdad es.

Iba a preguntarle si estaba contento, pero la dura costra que la vida solitaria había acumulado sobre sus sentimientos le hacía difícil, casi dolorosa, la expresión.

Tornó a callar y a moverse mecánicamente en una imaginaria tarea, eludiendo los impulsos que la hacían comunicativa y abierta. El niño recomenzó el silbido.

La luz crecía, haciendo más pesado el silencio. Hubiera querido comenzar a hablar disparatadamente de todo cuanto le pasaba por la cabeza, o huir a la soledad para hallarse de nuevo consigo misma.

Soportó callada aquel vértigo interior hasta el límite de la tortura y cuando se sorprendió hablando ya no se sentía ella, sino algo que fluía como la sangre de una vena rota.

—Tú vas a ver cómo todo cambiará ahora, Cacique. Ya yo no podía aguantar más a Jesuso...

La visión del viejo oscuro, callado, seco, pasó entre las palabras. Le pareció que el muchacho había dicho «lechuzo», y sonrió con torpeza, no sabiendo si era la resonancia de sus propias palabras.

... no sé cómo lo he aguantado toda la vida. Siempre ha sido malo y mentiroso. Sin ocuparse de mí...

El sabor de la vida amarga y dura se concentraba en el recuerdo de su hombre, cargándolo con las culpas que no podía aceptar.

... ni el trabajo del campo lo sabe con tantos años. Otros hubieran salido de abajo y nosotros para atrás y para atrás. Y ahora este año, Cacique...

Velita de sebo *Tallow candle (The child is attempting to make a rhyme between **Usebia** and **sebo**.)*
costra *crust*
disparatadamente *nonsensically*
huir *flee, escape*
Soportó callada *She suffered in silence*

aguantar *to put up with*
«lechuzo» *"owl" (Apparently he attempts to rhyme with **Jesuso**.)*
torpeza *awkwardness*
mentiroso *lying, deceitful*
amarga *bitter*

Se interrumpió suspirando y continuó con firmeza y la voz alzada, como si quisiera que la oyese alguien más lejos.

... no ha venido el agua. El verano se ha quedado viejo quemándolo todo. ¡No ha caído ni una gota!

La voz cálida en el aire tórrido trajo un ansia de frescura imperiosa, una angustia de sed. El resplandor de la colina tostada, de las hojas secas, de la tierra agrietada, se hizo presente como otro cuerpo y alejó las demás preocupaciones.

Guardó silencio algún tiempo y luego concluyó con voz dolorosa:

—Cacique, coge esa lata y baja a la quebrada a buscar agua.

Miraba a Usebia atarearse en los preparativos del almuerzo y sentía un contento íntimo como si se preparara una ceremonia extraordinaria, como si acaso acabara de descubrir el carácter religioso del alimento.

Todas las cosas usuales se habían endomingado, se veían más hermosas, parecían vivir por primera vez.

—¿Está buena la comida, Usebia?

La respuesta fue tan extraordinaria como la pregunta.

—Está buena, viejo.

El niño estaba afuera pero su presencia llegaba hasta ellos de un modo imperceptible y eficaz.

La imagen del pequeño rostro agudo y huroneante les provocaba asociaciones de ideas nuevas. Pensaban con ternura en objetos que antes nunca habían tenido importancia. Alpargaticas menudas, pequeños caballos de madera, carritos hechos con ruedas de limón, metras de vidrio irisado.

El gozo mutuo y callado los unía y hermoseaba. También ambos parecían acabar de conocerse y tener sueños para la vida venidera. Estaban hermosos hasta sus nombres y se complacían en decirlos solamente.

—Jesuso...

—Usebia...

Ya el tiempo no era un desesperado aguardar, sino una cosa ligera, como fuente, que brotaba.

---

suspirando *sighing*
alzada *loud*
resplandor *brightness*
tostada *burnt by the sun*
agrietada *cracked*
lata *tin can*
se habían endomingado *seemed special*
agudo *pointed*
huroneante *ferret-like*
ternura *tenderness*

Alpargaticas menudas *Tiny sandals*
ruedas de limón *lemon slices*
metras de vidrio irisado *marbles of iridescent glass*
gozo *enjoyment, pleasure*
venidera *coming, future*
aguardar *waiting*
ligera *light*
fuente *fountain*
brotaba *flowed, gushed forth*

Cuando estuvo lista la mesa el viejo se levantó, atravesó la puerta y fue a llamar al niño que jugaba afuera, echado por tierra, con una cerbatana.

—¡Cacique, vente a comer!

El niño no lo oía, abstraído en la contemplación del insecto verde y fino como el nervio de una hoja. Con los ojos pegados a la tierra la veía crecida como si fuese de su mismo tamaño, como un gran animal terrible y monstruoso. La cerbatana se movía apenas, girando sobre sus patas, entre la voz del muchacho, que canturreaba interminablemente:

—«Cerbatana, cerbatanita,
¿de qué tamaño es tu conuquito»?

El insecto abría acompasadamente las dos patas delanteras, como mensurando vagamente. La cantinela continuaba acompañando el movimiento de la cerbatana y el niño iba viendo cada vez más diferente e inesperado el aspecto de la bestezuela, hasta hacerla irreconocible en su imaginación.

—Cacique, vente a comer.

Volvió la cara y se alzó con fatiga, como si regresase de un largo viaje.

Penetró tras el viejo en el rancho lleno de humo. Usebia servía el almuerzo en platos de peltre desportillados. En el centro de la mesa se destacaba blanco el pan de maíz, frío y rugoso.

Contra su costumbre, que era de estarse lo más del día vagando por las siembras y laderas, Jesuso regresó al rancho poco después del almuerzo.

Cuando volvía a las horas habituales le era fácil repetir los gestos consuetudinarios, decir las frases acostumbradas y hallar el sitio exacto en que su presencia aparecía como un fruto natural de la hora, pero aquel regreso inusitado representaba una tan formidable alteración del curso de su vida, que entró como avergonzado y comprendió que Usebia debía estar llena de sorpresa.

Sin mirarla de frente se fue al chinchorro y echóse a lo largo. Oyó sin extrañeza cómo lo interpelaba.

—¡Ajá! Como que arreció la flojera. —Buscó una excusa.

—¿Y qué voy a hacer en ese cerro achicharrado?

Al rato volvió la voz de Usebia, ya dócil y con más simpatía.

---

cerbatana *mantis, a kind of locust or grasshopper*
nervio *vein*
pegados *fastened, fixed*
crecida *grown*
girando *rotating*
acompasadamente *rhythmically*
delanteras *front*
cantinela *song*
bestezuela *little animal*
platos de peltre desportillados *plates of chipped pewter*

se destacaba *stood out*
rugoso *wrinkled*
siembras y laderas *sown fields and hillsides*
consuetudinarios *habitual, customary*
avergonzado *embarrassed*
interpelaba *addressed, spoke to*
Como que arreció la flojera *So your laziness proved too much for you.*
cerro achicharrado *scorched hill*

—¡Tanta falta que hace el agua! Si acabara de venir un buen aguacero, largo y bueno. ¡Santo Dios!

—La calor es mucha y el cielo purito. No se mira venir agua de ningún lado.

—Pero si lloviera se podría hacer otra siembra.

—Sí se podría.

—Y daría más plata, porque se ha secado mucho conuco.

—Sí daría.

—Con un solo aguacero se pondría verdecita toda esa falda.

—Y con la plata podríamos comprarnos un burro, que nos hace mucha falta. Y unos camisones para tí, Usebia.

La corriente de ternura brotó inesperadamente y con su milagro hizo sonreír a los viejos.

—Y para tí, Jesuso, una buena cobija que no se pase.

Y casi en coro los dos:

—¿Y para Cacique?

—Lo llevaremos al pueblo para que coja lo que le guste.

La luz que entraba por la puerta del rancho se iba haciendo tenue, difusa, oscura, como si la hora avanzase y sin embargo no parecía haber pasado tanto tiempo desde el almuerzo. Llegaba brisa teñida de humedad, que hacía más grato el encierro de la habitación.

Todo el medio día lo habían pasado casi en silencio, diciendo sólo, muy de tiempo en tiempo, algunas palabras vagas y banales por las que secretamente y de modo basto asomaba un estado de alma nuevo, una especie de calma, de paz, de cansancio feliz.

—Ahorita está oscuro, —dijo Usebia mirando el color ceniciento que llegaba a la puerta.

—Ahorita, —asintió distraídamente el viejo.

E inesperadamente agregó:

—¿Y qué se ha hecho Cacique en toda la tarde?... Se habrá quedado por el conuco jugando con los animales que encuentra. Con cuanto bichito mira se para y se pone a conversar como si fuera gente.

Y más luego añadió, después de haber dejado desfilar lentamente por su cabeza todas las imágenes que suscitaban sus palabras dichas:

—... y lo voy a buscar, pues.

---

plata *profit, money*
falda *hillside, slope*
camisones *nightgowns*
inesperadamente *unexpectedly*
cobija *poncho*
teñida *tinged*
grato *pleasant*

encierro *confinement*
basto *rough, coarse*
asomaba *showed*
cansancio *fatigue*
ceniciento *ash-colored*
bichito *little animal*

Alzóse del chinchorro con pereza y llegó a la puerta. Todo el amarillo de la colina seca se había tornado en violeta bajo la luz de gruesos nubarrones negros que cubrían el cielo. Una brisa aguda agitaba todas las hojas tostadas y chirriantes.

—Mira, Usebia, —llamó.

Vino la vieja al umbral preguntando:

—¿Cacique está ahí?

—¡No! Mira el cielo negrito, negrito.

—Ya así se ha puesto otras veces y no ha sido agua.

Ella quedó enmarcada en la puerta y él salió al raso, hizo hueco con las manos y lanzó un grito lento y espacioso.

—¡Cacique! ¡Caciiiique!

La voz se fue con la brisa, mezclada al ruido de las hojas, al hervor de mil ruidos menudos que como burbujas rodeaban la colina.

Jesuso comenzó a andar por la vereda más ancha del conuco.

En la primera vuelta vio de reojo a Usebia, inmóvil, incrustada en las cuatro líneas del umbral, y la perdió siguiendo las sinuosidades.

Cruzaba un ruido de bestezuelas veloces por la hojarasca caída, y se oía el escalofriante vuelo de las palomitas pardas sobre el ancho fondo del viento inmenso que pasaba pesadamente. Por la luz y el aire penetraba una frialdad de agua.

Sin sentirlo, estaba como ausente y metido por otras veredas más torcidas y complicadas que las del conuco, más oscuras y misteriosas. Caminaba mecánicamente, cambiando de velocidad, deteniéndose y hallándose de pronto parado en otro sitio.

Suavemente las cosas iban desdibujándose y haciéndose grises y mudables, como de sustancia de agua.

A ratos parecía a Jesuso ver el cuerpecito del niño en cuclillas entre los tallos del maíz, y llamaba rápido: «Cacique», pero pronto la brisa y la sombra deshacían el dibujo y formaban otra figura irreconocible.

---

gruesos nubarrones negros *thick black storm clouds*
chirriantes *hissing*
enmarcada *framed*
al raso *in the open*
hizo hueco con las manos *he made a cup with his hands*
espacioso *deliberate*
hervor *restlessness*
burbujas *bubbles*
sinuosidades *windings (of the path)*

veloces *swift, quick*
hojarasca *dead leaves*
escalofriante *hair-raising*
pesadamente *heavily*
torcidas *twisted*
desdibujándose *fading, getting blurred*
mudables *shifting*
tallos de maíz *corn stalks*
deshacían el dibujo *ruined the image*
irreconocible *unrecognizable*

Las nubes mucho más hondas y bajas aumentaban por segundos la oscuridad. Iba a media falda de la colina y ya los árboles altos parecían columnas de humo deshaciéndose en la atmósfera oscura. Ya no se fiaba de los ojos, porque todas las formas eran sombras indistintas, sino que a ratos se paraba y prestaba oído a los rumores que pasaban.

—¡Cacique!

Llamaba con voz todavía tímida y se paraba a oír. Parecíale que había sonado algo como su pisada, pero no, era una rama seca que crujía.

—¡Cacique!

Hervía una sustancia de murmullos, de ecos, de crujidos, resonante y vasta.

Había distinguido clara su voz entre la zarabanda de ruidos menudos y dispersos que arrastraba el viento.

—Cerbatana, cerbatanita...

Era eso, eran sílabas, eran palabras de su voz infantil y no el eco de un guijarro que rodaba, y no algún canto de pájaro desfigurado en la distancia, ni siquiera su propio grito que regresaba decrecido y delgado.

—Cerbatana, cerbatanita...

Entre el humo vago que le llenaba la cabeza, una angustia fría y aguda lo hostigaba acelerando sus pasos y precipitándolo locamente. Entró en cuclillas, a ratos a cuatro patas, hurgando febril entre los tallos del maíz, y parándose continuamente a no oír sino su propia respiración, que resonaba grande.

Buscaba con rapidez que crecía vertiginosamente, con ansia incontenible, casi sintiéndose, él mismo, perdido y llamado.

—¡Cacique! ¡Cacique! ¡Cacique!...

Había ido dando vueltas entre gritos y jadeos, extraviado, y sólo ahora advertía que iba de nuevo subiendo la colina. Con la sombra, la velocidad de la sangre y la angustia de la búsqueda inútil, ya no reconocía en sí mismo al manso viejo habitual, sino un animal extraño presa de un impulso de la naturaleza. No veía en la colina los familiares contornos, sino como un crecimiento y una deformación inopinados que se la hacían ajena y poblada de ruidos y movimientos desconocidos.

El aire estaba espeso e irrespirable, el sudor le corría copioso y él giraba y corría siempre aguijoneado por la angustia.

---

a media falda *halfway up*
pisada *footstep*
crujidos *rustling, crackling sounds*
zarabanda *whirl*
un guijarro que rodaba *a rolling stone*
decrecido *diminished*
hostigaba *plagued, pestered*
resonaba *resounded, echoed*
extraviado *lost*
manso *meek*
presa *victim*
inopinados *unexpected*
ajena *foreign, strange*
espeso *thick*
irrespirable *difficult to breathe*
aguijoneado por la angustia *spurred on by anguish*

—¡Cacique!

Ya era una cosa de vida o muerte hallar. Hallar algo desmedido que saldría de aquella áspera soledad torturadora. Su propio grito ronco parecía llamarlo hacia mil rumbos distintos, donde algo de la noche aplastante lo esperaba.

Era agonía. Era sed. Un olor de surco recién removido flotaba ahora a ras de tierra, olor de hoja tierna triturada.

Ya irreconocible, como las demás formas, el rostro del niño se deshacía en la tiniebla gruesa, ya no le miraba aspecto humano, a ratos no le recordaba la fisonomía, ni el timbre, no recordaba su silueta.

—¡Cacique!

Una gruesa gota fresca estalló sobre su frente sudorosa. Alzó la cara y otra le cayó sobre los labios partidos, y otra en las manos terrosas.

—¡Cacique!

Y otras frías en el pecho grasiento de sudor, y otras en los ojos turbios, que se empañaron.

—¡Cacique! ¡Cacique! ¡Cacique!...

Ya el contacto fresco le acariciaba toda la piel, le adhería las ropas, le corría por los miembros lasos.

Un gran ruido compacto se alzaba de toda la hojarasca y ahogaba su voz. Olía profundamente a raíz, a lombriz de tierra, a semilla germinada, a ese olor ensordecedor de la lluvia.

Ya no reconocía su propia voz, vuelta en el eco redondo de las gotas. Su boca callaba como saciada y parecía dormir marchando lentamente, apretado en la lluvia, calado en ella, acunado por su resonar profundo y vasto.

Ya no sabía si regresaba. Miraba como entre lágrimas al través de los claros flecos del agua la imagen oscura de Usebia, quieta entre la luz del umbral.

---

desmedido *disproportionate*
aplastante *overwhelming*
surco recién removido *recently plowed furrow*
a ras de tierra *level with the ground*
timbre *personal description*
estalló *crashed*
grasiento *greasy*
turbios *blurred*
se empañaron *misted up, steamed up*
acariciaba *caressed*

lasos *weary*
ahogaba *drowned out*
lombriz de tierra *earthworm*
semilla germinada *sprouted seed*
ensordecedor *deafening*
saciada *satiated, exhausted*
apretado *pinned down*
calado *soaked*
acunado *rocked*
resonar *echo*
flecos *tassels*

I. Práctica de vocabulario

A. Empareje las palabras o expresiones en la Columna A con la definición apropiada en la Columna B.

A

1. mirar de reojo
2. hostigar
3. aguacero
4. estirarse
5. sinvergüenza
6. más de la cuenta
7. asombro
8. conuco
9. quebrada
10. sorna
11. terco
12. huraño
13. inusitado
14. vereda

B

a. desplegar o mover brazos y piernas para desentumecerlos
b. excesivamente
c. mirar con disimulo
ch. molestar
d. lluvia abundante
e. parcela pequeña de tierra cultivada
f. pícaro
g. senda
h. sorpresa
i. burla, sarcasmo
j. poco sociable, desconfiado
k. testarudo, obstinado
l. arroyo, riachuelo
ll. insólito, raro

B. Complete las oraciones siguientes con la forma apropiada de una palabra o expresión en la Columna A del ejercicio anterior.

1. Todas las mañanas Jesuso recorría las ____ del ____ para inspeccionar el maíz.
2. Un día algo ____ ocurrió. Él vio a un niño en el fondo de la vereda.
3. Jesuso arrugó el gesto, desagradado por la actitud ____ y ____ del muchacho.
4. En vez de mirarlo directamente, él lo ____ .
5. La ____ estaba seca por la falta de lluvia.
6. Parece que va a llover. Ojalá que caiga un buen ____ .
7. Jesuso se sonrió y dijo con ____ : «Pierdes tu tiempo en preguntarle, porque este ____ no contesta».
8. Usebia contemplaba al niño con aire de ____ . Estaba muy sorprendida.
9. Al buscar al niño, una angustia fría y aguda lo ____ . Estaba verdaderamente desesperado.

10. Al despertarse por la mañana, él siempre ___ los brazos.
11. No me tienes que pagar tanto dinero. Me estás dando ___ .

II. Ejercicios de comprensión

Complete cada oración con la palabra o expresión apropiada, según la lectura.
1. Usebia despierta a Jesuso porque cree...
2. Los campesinos viven en espera de...
3. Jesuso recorre las veredas del conuco por...
4. Para Jesuso el niño tiene una actitud...
5. Con la presencia del niño en la casa, todas las cosas usuales...
6. Al niño le gusta jugar con...
7. De costumbre, Jesuso pasaba las tardes...
8. Si lloviera, Usebia y Jesuso podrían...
9. La lluvia olía a...
10. Al final, Jesuso ve a Usebia...

III. Preguntas sobre la lectura

1. ¿Cómo se caracteriza la prosa de Uslar Pietri?
2. ¿Durante qué horas del día empieza el cuento?
3. ¿Cómo está el ambiente? ¿Qué ruidos se oyen?
4. ¿Cómo se llaman los dos esposos?
5. ¿Por qué despierta la esposa al marido? ¿Cómo lo despierta?
6. ¿Está lloviendo? ¿Por qué quieren que llueva? ¿Cómo está la tierra? ¿Cómo están los cerros y los valles?
7. ¿Qué efecto tiene la sequía en la vida de los hombres?
8. ¿Qué hizo Jesuso con la primera luz de la mañana?
9. ¿Cómo estaban el maizal, los árboles y los frijoles?
10. ¿Por qué iba al conuco si la siembra ya estaba perdida?
11. ¿En qué piensa Jesuso al recorrer las veredas del conuco?
12. ¿Qué vió ese día en el fondo de la vereda?
13. ¿Qué hacía el niño? ¿Qué decía? ¿Cómo es él?
14. ¿Qué le preguntó Jesuso al niño? ¿Cómo respondió éste?
15. ¿Qué hacía Usebia cuando los dos llegaron a la casa?
16. ¿Cómo reaccionó Usebia ante el niño? ¿Qué le dio ella?
17. ¿De quién se acuerda Usebia al mirar al niño? ¿Qué nombre le puso?
18. ¿Qué hacía el niño mientras ella cocinaba?
19. ¿De qué le hablaba Usebia al niño?
20. Según ella, ¿cómo ha sido su vida con Jesuso?

21. ¿Por qué no había estado contenta con su marido?
22. ¿Cómo cambia la vida cotidiana de la casa esa mañana?
23. ¿Cómo cambia la percepción que tienen los personajes de las cosas a su alrededor?
24. ¿Cómo cambia la relación entre los esposos? ¿Qué sueños tienen ahora?
25. ¿Con qué estaba jugando Cacique cuando Jesuso lo llamó para almorzar?
26. ¿Por qué regresó temprano Jesuso al rancho ese día?
27. Si lloviera, ¿qué podrían hacer los viejos? ¿Qué podrían comprar?
28. Al salir a buscar al niño, ¿cómo ve Jesuso el cielo?
29. ¿Encontró Jesuso al niño?
30. ¿A quién miraba él entre lágrimas al final del cuento?

IV. Análisis del texto

1. ¿Qué símiles y metáforas usa Uslar Pietri para describir el ambiente en el cuento? ¿Qué expresiones hacen sentir más la sequía? ¿Qué lenguaje o expresiones se usan para crear un ambiente de sueño o de algo irreal?
2. ¿Qué puede representar la aparición/desaparición del niño? ¿Qué hay de extraordinario en este niño?
3. ¿Qué valor simbólico puede tener la sequía? ¿Se relaciona de alguna manera con Jesuso y Usebia? Comente.
4. ¿Cómo es la relación entre el ser humano y la naturaleza en el cuento?
5. ¿Cuántos puntos de vista se presentan en el cuento? ¿Cómo cambia el enfoque narrativo en el cuento? ¿Qué perspectiva narrativa se usa al principio del cuento? ¿Y al final?
6. ¿Cómo interpreta Ud. este cuento? ¿Cuáles son las ideas principales que aparecen en el texto?

V. Temas de conversación y composición

1. «La lluvia» se desarrolla en un lugar árido y desértico. Es un ambiente que se presta a los espejismos. Uslar Pietri logra captar con su lenguaje un ambiente de cierta confusión en que los personajes apenas perciben con objetividad la realidad circundante. Comente cómo el autor presenta esta distorsión de la realidad en su narración.

---

desértico *desert-like*
se presta a *lends itself to*
espejismos *mirages*
apenas *hardly*
circundante *surrounding*

2. En el arte y la literatura los animales apuntan con frecuencia a ciertas características humanas. Por ejemplo, el perro se relaciona con la idea de la fidelidad, el gato con el espíritu independiente y la paloma con la paz y el amor. ¿Qué animales se mencionan en este cuento? ¿Le parece que tienen algún significado simbólico? Explique.
3. En cierto sentido, el niño que aparece en este cuento se parece a un duende de un cuento de hadas. Por lo general, ¿qué función desempeñan los duendes o gnomos en los cuentos que Ud. recuerda de su infancia?

Bibliografía selecta

Beaupied, Aida M. and Luz María Umpierre. "*Ecriture* de ambigüedad en 'La lluvia' de Arturo Uslar Pietri." *Hispanic Journal* 3.2 (1982): 105–111.

Hamilton, Carlos, D. "Arturo Uslar Pietri, novelista venezolano." *Cuadernos Americanos* 243.3 (1982): 209–227.

---

fidelidad *fidelity; loyalty*
paloma *dove*
duende *elf*
cuento de hadas *fairy tale*
desempeñan *do ... perform*

Vocabulary

This vocabulary contains only words that occur in the text. Words not included are: (a) many basic Spanish words that an average student of intermediate Spanish would already know; (b) English cognates; (c) most words, idioms, and constructions occurring only once and translated in a footnote; (d) proper nouns, cultural, historical, and geographical items explained in footnotes.

Gender has not been indicated for masculine nouns ending in *o* and for feminine nouns ending in *a*, *dad*, *ión*, *tad*, and *tud*. Adjectives are given in the masculine form only, as are nouns that refer to profession, occupation, and nationality. When *ch*, *ll*, or *ñ* is found in the body of a word, the word is alphabetized according to Spanish usage.

Abbreviations

adj.	adjective
adv.	adverb
conj.	conjunction
f.	feminine
m.	masculine
n.	noun
pl.	plural
prep.	preposition
s.	singular
v.	verb
vulg.	vulgar

A

a: a que I'll bet
abalanzar(se) to pounce, to rush
abarcar to encompass, to cover
abatido dejected, disheartened
abeja bee

abertura opening, hole
abismo abyss, gulf
abnegación self-denial
abordar to tackle, to approach
abra dale, valley

abrasar to scorch; to make ashamed
abrazar(se) to hug, to embrace, to clasp
abrazo embrace, hug
abrigado bundled up, wrapped up
abrigar to shelter, to protect, to bundle up
abrigo overcoat
abrochar to button up
abúlico lacking in willpower, weak-willed
abultar to swell
aburrir(se) to bore, to be bored
acabado finished, completed
acariciar to caress, to pat, to cherish
acaso *adv.* perhaps; *n.* chance
acceder to agree, to accede
accionar to work, to gesticulate
accionista *m. & f.* shareholder, stockholder
acechar to watch, to spy on
acelerado accelerated, hurried
acelerador accelerator
acelerar to speed
acera sidewalk, pavement
acercarse to approach
acero steel, sword
aclarar to clarify, to make clear
acoger to welcome, to receive
acometer to attack
acomodado well-off
acomodador *m.* usher
acomodarse to settle down, to make oneself comfortable
acompañante *adj.* accompanying *n.* accompanist
aconsejar to advise, to prescribe
acontecer to occur, to take place
acontecimiento event, incident
acordado *adj.* agreed upon
acordar(se) (ue) to agree, to remember
acorde *m.* chord
acorralar to corner
acortar to shorten, to reduce, to cut down
acosado harassed, badgered, pursued
acostumbrado usual, accustomed
actitud attitude, posture
actual *adj.* present, current
actualidad present time
actuar to act, to perform, to behave
acuario aquarium
acurrucarse to curl up, to snuggle up
achinado half-caste, mestizo, oriental

adelantado advanced, fast (as in a clock)
ademán *m.* expression, gesture
además besides, moreover
adherir (ie) to stick
adiestrarse to practice
adinerado rich, monied, well-to-do
adivinar to guess
adormecimiento drowsiness, sleepiness
adquirir (ie) to acquire
adular to flatter, to adulate
advertir (ie, i) to realize, to warn, to observe
aeromoza stewardess
afanoso hard, laborious
afecto fondness, feeling, emotion
afeitar to shave
afición liking, fondness, enthusiasm
aficionado *adj.* fond of, having a liking for; *n.* fan, enthusiast
afirmar to affirm, to state
afligir to afflict, to trouble
aflojar to relax
afueras *f. pl.* outskirts
agacharse to squat, to crouch
agarrar(se) to grasp, to cling, to seize, to grab
agitado upset
agitar(se) to roll, to shake, to be agitated
agonizar to be dying
agotado: estar agotado to be exhausted
agraciado attractive
agradecer to thank
agradecido grateful
agrado pleasure
agrandar to enlarge
agravar to aggravate, to worsen
agregar to aggregate, to add
agrietado cracked
agrio *adj.* annoyed, sour, bitter
aguacero shower, rainstorm
aguantar to put up with; **aguantarse** to hold oneself back
aguardar to await
agudo sharp, acute, keen
aguja needle
agujerear to perforate
agujero hole
ahogar to drown, to overwhelm
aislamiento isolation
aislar to isolate, to separate

ajeno belonging to another, foreign; **ajeno a** unaware of, detached
ajetrearse to wear oneself out
ajusticiar to execute
ala wing; brim (of a hat)
alarde *m.* show, display; **hacer alarde** to show off
alargar(se) to lengthen, to drag, to stretch out
alarido shriek, yell
alboroto uproar, disturbance
alcantarilla sewer
alcanzar to reach, to be within range
alejado far away, removed
alejarse to move away
alentar (ie) to encourage
alfiler *m.* pin
alfombra rug, carpet
algarabía row, hullabaloo
algo *adv.* rather, quite
algodón *m.* cotton
aliento breath
alimentar to feed, to nurture; **alimentarse** to live on
alisar to smooth
aliviado relieved
alivio relief
alma soul
almacén *m.* grocer's shop, warehouse
almidonado starched
almohada pillow
alojar to lodge, to harbor; **alojarse** to be lodged
alquilar to rent
alquiler *m.* hire charge, rental
alrededor around, round about
alterar(se) to change, to disturb, to be upset
alucinación hallucination
alucinante hallucinating, hallucinatory
alumbrar to light up
alusión allusion, reference
alusivo suggestive
amabilidad kindness
amado *adj.* dear, beloved; *n.* sweetheart
amanecer to wake up
amante *m. & f.* lover
amargo bitter
amarrar to fasten, to tie, to bind
ambiente *m.* atmosphere, environment
ambigüedad ambiguity

ambiguo ambiguous
ámbito boundary, limit
amenaza threat
amenazar to threaten
amoldar to fit, to mold
amortajar to shroud
amplio ample, extensive
amueblado furnished
andén *m.* platform
anécdota anecdote
angosto narrow
angustia anxiety, anguish, distress
angustioso agonizing, distressing
animar(se) to cheer up, to liven up
ánimo spirit, courage
anónimo anonymous
ansia yearning, longing
antecesor predecessor
anteojos *pl.* glasses, eyeglasses
antepasado ancestor, forebear
anticipar to bring forward, to advance
anticuado old-fashioned, out-of-date
antiguo old-fashioned, outdated
antojo whim
anular to invalidate
anuncio announcement, sign
añadido added
añadir to add
apaciguar(se) to calm down; to quiet down
apagar to extinguish, to switch off
aparentar to feign, to pretend
aparición appearance
apartado remote, isolated, separated
apasionado passionate
apático indifferent
apenas *adv.* hardly, barely; *conj.* no sooner than, as soon as
aplastante overwhelming
aplaudir to clap
aplauso applause, acclaim
apoderar(se) to take hold of, to seize, to take possession of
aposento room
apoyado leaning on, supported
apoyar to rest, to support
apoyo support
apreciar to appreciate
apremiante urgent, pressing
apresuradamente hastily

apretar(se) (ie) to clench, to squeeze, to crowd together
aprisionar to imprison
aprobar(ue) to approve of
apropiado appropriate
aprovechar to take advantage of, to seize the opportunity
apuntar to aim, to point out
apurado hurried, rushed
apurar(se) to hurry up; to get worried
apuro hurry; difficult situation, jam; **estar en un apuro** to be in trouble; **pasar un apuro** to be embarrassed
ardiente hot, scalding
ardor *m.* heat, ardor
arena sand
aridez *f.* aridity, dryness
árido arid, dry
armario cupboard, wardrobe
armazón *f.* frame, framework, set of shelves
arpa harp
arrabal *m.* suburb; *pl.* outskirts
arraigarse (en) to take roots (in)
arrancar to force away, to pull up, to start up
arrastrar to drag along
arrebato rapture, ecstasy
arreglar to arrange, to settle, to fix
arrendar (ie) to lease, to rent
arrepentirse (ie) to be sorry, to repent
arrimar to bring close
arrodillarse to kneel
arrojar to throw
arropado dressed, wrapped up
arrostrar to face, to face up
arroyo stream, brook
arruga wrinkle
arrugar(se) to wrinkle, to crumple
arruinarse to be ruined
asaltar to attack, to strike suddenly, to afflict
ascensor elevator
asediado besieged
asediar to besiege
asegurar to assure, to secure
asentir (ie) to nod
asequible accessible, reasonable
asesinado murder victim
asesinar to murder, to assassinate
asesinato murder
asesino *adj.* murderous; *n.* murderer
asfixiante asphyxiating, suffocating, stifling
asilo asylum, refuge
asimilar to assimilate
asir to get hold of, to grasp
asomarse to show, to lean out, to glance
asombrado surprised, frightened
asombro fright, surprise
asombroso: lo asombroso the frightening thing
áspero tart, sour, rough
astucia cleverness, cunning, craftiness
asunto subject, matter
atar to tie, to bind
atarearse to busy oneself
atariado busy
ataúd *m.* coffin, casket
atenerse to abide
atenuado reduced, mitigated
aterrado horror stricken
aterrador frightening
atolondrado thoughtless, bewildered, confused
atónito astounded, flabbergasted
atontado dazed, stunned
atormentado tormented
atracar to follow, to adhere; **atracarse** to stuff oneself
atrás *adv.* behind, in the rear
atravesar (ie) to cross, to go across
atreverse to dare
atrocidad atrocity, outrage
atroz atrocious
aturdido stunned, bewildered
auditorio audience
aumentar to increase
auscultar to examine with a stethoscope
avergonzado ashamed
avergonzar (ue) to shame, to embarrass; **avergonzarse (ue)** to be ashamed
ávido avid, greedy, eager
avisar to warn
aviso announcement
ayudante *m. & f.* helper, assistant
azar *m.* chance, fate
azotar to whip, to lash
azulear to take on a bluish tint

B

bailarina dancer
bala bullet, shot
balancear to balance, to rock
balcón *m.* balcony
balconear to look out of the window or from the balcony
baldosa tile, flagstone
banal commonplace
banca pew, bench
bancario bank, banking
banco bench, seat
barba beard
barbado bearded
barriga belly
barrio district, neighborhood
barrote *m.* bar
basar(se) to be based on
bastar to suffice, to be enough
bendito *adj.* blessed, lucky
beneficiar to benefit, to favor
benévolo kind, benevolent
bestezuela small beast
bien: no bien no sooner than, as soon as
bienestar *m.* well-being
bienhechor *adj.* beneficent, pleasant; *n. m.* benefactor
bifurcar to fork
bigote *m.* moustache
billete *m.* ticket
bisabuelo great-grandfather
bizcocho sponge cake
blasfemo blasphemous
bocado mouthful
boda wedding
bol *m.* bowl
bólido meteorite
bolita (bola) small ball
bolsa bag
bolsillo pocket
bombardeo bombing, bombardment
bombita (bombilla) light bulb
bondadoso kind
bono voucher, bond
boquete *m.* hole
borbotón *m.* bubbling
borde: al borde de on the edge of
bordo board; **a bordo** on board
borracho drunk
borrar(se) to become blurred
boticario pharmacist
botón *m.* button
bravío wild
brillar to shine
brisa breeze
broma joke; **en broma** jokingly
brotar to sprout, to spring up, to gush forth
brujo sorcerer, witch doctor
brújula compass
brusco sudden, abrupt
buey *m.* ox
bufanda scarf
buque *m.* ship, vessel
burgués *m. adj.* bourgeois, middle-class
burla taunt, joke
burlarse (de) to make fun of
burro donkey, ass
búsqueda search

C

cabaña cabin, hut, shack
cabello hair
caber to fit
cabo: al cabo de at the end of
cabrón *m. vulg.* bastard
cadáver *m.* corpse
cadera hip
caer(se) to fall, to fall down
caída crash, fall
caja box, case
cajón *m.* crate, box, drawer
calcañar *m.* heel
calcetín *m.* sock, stocking
calcular to calculate, to reckon
callado silent, quiet
caluroso warm
calvo barren, bald
calzar to put shoes on, to wear
camarón *m.* shrimp
camerín *m.* dressing room
camión *m.* truck
camisa shirt
camiseta T-shirt
camisón *m.* nightgown
campana bell
campaña countryside; **campaña electoral** electoral campaign
campera windbreaker

campero jeep
campesino peasant farmer
cana white hair
Cancillería Ministry of Foreign Affairs
candado padlock
canoso white-haired
cansancio weariness
canturrear to hum, to sing softly
caña sugar cane
caos *m.* chaos
capricho whim
caprichoso whimsical
captar to capture
capuchino Capuchin monk
carácter *m.* character (of a person)
caracterizar to characterize, to portray, to capture
carajo: *vulg.* ¡Qué carajo! What the hell!
cárcel *f.* jail
carecer to lack
careta mask
carga load
cargado loaded, filled, burdened, very full
caricia stroke, caress
caridad charity
cariño affection
cariñoso loving, affectionate
carmesí crimson
carnicería butcher shop
carnoso fleshy
carrao courlan (a long-billed bird)
carrera: a toda carrera at full speed
cartel *m.* poster, bill
cartelera billboard, hoarding
cartero mail carrier
cartón *m.* cardboard
casa central main branch, head office
cascada cascade, waterfall
castigado punished, chastised
castigo punishment
castrar to castrate
casual accidental, fortuitous
cátedra chair (teaching post)
catedrático professor
catequista *m. & f.* catechist
catre *m.* bed, cot
cazador *m.* hunter
cédula document
ceguera blindness
celdilla (celda) little cell

celo fervor; *pl.* jealousy
celoso jealous
centavito (centavo) a mere cent
ceñir (i, i) to cling to, to be tight for
cepillo brush
cera wax
cerca *adv.* near, close; **de cerca** close up; *n. f.* fence
cercenado amputated, cut, slit
cercenar to cut
cerebro brain
ceroso waxen, waxy, sallow
cerradura lock
cerro hill
certeza certainty
certidumbre *f.* certainty
cesar to stop, to cease
césped *m.* grass
cianuro cyanide
cicatriz *f.* scar
cíclico cyclical
ciclo cycle
ciego blind
cielo sky, heaven
cierto certain, true
cifra numeral
cima top
cine *m.* cinema, movie theater
cintura waist
circo circus
circundante surrounding
cirujano surgeon
clamar to cry out, to shout
claridad clearness, clarity
claro bright, clear
clavar to pierce
clave *f.* key, clue
clavillo pin, pivot
clientela patients, clientele, customers
cobrar to collect, to charge
cochinada filthy, dirty thing
código code
codo elbow
cofradía religious brotherhood
cofre *m.* chest trunk
coger to get hold of, to take, to grasp
cohete *m.* rocket
cojera limp, lameness
cola tail
colgar (ue) to hang

coliflor *f.* cauliflower
colina hill
colmar to fill, to overwhelm
colocar to put, to place, to position
colorado red
collar *m.* necklace
comedor *m.* dining room
comerciante *m. & f.* merchant
comitiva retinue, followers
cómoda *n.* chest of drawers
cómodo comfortable
compadecer to sympathize with
compadre *m.* godfather, friend
compartir to share
compasivo compassionate
complacerse to take pleasure, to delight
complejo *adj.* complicated *n.* complex
comprensivo understanding
comprobable provable, verifiable
comprometerse to commit to something, to get involved
compromiso obligation, commitment
común common
conceder to grant
concertar (ie) to agree on, to arrange
concertista *m. & f.* concert performer
conciliador *adj.* conciliatory
concordar (ue) to agree
concurrido popular, crowded
condecorado decorated
condenar to condemn
condescender to yield, to give in
condolido feeling sorry for, sympathetic
conducir to drive, to lead
confeccionar to make, to make up
confesarse (ie) to confess
confiado trusting
confiar en to have trust in
confrontar to face
confundido confused, embarrassed
confundir to blur, to confuse
congoja anguish, distress
conjetura conjecture
conjunto: en conjunto as a whole
conmover (ue) to move, to touch (emotionally)
conocido known
consciente conscious, aware
conseguir (i, i) to acquire, to obtain
consentido pampered, spoiled

consentir (ie, i) to allow
conserje *m.* porter, doorman
conservador *m.* conservative
conservar to preserve
consolar (ue) to comfort, to console
consuelo solace, consolation
consumar to carry out
consumir to consume, to wear out
contar (ue) to count, to tell; **contar con** to count on
contener to control
contiguo adjoining
contingencia possibility, eventuality
contornos outskirts, surroundings, neighborhood
contrabando smuggling
contraer to contract
contrapunto counterpoint
conuco small farm, small farm field
convalecer to convalesce, to recover
convencer to convince
convenido agreed, settled
convertirse (ie) to convert, to turn, to become, to change
convocar to summon
copa: copa del árbol top, crown of the tree
copiosamente plentifully
coraje *m.* bravery
corporal bodily
correcto correct, well-behaved
corredor *m.* salesman
correo post office
corriente *f.* current, stream, tide
corromper to corrupt, to pervert, to rot
cortar to cut
corteza bark
corva back of the knee
cosa: cosa de a matter of
coser to sew
costa: a costa de at the expense of
costado side
costar (ue): costar trabajo to be difficult
cotidiano daily, everyday
cráneo skull
crecer to grow, to rise, to increase
creciente *adj.* growing, increasing; *n. f.* spate, flood
crecimiento growth
crepúsculo twilight
cretona cretonne (a heavy cotton fabric)

cría breeding; infant
criada maid
crianza upbringing
criar to raise, to bring up; **criarse** to grow up, to be brought up
cristal *m.* glass
crítica criticism
crítico *adj.* critical; *n.* critic
crónica article
crudo raw
crujido creak
cruzar to cross
cuaderno notebook, workbook
cuadra block (street)
cuadrado square
cualidad quality, attribute
cuaresma Lent
cubierto covered
cubrir to cover
cucharada spoonful
cuchicheo whispering
cuchillo knife
cuclillas: en cuclillas crouching, squatting
cuello neck, collar
cuenta account, bill; **caer en la cuenta** to realize; **pedir cuentas (a uno)** to call someone to account
cuentista *m. & f.* storywriter
cuento short story, story, tale
cuerda cord
cuerdo *adj.* sane
cuestionar to debate, to question, to discuss
cueva cave; **cueva subterránea** cellar
cuidado care, caution
cuidar to care for
culpa fault; **tener la culpa de** to be to blame for, to be guilty of
culpabilidad guilt
cultivar to cultivate, to dedicate oneself to
culto *adj.* learned, erudite; *n.* cult, worship
cumpleaños *m. s.* birthday
cumplido fulfilled, perfect, accomplished
cumplimiento observance, fulfillment
cumplir to turn (a certain age)
cuna cradle
curado cured
cursar to study

CH

chágara river prawn
chaleco vest
chambergo soft hat with a wide brim turned up on one side
chillar to screech
chillón gaudy, shocking
chinchorro hammock
chirriante crackling
choque *m.* clash
chorrear to flow
chorro stream; **llorar a chorros** to cry one's eyes out; **llover a chorros** to pour down (rain)
choza hut, shack

D

daguerrotipo daguerreotype
dar to give; to hit; **dar con** to come across, to find; **darse** to give oneself over or up; **darse cuenta de** to realize; **darse por vencido** to give up, to surrender
datar to date
decaer to go down (a fever)
declinar to diminish, to decline
decrecido diminished, decreased
dedicarse to dedicate oneself, to devote oneself
deducir to deduce
degollado beheaded
delantero front part (of a house)
deleite *m.* pleasure, joy
deletrear to spell
delfín *m.* dolphin
delgado thin
delictuoso criminal
delito crime
demacrado emaciated
demorar to delay
denominar to name
depurado purified
derecha right (direction)
derecho *n.* law, right; **estar en su derecho** to be within one's rights
derramar to spill
derribar to knock down
derrocar to hurl down, to overthrow, to remove or oust from office

derrotar   to destroy
desabotonar   to unbutton
desacostumbrado   unusual, uncommon
desacostumbrar   to break the habit
desafío   challenge
desagradado   displeased
desamparado   helpless, unprotected
desangrado   drained of blood
desaparición   disappearance
desarmado   unarmed
desarrollo   development
desasosiego   uneasiness, anxiety, restlessness
desatar   to untie, to undo
desatinadamente   wildly, rashly
desatino   absurdity, mistake
desbarajuste *m.*   confusion, disorder, chaos
desbordar   to overflow, to burst through
descabezar   to decapitate
descalzo   barefoot
descansado   rested
descifrar   to decipher, to solve, to figure out
descompuesto   in bad shape; decomposed; broken
desconcertado   upset, disoriented
desconcertar (ie)   to disconcert, to confuse
desconfiado   distrustful
desconocido   unknown
descuido   carelessness
desdeñoso   scornful, contemptuous
desdibujar(se)   to fade, to become blurry
desdicha   misfortune
desembarcar   to disembark, to unload
desembocar   to run into
desempeñar   to carry out, to fill, to occupy; **desempeñar un papel**   to play a role
desenlace *m.*   ending, outcome
desenredarse   to untangle, to disentangle, to extricate
desentumecer   to take the stiffness out of
desenvolverse (ue)   to unwrap, to develop, to evolve
desenvuelto *adj.*   graceful, confident, assured
deseo   desire, wish
desequilibrado   unbalanced
desértico   desert-like
desesperado   desperate
desfigurado   disfigured, distorted
desfilar   to march, to parade
desfile *m.*   procession

desgano   lack of appetite, unwillingness
desgarradura   tear
desgarrar   to tear, to rend
desgracia   misfortune
desgraciado   unfortunate, unlucky
desgranar   to separate (as in shelling corn)
desgreñado   dishevelled
desheredado   underprivileged
deshumanizar   to dehumanize
desilusionado   disappointed
desinflar   to deflate
desinteresado   unselfish, disinterested
desistir   to give up
deslizarse   to slide
deslumbramiento   dazzling
deslumbrarse   to dazzle
desmayarse   to faint
desmedido   boundless, limitless
desmejorado   emaciated, unhealthy looking
desnivel *m.*   unevenness
desnudo   naked
desnutrición   undernourishment
desocupar   to vacate
desorientado   lost, confused
despacho   office
despedirse (i, i)   to bid farewell, to say good-bye
despeinado   unkempt, disheveled
desperezarse   to stretch
despertar (ie) *n.*   awakening; *v.*   to awaken
despiadado   pitiless, merciless
despistado   absentminded, impractical
desplegar (ie)   to unfold, to display; to spread, to lay out
despojado   deprived, stripped
despreciar   to despise, to scorn
desprecio   scorn, contempt, disdain
desprender(se)   to remove, to detach, to come off
destacado   distinguished, prominent, outstanding
destacarse   to stand out
desteñido   discolored
desterrado   banished, outcast
destino   destiny
destreza   dexterity, skill
destrozado   torn to shreds
desvalido   waif
desvanecer(se)   to disappear, to dissipate
desvelar   to keep awake

desvelarse to stay awake
desvestir (i, i) to strip, to undress
desviar to deviate, to divert
detener(se) to halt, to stop
detenidamente carefully
dialogar to talk, to converse
diariamente daily
diario *n.* daily newspaper
dictadura dictatorship
dicha good fortune; **por dicha** by chance; **plena dicha** complete happiness
dichoso lucky
diente *m.* tooth
diestro skilled
difunto deceased
difuso diffused
digno worthy, deserving
dilatar to enlarge, to widen
diplomático diplomat
dirigirse to make one's way; to address
discreto discrete, unobtrusive
discurrir to think, to reflect
discurso speech
discutir to argue
disfrutar to enjoy
disgusto annoyance, displeasure
disimular to hide, to conceal, to disguise
disimulo: con disimulo furtively
disipar(se) to vanish, to be dispelled
disminuir to reduce, to diminish
disparar to hurl, to shoot at
disparatadamente senselessly, foolishly
disparate *m.* foolish thing or act
dispersar to scatter, to disperse
disponer to prepare
dispuesto ready for, prepared
disputar(se) to contend for, to compete for
distinguido distinguished
distinguirse to distinguish oneself
distinto different
distraer to distract
distraído absentminded
disuelto dissolved
divertir (ie, i) to amuse, to entertain; **divertirse (ie)** to amuse oneself, to have a good time
divinidad deity
doblar to fold
docena dozen
doctorarse to obtain a doctorate (or doctoral degree)

doler (ue) to hurt
doliente *m.* & *f.* mourner
dolor *m.* pain, suffering
dominar to dominate, to rule, to stand above
dominio authority
donar to bestow
dormitar to doze, to snooze
duda doubt
duende *m.* goblin, elf
dueño proprietor, owner, master
dulzura sweetness
durar to last; to remain
duro hard

E

echado lying down
echar to cast, to throw; **echarse** to lie down
edad *f.* age
edificar to construct
editar to publish
editorial *f.* publishing house
eficaz efficacious, efficient
ejecutivo executive
ejemplar exemplary
elaborar to work, to work out, to elaborate
elegir (i, i) to elect, to choose
elevarse to rise, to ascend
elogio praise, eulogy
eludir to avoid
embarque *m.* loading, shipment
emborrachar to intoxicate
embriaguez *f.* drunkenness, elation
embrutecedor brutalizing
embrutecido brutified, bestialized
empapar to soak, to drench
empapelar to paper, to wallpaper
emparejar to match
empeñar to pawn
emplazado summoned
emprender to undertake
empujar to push
empuñar to grasp, to clutch, to take firm hold of
enamorado *adj.* in love; *n.* sweetheart
encaje *m.* lace
encaminarse to go toward
encantador charming

encaramarse to climb
encarcelar to imprison
encargarse to take charge of
encasillamiento classification
encasillar to class, to classify
encender (ie) to turn on
encima on top of
encina evergreen oak
encuadrado framed, fitted
encubrir to hide, to conceal
enderezar to straighten out
endulzar to sweeten
enfermedad illness
enfoque *m.* focus, point of view, approach
enfrentar(se) to face up to
enfurecido infuriated
engañado tricked, deceived
engañar to deceive
engordar to get fat
enmarcado framed
enmascarar to mask
enojado angry, annoyed, irritated
enojo anger, irritation
enredadera climbing plant, creeper
enriquecer to enrich
enrojecer to turn red
ensayista *m. & f.* essayist
ensayo essay
enseñanza teaching, education
ensombrecerse to darken, to turn gloomy
ensoñación fantasy, dream
ensopar to soak, to saturate
ensordecedor deafening
ensueño dream, fantasy, reverie
entenderse (ie) to come to an agreement
enterado informed
entero whole, entire
enterrar (ie) to bury
entreabierto half-opened
entreacto interval
entregarse to surrender, to devote oneself
entretanto meanwhile
entretener to keep occupied
entretenido (por) kept alive
entrever to be able to make out, to foresee
entrevista interview
entristecer to sadden; **entristecerse** to be sad, to grieve
envenenado poisoned
envenenarse to take poison

envidia envy
envolver (ie) to wrap, to wrap up
envuelto wrapped
epitafio epitaph
época epoch, era, time
equivocación mistake
equivocado mistaken
erizo sea urchin, hedgehog
errar to wander
esbelto slender, svelte
escala scale; stopover
escalera staircase, step
escalofriante bloodcurdling, chilling
escalofrío chill, shiver
escalón *m.* step
escama scale
escandalizar to shock, to scandalize
escasez *f.* shortage
escaso very limited, scarce
escenario setting
esclarecer to throw light on, to clarify, to elucidate
esclavo slave
escoger to choose, to select
esconderse to hide, to conceal oneself
escondite hiding place, hide-and-seek
escritor *m.* writer
escupir to spit, to spit out
escurrirse to drain, to slip away
esfuerzo effort
esgrima fencing
espacio space
espada sword
espantoso frightening
especializarse to specialize
especie *f.* sort, species, type
específico specific
espectro spectre, ghost
espejismo mirage, illusion
espejo mirror
esperanza hope, expectation
esperar to wait, to hope, to expect
espiar to keep watch on
espina thorn
espíritu *m.* spirit, soul
esquina corner
esquinada angular, on the corner
establecerse to settle down, to set up
estaca stake
estada stay
estadio stadium

estado: estado de ánimo state of mind, mood
estallar to burst
estampilla stamp
estancia room
estera matting
estimar to consider, to deem, to think
estirar to stretch
estirarse to stretch one's muscles or limbs
estival *adj.* summer
estornudo sneeze
estrechar(se) to make narrower, to become close, to embrace
estrecho tight, close, narrow
estrella star
estrellarse to crash
estremecimiento shaking, shuddering
estupor *m.* amazement, astonishment
etapa stage, step
etiqueta tag, ceremonial; **de etiqueta** formal
evadir(se) to avoid, to escape
evitar to avoid
evocar to evoke, to recall
exagerar to exaggerate, to overdo
exaltado excited, worked up
examinar to examine
exceder to overdo, to surpass
excelencia: por excelencia par excellence
exhalar to exhale
exigencia demand, requirement
exigir to demand
exiliado exiled
éxito success
expectativa expectation, expectancy
expiación atonement
expuesto exposed
éxtasis *f.* ecstasy
extender (ie) to spread out
extenuado exhausted, weak
extraer to extract
extrañar(se) to miss, to be surprised
extraño stranger; *adj.* foreign, strange
extraviado lost, disoriented

F

fabricante *m. & f.* manufacturer, maker
fabricar to manufacture, to make, to build
fábula fable, fairy tale
fachada front, façade
falda skirt; side of a hill; **a media falda** halfway up
fallecer to die
falta lack, misdeed, misdemeanor
fantasma *m.* ghost
farmacéutico pharmacist
fatalidad fate, fatality
fatalista fatalistic
fatigarse to get tired
fatigoso tiring, painful
fatuo silly, fatuous
fe *f.* faith
febril feverish
felicidad happiness
felino feline
feriado holiday
ferocidad fierceness
ferrocarril *m.* railway
fiambre *m.* cold meat
fiambrería cold meat store, delicatessen
fiarse (de) to trust
fidelidad faithfulness
fiebre *f.* fever
fiel faithful
fieltro felt
fijación fixation
fijamente carefully
fijar to fix, to set; **fijarse en** to take notice
fijeza firmness
fijo fixed
fila: en fila in line
filatélico philatelic, pertaining to stamp collecting
fin *m.* end
finalidad objective, aim, purpose
fingir to feign, to simulate, to pretend
fino subtle
firmar to sign
flaco thin
flan *m.* caramel custard
flanco side, flank
flaqueza thinness; weakness
flechado shot with an arrow
flojera laziness, weakness
florecer to bloom
flotar to float
fluir to flow, to run; **fluir de conciencia** stream of consciousness
follaje *m.* foliage
fomentar to encourage, to foster

fondo background; **del fondo** in the back
fortuito fortuitous, chance
frac *m.* dress coat, tails
fracasar to fail
fracaso failure
fraile *m.* friar, monk
franco frank, candid
franqueza candidness, frankness
frazada blanket
frenético frenetic, frenzied
frente *f.* forehead; **frente de** forward, in front of
fresco cool, fresh
frescura coolness
frijol *m.* bean
frontera frontier, border
frotar to rub
fuego fire
fuente *f.* fountain
fuera *adv.* out, outside
fuerza strength
fulgurante flashing, shining
funcionario civil servant, official
fundir(se) to merge, to blend
furgón *m.* wagon, van
furibundo furious, enraged
furtivo sly
fusil *m.* gun, rifle
fusilar to execute by shooting
futbolista *m.* soccer player

G

galanteador *m.* suitor
gallego Galician (from Galicia, Spain)
galleta biscuit, cookie
gallina chicken
gana desire, wish
ganado cattle, livestock
ganar(se) to win, to earn
garza heron
gasa gauze
gastar to spend, to wear out (physically)
gema gem, precious stone
género genre
genial outstanding, brilliant
genio disposition
gerente *m.* manager
gesticuloso given to grimacing
gesto gesture, expression

gira tour
girar to rotate
giro turn; bill of exchange; expression, turn of phrase
globo balloon
goce *m.* pleasure, enjoyment
golpe *m.* blow, knock
golpear to strike, to hit, to beat
goma glue, rubber
gomero rubber tree
gota drop
gozo enjoyment, pleasure
grabado *adj.* imprinted; *n.* engraving
grandazo (grande) very large
grasiento greasy, grimy
grato pleasing
gravar to burden, to impose
grave serious
gritar to shout
gritería *m.* or *f.* shouting, uproar, booing
grito shout, scream, cry
grosero gross, coarse, vulgar
grueso thick, heavy, big
guanábana soursop, a fruit from the West Indies
guardar(se) to keep, to save, to guard against
guardia *m.* guard, police officer
guata cotton, padding, filler
guerra war
guía *m.* & *f.* guide
gustoso delightful, delighted, tasty
gutural guttural

H

hábil skillful, clever
habitar to live in, to inhabit
hacedor *m.* creator, maker
hacer: hacer compañía (a alguien) to keep someone company; **hacer falta** to be missing, to need; **hacer punto** to knit
hacha ax
hachazo blow with an ax
hacienda ranch
hada fairy; **cuento de hadas** fairy tale
halagado flattered
halago flattery
hallazgo discovery
hamaca hammock

hambriento hungry, starving
hartar to satiate, to satisfy; **hartarse** to gorge oneself
harto *adv.* quite, very
hato belongings, provisions
hebra thread
hechicero sorcerer, enchanter
hecho fact, matter, event
helado frozen, icy
herida wound
herir (ie) to hurt, to injure
hermético hermetic, impenetrable
hervir (ie) to boil
hielo ice
hierba grass
hierro iron
hilera row, line
hilo thread
hincharse to swell up
hoja leaf, piece of paper
hojarasca dead or fallen leaves, rubbish
hombro shoulder
hondo deep, profound
honorario fee
honradez *f.* honesty
horadar to bore, to drill
horario schedule
horcajada: a horcajadas astride, astraddle
horcón post
hormiga ant
hospedarse to lodge
hostigar to urge, to harass
huacho lottery ticket
hueco hollow, empty space
huérfano orphan
huerta large vegetable garden
huerto orchard
huevo egg
huir to flee
humilde humble
humor *m.* mood, humor
hundido sunken
hundir to drive, to thrust
huraño unsociable, surly
hurgar to poke around in

I

idealizar to idealize
identidad identity
idilio idyll
idioma *m.* language
iglesia church
ilusorio illusory
ilustre illustrious
imagen *f.* image
imaginería imagery
impar odd, uneven number
impedir (i, i) to prevent
imperioso imperative, overbearing
ímpetu *m.* momentum, impulse
imponer(se) to impose one's authority, to command
imprevisto unforeseen
impulsar to impel
inagotable inexhaustible, endless
inalterable unalterable, unchanging
incaico Incan
incapaz incapable
inclinar(se) to lean forward
incluir to include, to comprise
incomodar to inconvenience
incomprensible incomprehensible
incomunicación lack of communication
inconfundible unmistakable, unique
inconmovible firm, unshakable
inconsciente unconscious, unaware
inconsecuencia inconsistency
incorporar(se) to sit up, to incorporate, to embody; **incorporarse a** to join
incrustado embedded
incrustar to inlay
incumplido unfulfilled
indagar to investigate, to explore
indeleble indelible, unforgettable
indicio sign, trace
indígena *adj.* indigenous, native; *m. & f.* native
indigno unworthy
indispensable essential
indispuesto slightly ill, indisposed
indolencia indolence, idleness
ineludible inescapable
inerte lifeless
inescrupuloso unscrupulous
inesperado unexpected
infalible certain, sure
infamia infamy
infancia childhood
infantería infantry

infelicidad unhappiness
infierno hell
influjo influence
informar to inform, to tell
informe *m.* report
infundir to instill
ingeniero engineer
ingenio ingeniousness, inventiveness
ingresar to enter, to be admitted
iniciar to begin
injuriar to insult, to offend
inmovilizar to become paralyzed, immobilized
inopinado unexpected
inquietante disturbing
inquietud anxiety, uneasiness
insatisfecho unsatisfied
inseguridad insecurity
insólito unusual, unaccustomed
insostenible unsustainable
instruir to educate; **instruirse** to teach oneself
íntegro whole
intemperie *f.* inclement weather
interesarse por to be interested in
internado interned
internarse to penetrate
interpelar to appeal to, to implore
interrumpir to interrupt
intervalo interval
intervenir to intervene
intuir(se) to sense, to have a sense of, to have a feeling for
inundado flooded
inundar to flood
inusitado unusual, uncommon
inútil useless
inverosímil improbable
invertido *adj.* invested, reversed
involucrar to involve
inyección injection
ira wrath, anger
izquierda left

J

jabón *m.* soap
jadeo panting, breathlessness
jaula cage
jefe *m.* boss

jerarquía hierarchy
jinete *m.* horseman, rider
joyería jeweler's shop
júbilo joy
juego game
juerguista *m. & f.* reveler
juez *m.* judge
juguete *m.* toy
juicio judgment
juntar(se) to unite, to join
jurista *m.* jurist, lawyer
justicieramente justly, fairly
juvenil youthful

L

laberinto labyrinth
labor *f.* job, work; **labores domésticas** housework
laborioso difficult, arduous
lacra flaw
ladera slope, hillside
lado side
ladrillo tile, brick
ladrón *m.* thief
lágrima tear
lamentable regrettable
lana wool
lancha boat
lanchero boatman
lanza spear, lance
lanzar to throw, to hurl
lápida tombstone
lastimosísimo (lástimoso) very pitiful
latido beating (of the heart)
latita (lata) small tin can
lecho bed
lector *m.* reader
lectura reading
legua league (5572 meters, about 3 miles)
lejano distant, far away
lenguaje *m.* language
lente *m. & f.* lens
lento slow
leve light, slight
ley *f.* law
leyenda legend
liberado liberated, exempted
libertad liberty, freedom
librar to free; **librarse** to escape

librería bookshop
libreta notebook; **libreta de venta** sales book
liceo secondary school
ligado united, joined
ligero light
lila lilac
limeño from Lima, Perú
linaje *m.* lineage
linde *m.* boundary, limit
liso smooth
litografiado lithographed
liviano light, slight
locuaz loquacious, talkative
locura insanity
lograr(se) to turn out well
lomo back
lucha fight
lucidez *f.* clarity
lucir to shine, to show
lujoso luxurious
luminoso bright, luminous
luna moon
lustroso shiny, glossy
luz *f.*: **a media luz** in the half-light

LL

llaga sore, wound
llama flame
llamador *m.* doorknocker
llamarada outburst, flare-up
llano flatland, plain
llanto weeping, crying
llanura plain (geography)
llave *f.* key
llegada arrival
llevar: **llevar a cabo** to carry out
lloviznar to drizzle
lluvioso rainy, wet

M

macizo solid, massive
madeja skein (of wool)
madera wood
madero log
madrugada: **de madrugada** at daybreak
madrugón *m.* early rising, early arrival
madurar to ripen, to mature
madurez *f.* ripeness, maturity
maestría mastery, master's degree
maestro teacher, master; **obra maestra** masterpiece
magia: **magia negra** black magic
maizal *m.* cornfield
malayo Malayan
malcriado spoiled, bad mannered
maldito cursed, damned
maleta suitcase
malhumorado ill-humored, bad-tempered
maligno perverse
mallorquín *m.* from the island of Mallorca
manantial *m.* spring, running water
manar to flow, to run
mancha stain
manejar to handle, to wield (a weapon); to drive (a car)
maniquí *m. & f.* mannequin
manojillo (manojo) small bundle
manso gentle, peaceful, calm
manta blanket, poncho
mantel *m.* tablecloth
manto shawl
maña skill, ability, know how; **darse maña** to contrive, to use one's wits
maquillado made-up
maquillar(se) to apply makeup, to make oneself up
máquina machine, car
maravilloso marvelous
marcado marked
mareado ill, dizzy
marfileño *adj.* ivory, like ivory
mariposa butterfly
marítimo maritime
mármol *m.* marble
martirio martyrdom
más: **más allá de** beyond
máscara mask
mascarilla face mask, death mask
masticar to chew
mate *m.* a tea-like South American drink
materno motherly, maternal
matrimonio marriage; married couple
mecer to rock, to swing
medida measurement; **a medida que** as, with, at the same time as
mediecito (medio) a coin of very little value

medio average
medir (i, i) to measure
mejilla cheek
mejorar to improve, to better
mendigo beggar
mensaje *m.* message
mensual monthly
mensualmente on a monthly basis
mensurar to measure
mentira lie
mentiroso deceitful
menudo small, slight
merecer to deserve, to merit
mesa table; **mesa de juego** gambling table
metáfora metaphor
meter(se) to introduce, to get mixed up, to enter
mezcla mixture
miel *f.* honey; **luna de miel** honeymoon
mierda *vulg.* shit
miga breadcrumb
milagro miracle
milpa cornfield
mirada look, glance
miseria poverty
misericordia mercy, compassion
mísero *adj.* miserable
mito myth
modalidad form, kind, modality
modista dressmaker
modo: de qué modo in what way
modorra drowsiness, dullness
mojado wet
moldear to mold
molestar to annoy, to bother
mono monkey
montar to stage, to mount, to put together
monte *m.* mountain, forest
montón *m.* pile, crowd
moraleja moral
mórbido morbid
mordaz biting
morder (ue) to bite
mordida bite
mosquetero musketeer
mostrador *m.* counter, bar
mostrar (ue) to show, to demonstrate
motivo reason, motif
mozo waiter, young boy

mucama maid
muchachones (muchachos) big kids
muchedumbre *f.* crowd
mudo dumb, mute
mueble *m.* piece of furniture
muelle *m.* dock
mulato mulatto
multitud multitude, crowd
mundialmente worldwide
muñeca doll
muralla wall, rampart
murmurar to whisper, to murmur
muro wall
muslo thigh
mutualista mutual benefit society

N

nacimiento birth
narrador narrator
narrativa narrative
negar(se) (ie) to deny, to refuse
negocio business
nene *m.* & *f.* baby
nicho niche
niebla fog, mist
nieto grandson
nimio insignificant
niñez *f.* childhood, infancy
nitidez *f.* sharpness
nítido clear, sharp
nivel *m.* level
nordeste northeast
normativo normative
nota note, mark
novedad change, news
nube *f.* cloud
nueva: la nueva piece of news

O

obligación duty
obligar to oblige, to force
obra work, works
obrero worker
obscuro dark
obsequiar to give, to offer
obstinado stubborn
occidental western
ocultar to hide, to conceal
oculto hidden

ocupado occupied, busy
ocuparse to see to
odiosamente hatefully, odiously
ofender to offend, to insult
ofrecer to offer
ojeada glance
ojota sandal
oler (ue) to smell
olor *m.* odor, smell
olvidado forgotten
operarse to be operated on
opinar to think
oponerse a to oppose, to be against
oportuno suitable, appropriate
oprimido oppressed
oprimir to press, to oppress
oración sentence, prayer
orfanato orphanage
orgullo pride
orgulloso proud, haughty
orilla river bank
orina urine
orinar to urinate
oscilar *adj.* wavering, oscillating; *v.* to swing
oscurecido dimmed, darkened
oscuro dark
ostentoso ostentatious, flashy
otoñal autumnal
ovalado oval-shaped
oveja sheep
ovillo ball (of yarn)

P

padecer to suffer, to endure
padrino godfather
página page
paja straw
paladear to savor
palidez *f.* paleness
palma palm leaf
palo wood, stick; **dormir como un palo** to sleep like a log
paloma dove, pigeon
palomilla kid, urchin
palpar(se) to feel, to be felt
palpitante throbbing, palpitating
pan *m.* bread
panadería breadshop, bakery

panal *m.* honeycomb
pantalón *m.* trousers
pantorrilla calf (of the leg)
pantufla slipper
paño woolen cloth
papel *m.* part, role
parada stop
parado standing, stopped
paradoja paradox
paraíso paradise
parcela plot, parcel
pardo brown
pared *f.* wall
paredón *m.* place of execution
pareja pair, married couple
pariente *m. & f.* relative (family member)
parlotear to chatter
parroquiano regular customer, client
partida departure
Pascua Easter
pasear(se) to take a walk
paseo avenue, public walk
pasillo corridor
paso step, pace
pastelito (pastel) small pastry
pasto pasture
patear to kick
patente obvious
paterno paternal, fatherly
patraña hoax, fabrication
patria native country, homeland
patrocinar to sponsor
patrón *m.* patron, master
pavita pot for making **mate,** a tea-like South American drink
payaso clown
paz *f.* peace
pecado sin
peculiaridad peculiarity
pedazo piece; **a pedazos** in pieces
pedido order form
pegado up against, flush against, glued, stuck
pegar to put up against, to glue, to stick
pelado shaven
pelaje *m.* coat, fur
pelear to fight
peligro danger, risk
peligroso dangerous
peluquería hairdresser's shop

pena sorrow, grief, uneasiness, shame; **pena de muerte** death penalty
pender to hang
pendiente pending, outstanding; **en pendiente** sloping
penoso distressing
pensamiento thought
penumbra semi-obscurity, shadow
peón *m.* farm laborer, farmhand
percibir to perceive, to notice, to sense
perder (ie): perder el conocimiento to lose consciousness
perdida: de perdida stray (bullet)
perdido lost
perdonar to excuse, to pardon
pereza laziness
perezoso lazy
pérfido treacherous
perfil profile
periodista *m. & f.* journalist
peritonitis inflammation of the serous membrane lining the abdominal cavity
permanecer to remain
permanencia stay
perplejidad perplexity
perplejo perplexed
perseguir (i, i) to pursue, to prosecute, to chase
personaje *m. & f.* character (of a story)
perturbar to disturb
pesadilla nightmare
pesado heavy
pescuezo neck
peso weight
piadoso devout
picada *n.* bite
pícaro rascal
pie: a pie on foot
piel *f.* skin
pieza room, piece
pila pile, heap
pintado painted, made-up
pintor *m.* painter
pipa pipe
pisar to step on, to set foot in
piso floor
pista trail, track
placer *m.* pleasure
plácido calm, peaceful
planta (del pie) sole (of the foot)

plantear to set forth, to state, to bring up
plátano banana
plateado silvery
platicar to chat
plaza square (public area)
plazo period, time limit
plebeyo plebian
plegado folded, bent
plenitud fullness, prime
pleno: en pleno sol in broad daylight
pliegue *m.* fold, pleat
pluma feather
poblar (ue) to populate
pobreza poverty
poder *m.* power
poderoso powerful
podrido spoiled, rotten
poeta *m.* poet
poetisa poetess
polvo dust
pólvora gunpowder
polvoriento dusty
pollera skirt
pollo chick, chicken
popular of the people
pordiosero beggar
portal *m.* arcade, doorway
porvenir *m.* future
posarse to settle down, to alight, to settle
postergar to postpone, to put off (for another time)
postizo false
potencia power
potrero pasture
pozo well
precisar to define, to need
prédica preaching
predominar to predominate over
premiar to reward, to award a prize
premio prize
prenda article of clothing
preocupación worry
preparativo *adj.* preparatory, preliminary; *n.* preparation
prescindir to disregard, to do without
presenciar to witness, to see
presentimiento presentiment, foreboding
presentir (ie, i) to have a presentiment of
preso victim, prey
prestar to lend; **prestar oído** to listen

pretender (ie)   to try for, to seek
pretendiente *m.*   suitor
previo   preliminary
previsible   foreseeable
previsión   foresight
primario   primary
primaveral   springlike
primordial   fundamental, essential
principal *adj.*   main
principiar   to begin
privar   to deprive
probar(se) (ue)   to taste, to try
procedimiento   method, procedure
procurar   to try (intention)
proferir (ie, i)   to utter, to speak
prohibido   forbidden
prolongar   to extend
promesa   promise
promulgar   to enact, to promulgate
propiedad   property
propio *n.*   messenger
proponer   to suggest
proporcionar   to furnish, to provide
propósito   purpose, aim
proseguir (i, i)   to continue
proteger   to protect
provenir   to originate, to come from
provocar   to provoke, to rouse
próximo   next
prueba *f.*   proof, test
prusiano   Prussian
pudiente *adj.*   rich, well-to-do, wealthy
puente *m.*   bridge
pueril   puerile, childish
puesto   small shop, post, job
pulga   flea
pulir   to smooth, to polish
punta   point
puntillas: de puntillas   on tiptoes
puntualidad   punctuality
puñado   handful
puñal *m.*   dagger
purulenta   discharging pus, purulent
pusilánime   fainthearted

Q

quebrada   brook, stream, ravine, gorge
quebrado   broken
quebrar(se) (ie)   to break

quejarse (de)   to complain (about)
quejido   moan, groan
quemar   to burn
querido *adj.*   beloved *n.*   lover
quicio   door frame
quietud   stillness, calm
quinta   villa, country house
quisquilloso   finicky, fastidious
quitarse   to take off, to remove

R

rabia   rage, anger
racionalizar   to rationalize
raído   worn, frayed
rama   branch
ramo   bouquet
rapado   shaven
raro   rare, scarce, odd
rascar(se)   to scratch
rasgo   trait, feature
raso: al raso   in the open air
raspar   to scratch out
rastro   trace, sign
rato   while, time, moment
raya   line
rayuela   hopscotch
raza   race
realista   realistic
realizar   to accomplish, to achieve
reanudar   to resume
rebelarse   to rebel
recado   errand
recato   prudence, caution
recién   recently
recinto   area, precinct, enclosure
reclinado   leaning, leaning on
recobrar(se)   to recover, to come around
recoger   to gather, to collect;
   recogerse   to withdraw within oneself
recogido   withdrawn, secluded, pinned or tied back
reconocer   to recognize, to admit, to identify
reconocible   recognizable
reconocido   known, recognized
recorrer   to travel through
recortado   cut out
recostar (ue)   to lean
recrear(se)   to amuse, to recreate
recubrir   to cover

recuerdo memory, recollection, remembrance
recurso recourse
rechazar to turn down
red *f.* net, mesh
redactar to edit, to write, to redact
redención redemption
redondo round
reemplazar to replace
refinado refined
reflejar to reflect, to reveal, to show
refresco refreshment, cool drink
refugiarse to take refuge
refulgente shimmering, shining, bright
regalar to give away
regentear to rule, to manage, to boss
régimen *m.* rules, regime, diet
registrar to register, to note
registro civil births, marriages & deaths register
reglamentación regulation
rehusar to refuse, to turn down
reja grille, bar (on a window)
relación relation, relationship, connection
relajar(se) to relax, to loosen, to become lax
relatar to tell, to relate, to narrate
relato story, account, narration
reloj: reloj de pulsera wristwatch
relleno *adj.* very full, filled; *n.* filling
remediar to remedy, to put a stop to something
remedio remedy, cure
rememorar to recall, to remember
remordimiento remorse, regret
remover (ue) to shake, to move, to stir up
rencor *m.* rancor, resentment
rendido exhausted
rendija crack
rendir(se) (i, i) to defeat, to subdue, to surrender
renunciar (a) to renounce
reñir (i, i) to quarrel, to fight
reojo: mirar de reojo to look at someone or something out of the corner of one's eye
reparto sharing out, distribution
repente: de repente suddenly
repentinamente suddenly
repleto crammed full, packed
reponer to replace; **reponerse** to recover
reposado rested

reposo rest
requerir (ie) to summon, to call on, to require
resbalar to trickle, to slide, to slip
reseco very dry
resentimiento resentment
residir to reside, to live
resignarse to resign oneself to something
resolver (ue) to resolve, to decide
resonancia resonance, echo
resonar (ue) to resound, to re-echo
resorte *m.* spring, coil
respaldar *n. m.* back
respaldo back, backing
resplandecer to shine, to glitter, to glow
resplandor *m.* splendor
restos remains
resucitar to resuscitate, to rise from the dead
retablo altarpiece
retener to keep, to hold back
retirado remote
retorcer(se) (ue) to twist, to writhe
retornar to return
retorno return
retratar to portray, to depict
retroceder to move back
revalorizado revalued
revelar(se) to reveal, to show, to disclose oneself
revisar to revise, to go through
revista magazine; **pasar revista a** to review
revolear to fly about, to flutter
revolotear to flutter about
revolver(se) (ue) to stir, to turn over
rezar to pray
rezo prayer
riachuelo brook, stream
riguroso strict
rincón *m.* corner (of a room)
ritmo rhythm
roble *m.* oak
robo theft, robbery
rodar (ue) to fall (leaves), to move about, to roll
rodear to wrap around, to surround
rodilla knee
roer to gnaw
rogar (ue) to request, to implore

ronco hoarse
ropa clothes
ropero wardrobe
rosal *m.* rosebush
rostro face
rotundamente flatly, emphatically
rozar to brush against, to scratch
rueda wheel
rumbo direction, course
rumor *m.* rumor, murmur
ruptura breakup
rutina routine

S

sábana sheet
sabor *m.* taste, flavor
saborear to taste, to savor, to relish
sacar to take out
sacerdote *m.* priest
saciado satiated, satisfied
saciar(se) to satiate, to satisfy one's desire for
sacudir to shake
sala living room, hall
saltar to jump
salto jump, leap
saludable healthy
saludar to greet
salvado saved
salvador *adj.* saving; *n. m.* saviour
salvaje *m. & f.* savage
salvajemente savagely, primitively
salvar to save, to rescue
salvo except; **a salvo de** safe from
sanatorio health center, clinic
sangre *f.* blood
sangriento bloody, blood-stained
sarcasmo sarcasm
sardinel *m.* curb
sastre *m.* tailor
secante *n. m.* blotter, blotting
seco dry
secundario secondary
seda silk
sediento thirsty
sello stamp, hallmark
selva jungle
sembrado sown field or land
semilla seed

sencillez *f.* simplicity
sencillo simple
senda path, road
sendero path
sensible sensitive
señal *f.* sign, proof
señalar to point out
señas: por más señas more specifically
septicemia invasion or persistence of pathogenic bacteria in the blood system, septicemia
sequía drought, dry season
ser *m.* (human) being, person
serie *f.* series
servible serviceable, usable
servidumbre *f.* servitude, obligation
servir (i, i) to serve
siemprevivas everlasting flowers
siglo century
significado meaning
silbido whistle
simulacro pretense, mockery
simular to feign, to simulate, to pretend
singular outstanding
sinrazón *f.* absurdity
sinvergüenza *m. & f.* brat, rascal
sitio place, siege
soberbia pride
sobrar to be more than enough
sobrenatural supernatural
sobrepuesto superimposed
sobresaliente outstanding
sobresalir to stand out
sobresaltado startled, frightened
sobretodo *n.* overcoat
sobrevivir to survive
sobrino nephew
sobrio sober
solapado sly, underhanded
soledad solitude, loneliness
soler (ue) to usually do something, to be in the habit of
solicitar to request
solicitud request
solidaridad solidarity
solitario alone
sollozo sob
soltar (ue) to let go
solucionar to solve, to resolve
sombra shadow

sombrío dismal, gloomy
someter(se) to subdue, to put down, to surrender, to undergo
sonar (ue) to sound, to resound, to ring out; **sonar a lluvia** to sound like rain; **sonarse (ue)** to blow one's nose
sonoridad sonority, loudness
soñar (ue) to dream
soñoliento sleepy
soplar to blow
soplo gust
sopor *m.* sleepiness, drowsiness
soportar to bear, to endure
sordo deaf, indifferent
sorna sarcasm, coolness
sorprender to surprise, to astonish
sorpresa surprise
sospechar to suspect
sostener to hold, to support
suave gentle, soft
subrayar to underline, to emphasize
subsiguiente following
subsistir to remain
sucesivo successive, consecutive
suceso event
sucumbir to yield, to succumb
sudor *m.* sweat
suelo ground, soil, bottom
sueño sleep, dream
suerte *f.* luck, fate
suertero lottery ticket vendor
sufrimiento suffering
sugerir (ie, i) to suggest
suicida *adj.* suicidal; *n. m. & f.* suicide
suicidarse to commit suicide
sujetar to secure, to fasten
sumergido submerged
sumergir to submerge
sumido immersed
suntuoso sumptuous
superar to transcend, to rise above
superpuesto superimposed
súplica entreaty, request
suplicar to implore, to beg
suprimir to eliminate, to remove
supuesto: por supuesto of course
surcar to furrow
surco furrow
surgir to come up, to rise
suscitar to provoke, to cause
suspender to postpone
suspirar to sigh
sustentado fastened, nourished
sustentar to nourish
susurro whisper, murmur

T

táctica tactic
taino taino (a member of an extinct, aboriginal Indian tribe of the West Indies)
talante *m.* mood, disposition
tamaño size
tantear to test
tantita (tanto) a bit
tanto: en tanto que as soon as
tapa lid, cover
tapado covered
tapar to cover up
tapia wall
tapón *m.* stopper, cover, plug
taquígrafo stenographer
tarro jar
techo ceiling
teclado keyboard
técnico technician
tejer to knit
tejido weave, woven fabric
tema *m.* theme
temática *f.* theme, subject
temblar (ie) to tremble, to quiver, to shake
temer to be afraid of, to fear
temor *m.* fear
tempestad storm
tempestuoso stormy
temporada season, period, time
temporáneo temporary
temprano early
tender(se) to stretch out (the hand), to lie down
tener: tener en cuenta to keep or bear in mind; **tener la culpa** to be at fault
tentativa attempt
tenue faint, subdued
teñir (i, i) to dye
teratología teratology, science or study of monstrosities or abnormal formations in animals or plants
terco stubborn, obstinate
ternura tenderness

terrateniente *m. & f.* landowner, landholder
terreno ground, piece of land
territorio region
terroso earth-colored
testarudo stubborn, obstinate
testigo witness
tez *f.* complexion
tibio lukewarm, tepid
tiempo time; **a un tiempo** at the same time, simultaneously
tierno tender, soft, young; **tierna infancia** tender age
tiniebla darkness, obscurity
tinta ink
tirar(se) to throw or hurl oneself
tirón: de un tirón all at once
titubear to hesitate
título title
tobillo ankle
tomar: tomar en cuenta to take into account
tomo volume
tormenta storm
tornar to turn
torpe awkwardly, clumsily
tos *f.* cough
trabar to strike up
traductor *m.* translator
tragar(se) to devour, to swallow; to soak up
traje *m.* suit
trama plot
trámite *m.* step, formality
trampa trick, trap; **hacer trampa** to cheat
tranquilizar(se) to calm down
transandino train that goes from Chile to Argentina
transcurrir to elapse, to pass
trapo rag
tras *prep.* behind
trasladar(se) to move, to relocate
trastornar to trouble, to upset
tratar(se) to deal with, to discuss, to be about; **tratarse de** to be a question of
travesía voyage
tregua truce
trenza braid
trepar to climb
tribu *f.* tribe
tribuna platform
tronco trunk

tropezar (ie): tropezar con to trip over
trueno boom, thunder
tumbarse to lie down
turba crowd, flock, gang
turbado upset, disturbed
turbar to stir up, to disturb
turbio blurred

U

último last, final
umbral *m.* threshold
único: lo único the only thing
urdimbre *f.* weaving; scheme, intrigue (of a story)
urna urn

V

vaca cow
vacilación hesitation
vacilar to hesitate about one's choice
vagabundo wanderer
vagar to wander about
vago vague
vagón *m.* car of a train
vaho breath
valentía courage
valer to be worth; to use
valerse to make use of
valle *m.* valley
vanguardista *m. & f.* avant-garde
vanidad vanity
vano vain
varonil manly
vasija pot, recipient
vecino neighbor
vedado *adj.* prohibited
vejiga bladder, blister
velado veiled, blurred
velador *m.* bedside table
velar to stay awake, to watch over
velorio wake
veloz swift
vello fuzz, down, hair
vendado bandaged
veneno venom, poison
venganza vengeance, revenge
venidero future, coming
ventanilla nostril; window

ventear   to blow
ventilador *m.*   fan
veraneo   summer holidays
verdad   truth
verdadera   true, real, truthful
vereda   path
vergonzoso   shameful
vergüenza   embarrassment
verso   verse, line of poetry
vertiginosamente   dizzily
vestíbulo   foyer
viaje *m.*   journey, trip
viático   daily expense allowance
vidriera   shop window
vidrio   glass
vientre *m.*   belly
vinculado   linked, bound
violento   violent, embarrassing
vislumbrar   to catch a glimpse of
víspera   eve, day before; **en vísperas de**   on the eve of
vista   view
viudo   widower

vivencia   experience
vocerío   shouting, yelling
voltear   to turn, to turn over
voluntad   will
volver (ue): volver en sí   to regain consciousness, to come around
voraz   voracious
vos   you (subject pronoun *s.* and *pl.*)
voz *f.*   voice

Y

yacer   to lie
yerba   grass, pasture
yugular *f.*   jugular vein

Z

zaguán *m.*   hall, vestibule
zambo   mulatto
zapatilla   slipper
zumbón   joking, teasing, funny

(continued from page iv)

Holt, Rinehart and Winston, Inc. for "Sábado de Gloria" by Mario Benedetti and "El hombre de la rosa" by Manuel Rojas from *El cuento*, 2nd edition, edited by John A. Crow and Edward Dudley © 1984 by Holt, Rinehart and Winston, Inc.

María Elena Quiroga de Cunill for the story "Más allá" by Horacio Quiroga, from *Más allá*, published by Editorial Losada, S.A., 1954.

Carmen Balcells/Agencia Literaria, S.A. for the story "Muerte constante más allá del amor" by Gabriel García Márquez from the collection *La increíble y triste historia de la cándida Eréndira y de su abuela desalmada*, Gabriel García Márquez, © Carmen Balcells/Agencia Literaria, S.A., Barcelona, Spain.

Editorial Sudamericana, S.A., Buenos Aires, Argentina for "La abnegación" by Silvina Bullrich and "El que vino a salvarme" by Virgilio Piñera.

Farrar Straus Giroux/Oliver Agencia Balcells, New York for the story "El árbol" by María Luisa Bombal.

Fondo de Cultura Económica, México, D.F. for the story "¡Diles que no me maten!" by Juan Rulfo from *El llano en llamas* by Juan Rulfo.

Emecé Editores, S.A. for the story "El Sur" by Jorge Luis Borges from *De Ficciones*, Jorge Luis Borges © Emecé Editores, S.A., Buenos Aires, 1956.

Editorial Joaquín Mortiz, S.A., for "La muñeca menor" by Rosario Ferré.

Monte Ávila Editores, C.A. for "La lluvia" by Arturo Uslar Pietri from the collection *Treinta cuentos* published by Monte Ávila Editores.

Editorial Arca, S.R.L. for the story "El cocodrilo" by Felisberto Hernández from *El caballo perdido y otros cuentos*.

Editorial Sudamericana/Sra. Aurora Bernárdez for the story "Casa tomada" by Julio Cortázar from *Bestiario*.